EU
인공지능(AI)

ARTIFICIAL INTELLIGENCE

A EUROPEAN PERSPECTIVE

- Max Craglia(Ed.) -

EU 인공지능(AI)

함인선 역
Ham, In Seon

maronie

역자 서문

본서는 유럽위원회(European Commission)의 공동연구센터(Joint Research Centre ; JRC)가 2018년에 펴낸 'Artificial Intelligence - A European Perspective'를 번역한 것이다. 동서는 JRC 수석 과학자(Lead Scientist)인 Max Craglia 박사를 편저자로 하여, 각 분야의 전문가 20명의 필진에 의하여 작성된 인공지능(AI)에 관한 JRC의 플래그십 보고서이다. 이처럼 각 분야의 전문가로 구성된 대규모 필진의 참여에 의해서 다음에 소개하는 바와 같이 AI와 관련한 광범위한 연구가 가능하였다고 생각한다.

본서는 크게 두 파트로 나누어진다. 제1부는 AI와 관련된 기본적 사항들(제2장)과 AI를 둘러싼 글로벌 환경(제3장), 그리고 EU에서의 AI(제4장)와 중국의 AI 생태계(제5장)를 다루고 있다. 본서에 따르면, AI의 글로벌 환경은 미국, 중국, EU의 순으로 발전하며 상호 경쟁하고 있는데, 이 가운데에서 중국의 잠재력을 특히 높이 평가하고 별개의 장으로 중국의 경우를 비교적 상세히 다루고 있는 것이 주목된다.

제2부는 AI가 적용되는 각 영역별로 나누어 제6장에서부터 제13장에 걸쳐 다차원적 관점에서 접근하고 있다. 즉, 윤리적·사회적, 법적, 교육적, 경제적, 사이버 보안, 컴퓨터 처리 및 에너지, 데이터, 사회적 복원력 등 각 관점에서 다루고 있다. 이는 우리 사회에서 AI의 적용과 관련되는 주요 영역은 거의 전부 망라되어 있다고 해도 과언이 아닐 것이다. 본서는 이러한 폭넓은 분야에 걸쳐서 각 분야의 전문가들이 집필하여 이루어진 것으로서, 한 사람이라면 도저히 엄두도 내기 힘든 성과물이라고 할 수 있을 것이다.

역자가 본서를 번역하기로 결심한 배경에는 AI에 대한 지적 호기심과 이전부터 EU 관련 연구를 수행해왔다는 점이 크게 작용하였다. AI에 대해 체계적으로 공부하고 싶다는 생각을 가지고 있던 차에 본서의 원전을 발견하고서 바로 이것이라고 확신하였다. 이러한 믿음은 번역을 하는 내내 더욱 굳어져 갔으며, 출판을 앞둔 지금에는 역자 내면에서 솟아나는 기쁨을 감출 수 없다. 다만 이러한 기쁨은 AI가 무엇인지 알았다는 것보다 무엇을 모르는지 조금씩

알게 된 것 같다는 느낌이라는 점이다. 본서는 AI와 관련하여 기본적인 사항에서부터 각 영역별로 주요쟁점이 되는 사항에 이르기까지, 그리고 EU뿐만 아니라 한국을 포함하여 글로벌 주요 AI 리더 국가들의 주요 현황에 대해서도 알게 해준다는 점에서 AI에 관심이 있는 독자들에게 일독을 권하는 바이다.

2019년 10월 연구실 창밖의 단풍을 바라보며

함 인선

목차

본서의 개요EXECUTIVE SUMMARY

본서는 EU 차원의 논의를 알리기 위해 유럽위원회 공동연구센터의 독자적인 연구 · 분석에 기초한 인공지능(AI)에 관한 EU의 견해를 제시한다.

우리는 먼저 AI를 그 환경을 관찰하고 학습할 수 있으며, 얻은 지식과 경험을 바탕으로 지능적인 행동을 취하거나 결정을 제안할 수 있는 기계나 알고리즘으로 총칭한다. 의사결정 과정의 자율성과 다른 기계와 인간과의 상호작용은 또 다른 차원의 고려해야 할 문제이다.

비록 AI의 방법론적인 발전 중 많은 부분이 50년 전 이상으로 거슬러 올라가지만, 우리가 지금 일반적으로는 AI에 대해, 특히 기계학습(ML)에 대해 크게 주목하는 이유는 최근 컴퓨팅 성능, 데이터의 가용성 그리고 새로운 알고리즘의 발전으로 인해 지난 6-7년 동안 커다란 돌파구가 마련되었기 때문이다. 다수의 AI/ML 애플리케이션은 기계번역에서부터 이미지 인식 및 음악 생성에 이르기까지 우리의 일상생활에 들어오기 시작했고, 산업, 정부 및 상거래에서 점점 더 많이 이용되고 있다*(제2장 참조)*.

유비쿼터스 센서 네트워크인 IoT의 발전은 AI의 감지능력, 알고리즘을 트레이닝할 데이터의 양, 그리고 결정과 행동을 통해 사회에 미치는 영향력을 기하급수적으로 증가시킬 것이다. 때문에, 현재는 이러한 과정의 시작에 불과할 가능성이 높다.

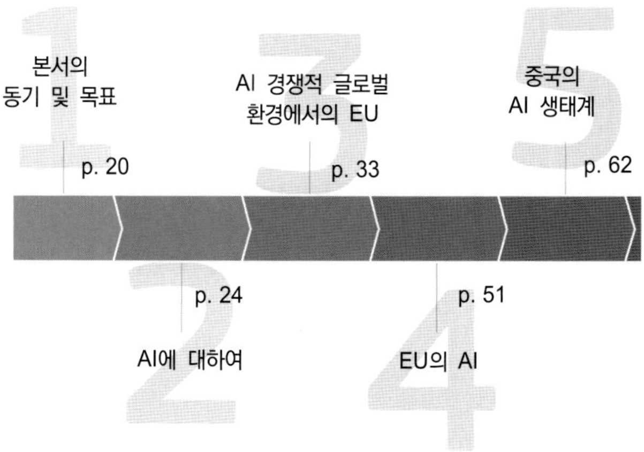

기회는 많으며, 경우에 따라서는 아직 그 기회를 예견하지 못하기도 한다. 또한 많은 과제들이 있다. 이 가운데에서도, 현재의 ML 알고리즘은 블랙박스의 특징 중 일부를 보여준다. 즉, 우리는 입력과 출력에 액세스하지만 그 사이에 무슨 일이 일어나는지, 그리고 결정과 행동을 포함한 특정 출력이 어떻게 도출되는지를 완전히 이해하지는 못한다. 그렇기 때문에 이들의 이론을 이해하고 설명할 수 있고 책임감 있는 알고리즘을 개발하기 위한 보다 큰 노력이 필요하다. 우리는 또한 AI의 성능뿐만 아니라 품질을 평가하고 이 파괴적인 기술에 대한 신뢰를 구축할 수 있는 강력한 평가체계가 필요하다***(제2장, 제6장, 제10장)***.

글로벌 및 유럽 AI의 상황을 개괄해 보면, 미국, 유럽 및 중국의 3대 주요 리더들이 AI에 대한 치열한 경쟁을 전 세계적으로 벌이고 있음을 알 수 있다***(제3장)***. 각 지역은 연구 및 산업을 포함한 AI 분야의 모든 핵심 플레이어[1]의 약 4분의 1을 보유하고 있지만, 각기 서로 다른 플레이어의 조합을 가지고 있다. 유럽은 연구 및 비연구 플레이어의 수가 균형을 이루고 있는 반면, 미국은 산업/기업 플레이어의 수가 연구 플레이어의 수보다 약 3배 많으며, 중국은 연구 플레이어의 수가 산업 플레이어의 수보다 약 6배 더 많다. 미국 기업계의 강점은 스타트업(전 세계의 거의 절반) 및 벤처캐피털(전 세계의 3분의 1 이상)의 건수에서 우위를 차지하고 있다는 점이다. 반면 중국은 연구를 특허로 전환하기 위해 크게 노력하고 있으며, 전 세계의 약 60%를 점유한다. 또한 중국은 2030년까지 AI 세계 1위를 목표로 정부정책, 산업용 애플리케이션 및 연구를 포함하여 AI에 대한 강력한 통합적 접근방식을 취해 왔다. 이는 야심적이면서 달성 가능한 목표이다***(제5장)***.

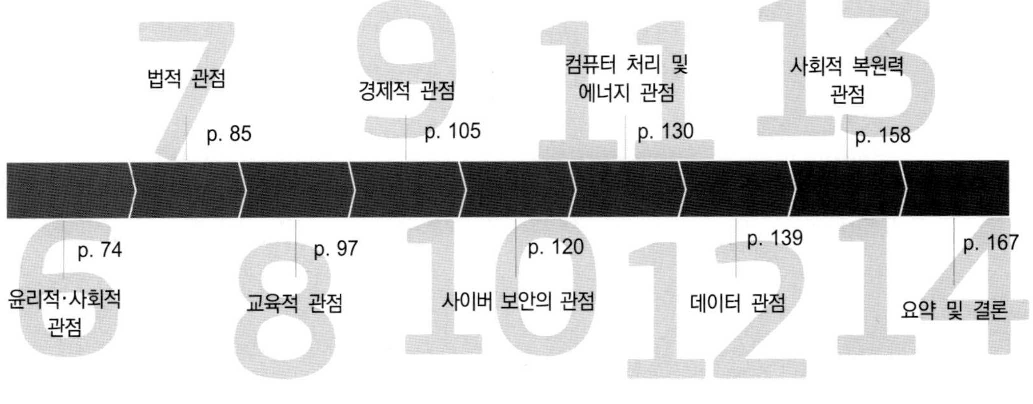

1) ‘플레이어(players)’란 다음의 경제활동, R&D 프로세스, 산업생산 및 마케팅, 특정한 AI 관련 서비스 중 하나 이상에 참가한 연구센터, 학술기관 및 기업으로 정의한다(Box 5 참조).

유럽은 현재 AI 연구 생산의 질에서 좋은 위치를 차지하고 있으며, 톱 과학저널에서 발행된 전체 AI 관련 논문의 30% 이상으로, 미국(33%)에 근소하게 뒤떨어져 있으며, 중국보다 상당히 앞서 있다. 유럽이 구축할 강점을 가진 핵심영역은 자율주행 및 커넥티드 자동차와 로봇이다.

우리는 EC뿐만 아니라 다수의 EU 회원국들도 유럽사회를 확실히 이롭게 하고 조약에 포함된 유럽적 가치를 유지하게 하는 합의된 윤리적 체계 및 적용의 필요성에 대한 공통적인 관심을 가지고, AI 발전을 지도하기 위한 전략과 프로그램을 개발하고 있다는 점에 주목한다 ***(제4장)***. 유럽위원회가 2018년에 설립한 고위전문가그룹(High-Level Expert Group)은 이러한 가치와 연계된 후속 개발을 위한 체계를 구체화하고 있다. 또한 회원국 및 EU 레벨에서 정책 문서들이 공공부문, 산업 그리고 일반 대중과 같은 모든 이해관계자들 사이에서 데이터를 보다 잘 공유할 필요성을 크게 강조하면서, 데이터가 AI 개발에 중요하다는 높은 수준의 인식에 주목한다. 하지만 본서의 제12장에서 분석한 바와 같이, 올바른 방법을 찾는 것은 어렵다.

AI의 글로벌 및 EU 상황을 개관 및 분석한 후, 여러 관점에서 AI에 대해 논의하여 어느 정도 깊이를 더하고 시너지를 모색하도록 한다.

본서의 여러 곳에서 강조한 바와 같이, AI에 대한 유럽 방식의 핵심적인 특징은 강력한 윤리적 체계가 되어야 한다는 점이다. 이 원칙에 대해서는 공감대가 형성되어 있으며, AI 발전의 틀이 될 윤리적 가이드라인을 개발하기 위한 회원국 및 EU 차원의 많은 시책에 대해 기술한다***(제4장)***. 이러한 가이드라인이 고려해야 할 주요 관점을 검토하고, 개인 및 사회 수준에서 AI의 잠재적 함의를 강조한다. AI에 대한 신뢰를 쌓고 유지하기 위해서는 AI로 인도되고 내재되는 가치들을 토론하기 위한 시민사회의 비판적 참여, 이러한 가치들을 전략과 가이드라인으로 변환하기 위한 서로 다른 포럼에서의 공공토론, 그리고 이러한 가치들과 가이드라인을 AI시스템으로 인코딩하고, 이것들이 디자인에 의한 윤리적(ethical-by-design)이 되는 책임감 있는 디자인 실무를 포함하는 다원적인 접근방식이 필요하다고 결론 내린다***(제6장)***.

특히 기본권, 데이터 소유권 및 지식재산권과 관련하여 AI에 대한 EU 법체계를 검토할 때, 개인 및 기업의 권리를 보호하는 것과 개방성 및 투명성을 극대화하기 위한 노력으로 혁신을 장려하는 것 사이의 긴장관계를 주목할 필요가 있다. 그러나 유럽이 윤리적으로 견고하고 개인, 기업 및 사회의 권리를 전반적으로 보호하는 독특한 형태의 AI를 확립할 수 있는 위치에 있다고 결론 내린다. 예를 들어, 준비 중에는 많은 사람들이 반대한 일반데이터보호규칙(GDPR)은 현재 유럽의 자산으로 인식되고 있으며, 유럽 외에서도 유사한 접근방식을 고무하고 있다. 이 개념을 확장하여, 우리는 EU 법규제 관점의 높은 기준을 유럽인과 그 후손들이 장벽이 아니라 구축해야 할 자산인 환경상의 품질기준과 비슷하게 보아야 한다***(제7장)***.

교육적 관점에서, 우리는 AI가 기술, 학습 및 가르침의 부족에 대해 잠재적으로 긍정적인 영향을 미친다고 본다***(제8장)***. 이 검토에서 세 가지 중요한 점은 다음과 같다. 첫째, AI와의 상호작용이 성인들과, 그리고 더욱 중요한 것은 어린이들 양자의 인지능력에 어떻게 영향을 미치는지를 보다 잘 이해할 필요가 있다는 점이다. 둘째, 현재의 필요와 관행을 넘어 생각하고, AI가 교육 및 업무와, 그리고 인간의 발달과의 관계를 어떻게 변화시킬지 고려할 필요가 있다는 점이다. 셋째, 교육, 특히 프라이버시 및 윤리에서 AI와 관련된 위험성을 강조한다. 이 장에서는 AI와 관련된 연구주제의 학술적 제안의 초기 개요와 지리적 분포를 소개한다. 이는 AI가 가져올 과제에 대해, 가장 취약한 지역과 그리고 사회의 준비를 시작하기 위한 가능한 전략에 관한 ***제12장 및 제13장***의 논의와 관련이 있다.

AI가 노동시장 및 불평등에 미칠 수 있는 잠재적 영향으로 인해 미디어, 연구 및 공공토론에서는 우려를 표현하고 있다. 우리는 업무, 성장 및 불평등과 관련하여 긍정적 및 부정적인 영향 모두에 대해 현재까지 이용할 수 있는 문헌과 증거를 분석한다. 업무와 관련하여, 우리는 이론도 증거도 현재 매우 결정적인 것은 아니라고 본다. AI는 인간의 활동을 보완하고 강화하며, 증가하는 일상적인 업무를 대체할 수 있다. 자동화의 위험이 높은 일자리의 비율을 측정하는 연구들은 업무와 직업이 정의되는 세분화의 정의 및 수준에 따라 그 결과가 매우 다양하다는 것을 보여준다***(제9장)***.

> "**사회의 디지털 변혁은 이미 시작되었다.**
> AI는 이러한 변화의 중심에 있으며, 우리의 삶을 향상시킬 커다란 기회를 제공한다."

또 다른 불확실성의 영역은 AI가 경제성장을 촉진시킬 수 있는 잠재력이 어느 정도인가 하는 점이다. 범용기술로 볼 때, AI는 많은 일자리와 산업분야로 확산되어 생산성을 높이고 강한 플러스 성장을 할 수 있다. ML이 데이터로부터 새로운 통찰력을 창출하는 범위에서, 새로운 아이디어의 생산과 혁신 그 자체에도 기여할 수 있다. 경제성장 모델은 다양한 시나리오를 탐구하기 시작했지만, 어느 하나에 유리한 경험적 증거는 아직 없다.

불평등에 관한 한, AI가 많은 채널을 통해 소득분배에 불리하게 영향을 미칠 수 있다고 본다. 가장 논란이 되는 것은 일자리 양극화(즉, 한편으로 높은 수준의 고임금 일자리 수요의 증가와, 다른 한편으로 낮은 수준의 저임금 일자리 수요의 증가), 저숙련층에서의 일자리의 질 저하, 그리고 또한 저숙련 노동자들이 보다 높은 자격과 숙련기술을 가진 노동자들보다 실직기간이 더 길며, 변화에 적응하고 새로운 일자리를 찾는데 더 큰 어려움을 겪게 된다는 것이다. 노동시장에 미칠 수 있는 이러한 부정적인 영향은 지리적 발자국(geographical footprint)을 가지고 있는데, 이미 실업률과 낮은 수준의 기술력 측면에서 더 큰 어려움을 겪고 있는 지역 및 하부 지역이 아무런 조치가 취해지지 않는다면 가장 고통 받는 지역이 될 가능성을 높이기 때문이다. 우리는 향후 몇 년 동안 AI가 경제에 미치는 여러 가지 영향을 면밀히 관찰하고 확실히 연구할 필요가 있다. 또한 우리는 유럽 전역의 가장 취약한 지역에 대한 복원력을 구축하기 위해 보다 적극적인 전략을 고려해야 한다. ***제12장 및 제13장***에서 이를 다시 다루도록 한다.

사이버 보안에 관한 한, AI는 양날의 칼이다. 즉, AI는 디바이스, 시스템 및 애플리케이션의 보안을 높이는 데에는 큰 도움이 될 수 있지만, 시스템 및 네트워크를 공격하려는 사람들에게도 힘을 줄 수 있어서 사이버 공격용 무기고의 개량형 도구가 될 수 있다. 게다가 악의적 행위(malicious action)에 대한 AI의 견고성 자체도 문제가 되고 있어, AI가 갈수록 보급되는 사이버 물리 시스템의 보안에 가장 즉각적인 위협이 되고 있다. AI의 특정 취약성과 관련된 공격을 이해하고, AI의 견고성과 해석가능성 및 설계에 의한 안전성(safety by design)을 높이는 방법에 주목하는 연구라인들이 있다. 우리는 알고리즘의 트레이닝 및 시험을 위한 대규모·고품질의 데이터 집합의 공유와 알고리즘을 평가하는 합의된 체계도 필요하다***(제10장)***.

AI 개발에서 보고 있는 커다란 진전은 컴퓨팅 및 데이터 가용성에서의 급속한 진보와 관련이 있다고 본서의 여러 곳에서 논한다. 컴퓨팅과 관련하여서는, 사물인터넷과 5G 네트워크

시대에 데이터 센터의 에너지 소비와 데이터 전송의 증가가 지속가능하지 않게 될 것이라는 인식 때문에 패러다임 전환을 보이기 시작했다. 데이터 트래픽과 처리 부하는 수십억 개의 추가 디바이스가 인터넷에 연결되고 환경을 감지하며 지속적으로 데이터를 송수신할 때 전례 없는 일이 될 가능성이 높다. 이를 염두에 두고, 휴대폰과 태블릿을 포함하여 데이터를 수집하고 표시하는 센서들의 가까이에서 처리가 이루어지는 에지 및 포그 컴퓨팅의 보다 분산된 체계로 지향하는 추세가 일어나고 있다. 산업은 이러한 방향으로 움직이기 시작했지만 유럽 투자, 규제체계 및 표준이 이들 발전을 형성하여 유럽이 이익을 얻을 수 있는 기회의 창구가 여전히 있다***(제11장)***.

디지털 데이터와 관련하여, 규모의 경제, 범위의 경제 및 비경합성을 포함한 주요 경제적 특성을 검토한다. 앞 두 가지는 인터넷 경제에서 소수 행위자의 손에 의한 데이터 집중의 증가와 이에 따른 정보 및 힘의 증가를 지적하는 반면, 비경합성은 사회가 가장 이익을 많이 얻도록 데이터 액세스를 개방하는 것과 데이터 보유자가 가장 이익을 많이 얻도록 액세스를 제한하는 것 사이에 잠재적인 긴장관계를 유발한다. 이러한 긴장관계는 전술한 바와 같이 법체계에 반영되어 있고, 개방적이고 글로벌화된 환경에서 데이터 전략을 개발하는 것을 특별한 과제로 삼고 있다. 그러나 성공적인 인터넷 기업의 교훈을 유럽 공공부문에 적용하고 공공 플랫폼을 기반으로 생태계를 개발하면, 의미론적으로 잘 구조화되고 라벨이 붙어 있는 대규모 공유 데이터 풀을 만들 수 있고, 다른 영역에서 새로운 AI 애플리케이션을 활성화할 수 있다고 주장한다. 이러한 방법으로 데이터 액세스를 개방하고, 시장을 발전시키며, 대중에게 서비스를 제공하고, 동시에 데이터 서민들(data commons)을 부유하게 할 수 있다***(제12장)***.

예방, 기대, 준비, 그리고 또한 충격의 영향으로부터 회복하기 위한 적응과 변화라는 여러 국면들을 다루는 AI에 대한 유럽의 접근방식을 형성하는데 유용한 복원력 개념에 초점을 맞추어 AI에 대한 다중 관점의 분석을 마무리하도록 한다. 이러한 관점에서 볼 때, AI는 유럽의 성장 및 변화의 엔진이 될 뿐만 아니라, 유럽의 다양성 및 문화의 풍요로움을 전적으로 활용하면서, 주변지역의 사회적, 경제적 발전을 촉진할 수 있는 기회가 될 수도 있다***(제13장)***.

우리는 디지털 혁신 허브의 네트워크를 중심으로 한 접근 가능한 방법의 몇 가지 요소를 제시하였다. 유럽에는 이미 수백 개의 허브가 있으며, 각 지역 당 1개의 허브를 목표로 하여 빠르게 확장되고 있다. AI에 관한 커뮤니케이션(Communication on AI, EC, 2018a)은 계획한

AI 온 디맨드 플랫폼(AI-on-demand-platform)과 결합하여 공공행정 및 기업, 특히 중소기업에 대한 기술 및 노하우 액세스를 촉진하기 위해 AI에 관한 이들 허브의 전문화된 하위 허브를 예상하고 있다. 우리는 이러한 허브를 공공행정, 지방기업, 교육 및 훈련 시설, 시민사회로 구성된 지역 생태계의 중심에 둘 것을 제안한다.

이들 생태계는 주요 행위자 간에 지역 공유 데이터 풀을 생성하여 지역 데이터를 기반으로 한 알고리즘 및 솔루션을 개발하여 지역 요구를 충족시키기 위해 현지에서 개발/개량한 AI 기술을 활용할 수 있다. 유럽 각 지역은 환경, 경제, 인구통계, 건강 등과 관련된 특정하게 혼합된 각각의 우선순위의 조합을 가지고 있다. 따라서, 이 접근방식은 지역의 창의성, 문화 및 지역 지식을 활용하여 사회적 관련성과 사람 중심의 AI를 만들어, 다양하고 포괄적인 AI 시스템을 개발할 수 있는 훌륭한 기회를 제공할 수 있다*(제12장 및 제13장)*.

이런 다양한 학제적 분석으로부터, 이하의 결론을 얻는다.

현재는 많은 디지털 기술의 융합으로 인해 경제 및 사회가 급속히 변모하는 초기단계에 있다. AI는 이러한 변화의 중심에 있으며, 우리의 삶을 향상시킬 수 있는 커다란 기회를 제공한다.

미국, 중국 및 유럽 사이에 AI 글로벌 경쟁이 치열하다. 현재는 미국이 선두에 있지만, 중국이 빠르게 따라잡고 있으며 2030년까지 선두에 서는 것을 목표로 하고 있다. EU에게는 경주에서 이기느냐 지느냐의 문제가 아니라 AI가 제공하는 기회를 인간 중심적이고, 윤리적이며, 안전하고, 우리의 핵심 가치에 맞는 방식으로 포용하는 방법을 찾느냐의 문제인 것이다.

EU 회원국들과 유럽위원회는 함께 할 때만 성공할 수 있다는 것을 인식하면서, 회원국 및 EU 통합전략을 개발하고 있다. EU는 우수한 연구, 자동차 및 로봇 공학과 같은 일부 산업 분야의 리더십, 확고한 법규제 체계, 그리고 지역 및 하부지역 레벨 모두에서의 매우 풍부한 문화적 다양성을 포함한 강점 영역을 구축할 수 있다.

AI는 견고한 컴퓨팅 인프라와 양질의 데이터로 뒷받침되어야만 활성화 될 수 있다고 인식하는 것이 일반적이다.

- 컴퓨팅과 관련해서는 중앙집중식 설비 외에 네트워크 에지(edges)를 지향해 분산되는 새로운 컴퓨팅 패러다임에 유럽이 투자할 수 있는 기회의 창구를 확인했다. 이는 향후 5G 및 IoT의 구축도 지원한다.
- 데이터와 관련해서는, 단지 데이터를 방송하기보다 성공적인 인터넷회사로부터 배우고, 데이터 액세스를 개방하며 사용자와의 상호작용을 발전시키는 것을 선호한다. 이러한 방법으로 데이터를 풍부하게 하는 공공행정, 기업 및 시민사회의 생태계를 개발하여 유럽의 요구에 대응하는 AI 애플리케이션에 적합하게 할 수 있다.

우리는 AI가 제공하는 기회를 수용하여야 하지만 무비판적으로 하여서는 안 된다. 현재의 ML의 블랙박스 특성은 전문가들조차 잘 알 수 없다. AI 시스템은 현재 좁고 명확한 과제에 한정되어 있으며, 그 기술은 데이터에 존재하는 잘 알려진 편향효과(bias effect)와 같은 인간 창조자의 결함을 계승하고 있다. AI의 단점에 도전해 강력한 평가전략, 투명하고 신뢰할 수 있는 시스템, 좋은 인간-AI 상호작용을 지향하여 노력해야 한다.

이 파괴적인 기술에 대한 신뢰를 구축하기 위해서는 윤리적이고 설계에 의한 안전(secure-by-design) 알고리즘이 중요하지만, 또한 AI에 내재된 가치와 향후 개발방향에 대한 시민사회의 폭넓은 참여가 필요하다.

이러한 사회적 참여는 지역부터 회원국 및 EU까지 모든 레벨에서 기관, 산업 및 시민사회에 걸쳐 복원력을 강화하기 위한 노력의 일부가 되어야 한다. 기술, 컴퓨팅, 데이터 및 애플리케이션의 지역 생태계를 개발하면 지역사회의 참여를 촉진하고, 그 요구에 대응하며, 지역의 창의성 및 지식을 활용하고, 인간중심적이고

> **"AI의 영향에 대한 불확실성은 우려할 수 있지만, 또한 기회가 되기도 한다. 미래는 아직 기술되지 않았다.** 우리는 미래를 형성할 수 있고 하여야 한다."

사회적으로 추진되는 AI를 구축할 수 있다.

AI가 우리의 사고방식, 의사결정, 상호 연관성, 그리고 일자리에 어떠한 영향을 미칠지에 대해 아는 것이 아직도 거의 없다. 이러한 불확실성은 우려의 근원이 될 수 있지만 또한 기회의 표시이기도 하다. 미래는 아직 기술되지 않았다. 우리는 어떤 미래를 갖고 싶은지에 대한 우리의 집단적 비전을 바탕으로 이를 형성할 수 있다. 하지만 우리는 함께 행동하고 빠르게 행동해야 한다.

제1부

서설과 AI의 국제적 상황

제1장 본서의 동기 및 목표

인공지능(AI)은 많은 기회를 가져다 줄 것이다...

AI는 우리가 매일 사용하는 많은 애플리케이션들을 종종 모르는 사이에 작동시키는 기술 분야이다. AI는 보다 발전함에 따라, 경제와 사회에 모두 많은 변화를 가져올 잠재력을 가지고 있다. 이는 25년 전 월드와이드웹(World Wide Web)의 발명과 유사한 방식으로 전개될 수 있는데, 이 발명은 이후 휴대폰의 보급과 함께 전 세계 인터넷 사용을 크게 증가시키는 길을 열었다.

이러한 25년을 되돌아보면, 인터넷의 결과로 거리의 죽음(death of distance)(Economist, 1995)과 도시의 서거(demise of cities)(Gilder in Karlgaard and Malone, 1995)에 대한 초기 관점이 얼마나 과장되었는지를 알 수 있다. 즉, 도시는 계속 성장해 왔고 실제로 혁신의 허브로서의 역할을 증가시켜왔다. 인터넷은 우리가 일하고, 배우고, 사회화하는 방식을 크게 변화시켰으며, 완전히 새로운 제품, 서비스, 비즈니스 모델을 만들었고, 국제관계와 시장을 재편했다. 사이버 위협, 잘못된 정보, 프라이버시 침해, 많은 분야의 일자리 이동이나 상실 등 새로운 과제가 등장하고 있지만, 유비쿼터스 정보 및 서비스 접근 등 많은 이점도 또한 발생하였다.

최근의 AI의 발전은 처리능력의 이용가능성 향상, 알고리즘의 향상, 디지털 데이터의 양 및 다양성의 기하급수적인 증가, 그리고 자금조달 증가의 결과물이다. 오늘날 AI는 많은 맥락에서 사용된다. 예를 들면, 목적지를 안내하거나, 스팸 메일을 필터링하거나, 또는 문자 메시지 보내는 것을 돕는다. 앞으로 몇 년 내에, AI가 지원하는 의료진단이 점점 보편화 될 것이다. 구직자의 평가나 재범 예측은 개인 또는 기관의 편견을 극복하는 데 도움이 되는 투명한 알고리즘의 책임 있는 사용으로 뒷받침될 수 있다(예컨대, Faliagka et al., 2012 ; Tollenaar et al., 2013 참조). 사회 및 인간 행태의 복잡성을 이해할 수 있는 로봇은 인간의 인지능력을 향상시키고(Belpaeme et al., 2018), 자폐증 아동의 경우에서와 같이 기술개발을 지원한다(Scassellati et al., 2018).

…그리고 많은 과제들

AI는 광범위한 문제를 해결할 수 있지만, 우리는 여전히 이것이 우리가 생각하고, 결정하고, 서로 관계를 맺는 방식에 어떤 영향을 미칠지에 대해서는 거의 알지 못한다(Gomez et al., 2018). AI는 아직도 전문가들조차 제대로 파악하지 못하고 있다. AI 시스템은 현재 좁고 명확한 업무에 한정되어 있으며, 이 기술은 데이터 및 알고리즘에 존재하는 잘 알려진 편향효과(bias effect)와 같은 인간 제작자의 결함을 계승하고 있다. 그러므로 우리는 AI의 잠재적인 결점을 인식하여 알고리즘을 평가하고 투명하고 신뢰할 수 있는 시스템을 구축하며 좋은 인간-AI 상호작용을 설계하기 위해 합의된 방법을 모색해야 한다.

왜 본서가…

과학논문 외에 AI 및 관련 기술에 관한 보고서도 매년 수백 건씩 발표된다. 이는 이 주제에 대한 높은 관심도를 분명히 보여주고 있는데, 정말로 또 다른 보고서가 필요한 것인가?

대부분의 이러한 출판물들은 산업적 또는 국가적 관심사에서 나온 것이다. 따라서, 단일 정책영역에 초점을 맞추지 않고 독창적인 연구에 의해 뒷받침되는 독립적인 유럽의 관점이 결여되어 있다. 그러므로, 유럽위원회의 과학 및 지식관리 서비스인 공동연구센터(JRC)가 저술한 본서의 가치는 다음과 같다. 많은 EU 회원국들이 이 기술 분야를 포용하고 이것이 가져올 변화에 대비해 사회를 준비하기 위해 AI 국가전략(제4장 참조)을 개발하고 있기 때문에 본서는 또한 시의적절하다. EC는 회원국들과 함께 AI에 대한 통합 행동계획을 수립하고 있다. EC에 의해 AI에 관한 고위전문가그룹(High-Level Expert Group on AI)도 설립되어 정책 및 투자에 관한 권고안을 만들고 AI의 윤리적 발전에 관한 가이드라인을 책정하고 있다. 후자가 중요하다. 왜냐하면, AI는 윤리와 설계에 의한 보안(security by design)을 갖추고 인간중심적이어야 하며, 그리고 유럽연합(EU)의 핵심 가치, 즉, 인간의 존엄성, 자유, 민주주의, 평등, 법치주의와 인권을 뒷받침하여야 한다는 강한 공감대가 유럽에 존재한다.

…그리고 그 목표

EU의 관점에서 AI의 기회 및 과제에 대한 균형적인 평가를 제공하고, 글로벌 AI 상황에서 EU 조치의 발전을 지원하는 것이다.

본서에는 있는 것

본서는 2부로 구성되어 있다. **제1부**에서 AI에 대해 간략히 소개하고, 주요 특징 및 선도적인 플레이어, 연구 및 기술 역량, 그리고 강점을 포함한 AI 글로벌 상황에서의 EU의 위상을 분석한다. 그런 다음 시너지 효과와 EU 행동이 가치를 가장 잘 더할 수 있는 지점을 평가하기 위하여 회원국들의 정책과 전략의 몇 가지 사례를 검토한다. 그 다음에 중국의 AI에 대한 분석이 이어진다. 중국은 2030년까지 최고의 AI 플레이어가 되어 미국을 추월한다는 목표를 설정하였고 이를 잘 달성할 수 있을 것이다. 미국 기업, 기술 및 애플리케이션에 대해서는 보다 잘 알고 있지만, 중국의 발전에 대해서는 거의 알지 못하며, 이러한 이유로 JRC를 위해 이 주제에 대해 수행된 맞춤형 연구를 이용하여 본서에서는 중국에 대해 상대적으로 더 많은 관심을 기울인다.

제2부에서는 AI를 윤리적, 법적, 교육적, 경제적, 사이버 보안, 컴퓨팅 및 에너지, 데이터 관련과 사회적 복원력이라는 다양한 관점에서 살펴본다. 차례로 각 관점이 논의되지만, 이들 관점은 중첩적으로 서로 얽혀 있으며 AI의 개발 및 이용을 위한 EU 방식을 구체화하는데 있어서 모두 함께 고려되어야 한다.

본서에 없는 것

본서에는 경제의 여러 분야에서의 AI 애플리케이션 분석은 포함되지 않았다. 이는 별도로 준비중인 JRC 보고서의 주제일 뿐만 아니라 2018년 12월에 시작된 AI 개발을 모니터링하고 분석하기 위한 AI-Watch 시설의 중심이 될 것이다. 복원력, 공정성, 이동성, 사이버 보안, 하이브리드 위협 및 중국에 대한 다른 JRC 보고서가 곧 발표되어 본서에서 다루어진 일부 주장에 대한 세부사항을 보완하고 추가할 것이다.

가져가야 할 것

현재, AI에 대한 글로벌 경쟁은 현재는 미국과 중국 사이의 경쟁이다. EU로서는 경주에서 이기느냐 지느냐의 문제가 아니라 인간 중심적이고, 윤리적이며, 안전하며, EU의 핵심가치에 충실하게 AI가 제공하는 기회를 포용하는 방법을 찾느냐의 문제인 것이다.

EU는 뛰어난 연구, 극도로 풍부한 문화적 다양성, 자동차와 로봇과 같이 일부 산업분야의 리더십을 포함한 많은 강점을 가지고 있다.

그러므로 EU는 미래에 대해 주눅 들거나 두려워해서는 안 된다. 그러나 EU 회원국들이 단독으로 행동하는 것보다 이러한 글로벌 경쟁에서 함께하는 것이 보다 강하기 때문에 우리는 행동하고 이러한 미래를 구체화할 필요가 있다.

제2장 AI에 대하여

요약

AI는 환경을 관찰하고 학습하며 얻은 지식과 경험을 바탕으로 지능적인 행동을 하거나 의사결정을 제안할 수 있는 기계나 알고리즘을 총칭한다. 이러한 넓은 AI의 정의에 해당하는 기술은 매우 다양하다. 현재, ML 기술이 가장 널리 사용되고 있다.

이 장에서는 AI의 기본이념을 소개하고, 최근의 발전을 강조한다. AI에 의해 열린 기회는 많고, 아직 예측되지 않은 경우도 있지만, 과제도 있다. 이것들은 본서의 제2부에서 특히 탐구될 것이지만, 이 장에서는 AI를 구동하는 알고리즘이 블랙박스의 모든 특성을 나타낸다는 것을 강조한다. 즉, 입력과 출력에 접근할 수는 있지만 중간에 무슨 일이 일어날지, 그리고 결정과 행동을 포함한 특정 출력이 어떻게 도출되는지를 완전히 이해하지 못한다. 이러한 중대한 단점을 감안할 때, 우리가 사회로서 이 파괴적인 기술에 대한 신뢰를 구축하고 유지할 수 있도록 우리의 과학적 이해를 높이고, AI의 품질과 성능을 평가하는 투명한 메커니즘을 개발하는 것이 시급하다.

전통적으로, 인공지능(AI)이란 **환경을 관찰하고 학습하며 얻은 지식과 경험을 바탕으로 지능적인 행동을 취하거나 결정을 제안할 수 있는** 기계나 에이전트(agent)를 말한다.

지금까지 무엇이 AI를 구성하는지에 대해 합의된 정의는 없다. AI와 기계를 생각할 때, 일반대중은 종종 공상과학소설과 영화에서 대중화된 지능형 기계에 대한 대중의 인식의 일부였던 휴머노이드 로봇에 대해 생각한다. 실제로 로봇공학은 AI의 하위분야 중 하나일 뿐이며 신경망을 포함하여 많은 ML 기술을 이용한다.

AI의 기원은 1940년대와 50년대까지 거슬러 올라가지만, 메일박스에 있는 스팸메일을 걸러내는 것(Box 1 참조)에서부터 가족사진에서 사랑받는 사진들을 자동으로 태그하는 것, 실시간 기계번역, 그리고 사업, 산업, 방위 및 소셜 미디어에서의 보다 많은 애플리케이션에 이르기까지 AI가 우리의 일상생활에 들어온 것은 극히 최근의 일이다.

Box 1. 사이버 보안에서의 ML의 초기 성공 사례 : 스팸 필터링

우리 모두는 받은 편지함이 정크 메일이나 스팸으로 가득 차면 짜증이 나는 것에 익숙하다. 2000년대 초, **Bayesian Networks라는 ML 기술** 애플리케이션은 대량의 샘플을 분석하여 스팸 메일을 검출하는 것을 배우면서, 환경에 적응할 수 있는 새로운 세대의 **보다 효과적인 e-메일 필터**를 가져왔다. 악성코드를 유포하거나 피싱 캠페인을 벌이거나 표적형 공격을 감행하는 데 메일 메시지가 사용되면서 원치 않는 e-메일은 단순한 안온방해(nuisance)가 아니라 **잠재적인 보안 위협**이 되고 있다. 현대의 e-메일 필터는 보다 효과적이고 탄력적인 대응책을 만들기 위해 **신세대 알고리즘과 AI 방법**을 채용하는 이러한 위협과 계속 싸우고 있다.

2.1 AI의 약사(略史)

AI 역사는 1950년대와 60년대 초반 로직 기반의 접근법, 1970년대와 80년대의 지식 기반 전문가시스템, 그리고 중간에 환멸과 자금조달 감소의 기간이 있는 데이터 주도 접근법(2000년 이후)이라는 우여곡절이 있었다. 지금은 엄청나게 증가한 컴퓨터 처리성능과 데이터에 힘입어 높은 기대의 새로운 국면의 초기에 있다. 이러한 조합은 AI의 하위분야로 등장한 기계학습(ML)과 같은 새로운 발전을 지원하여 입력으로 제공된 많은 사례에서 행동을 예측한다.

ML은 컴퓨팅에서의 패러다임 변동을 나타낸다. 전통적으로 프로그래머는 출력으로 해답을 얻기 위해 데이터 입력을 처리하는 데 필요한 규칙을 설정하는 컴퓨터 코드를 작성하곤 하였다. ML에서는 컴퓨터가 데이터로부터 예상된 해답뿐만 아니라 입력 데이터를 받고, ML 에이전트는 규칙을 생성할 필요가 있다(그림 1 참조). 그런 다음 이들 규칙을 새로운 데이터에 적용하여 원래의 해답을 생성할 수 있다. ML 시스템을 명시적으로 프로그램하지 않고 트레이닝 한다.

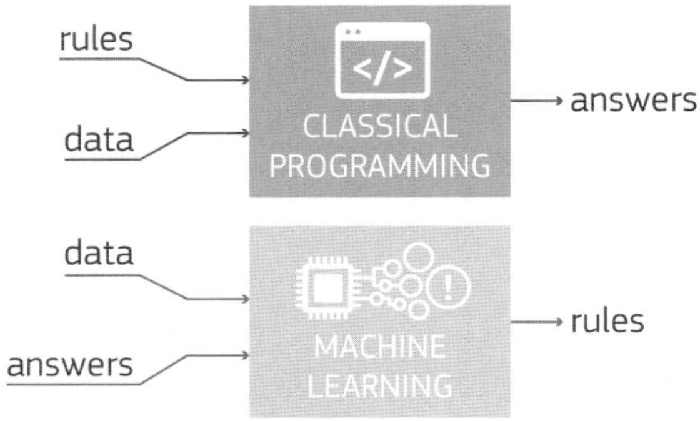

그림 1. ML의 패러다임 변동[2]
출처 : Chollet, 2017 이후

2.2 ML의 최근 발전

AI, 특히 ML에 대한 최근의 관심은 세 가지 동시적 발전에 기인한다. 첫째, 점점 더 현실성 있는 컴퓨터게임은 전문화된 그래픽 프로세서를 필요로 한다. 2007년 PC 그래픽카드 제조업체인 엔비디아(Nvidia)가 자사의 그래픽 가속기 카드에 대한 CUDA 프로그래밍 인터페이스를 발표하면서 저비용의 빠른 병렬 컴퓨팅을 활용할 수 있게 되었다.

둘째, 컴퓨터 및 그 사용자들이 네트워크로 연결되면서 대용량의 데이터가 이용가능하게 되었다. 이미지, 비디오, 음성, 텍스트의 디지털화는 ML이 활성화되는 환경을 만들었다. 이를 통해 AI 연구진은 구형 인공신경망 모델을 다시 방문해서 디지털 이미지의 물체인식(object recognition)이나 기계번역(machine translation)과 같은 어려운 문제를 해결하기 위해 대규모 데이터 집합으로 이들 모델을 훈련시킬 수 있게 되었다. 이전에는 컴퓨터가 언어와 그 구조를 이해해야 언어와 텍스트를 한 언어에서 다른 언어로 번역할 수 있다고 믿었지만, 현재는

2) 기술적으로 이 도표는 주로 지도학습(supervised learning)을 말한다.

실용적으로 언어학적 지식 없이도 단어들이 나타나는 문맥을 찾아내고 번역하기 위해 수백만 개의 문장을 충분히 처리할 수 있다. 이로 인해 그 처리속도가 상당히 빨라져, 이제 대부분의 휴대폰 플랫폼에서 실시간 번역 애플리케이션을 사용할 수 있게 되었다.

셋째, ML 알고리즘에 새로운 진전이 있었다. 또한, ML 알고리즘의 작성과 시험을 용이하게 하는 전문 오픈소스 ML 소프트웨어 라이브러리를 이용할 수 있게 되었다. 이러한 경향은 2012년경 함께 나타나기 시작했다(Box 2 참조).

ML은 데이터로부터 학습하는 일반적인 알고리즘 종류(class)이지만, 이러한 알고리즘의 정확도는 트레이닝 데이터 집합의 품질과, 그리고 알고리즘이 해결해야 할 문제를 대표하게 하고, 데이터의 매개변수(parameters) 숫자를 줄이기 위해 인간이 알고리즘을 얼마나 잘 구성하고, 의미론적으로 레이블(label)을 지정하고, 정리하는지에 따라 크게 좌우된다.

Box 2. 이미지 인식의 전환점

2012년에 Nvidia**의 그래픽 프로세서 카드**를 이용해 트레이닝된 다층 네트워크는 잘 알려진 이미지 인식 대회에서 뛰어난 성능을 보였다. 이 대회는 약 **1,400 만 개의 인간 주석이 달린 디지털 이미지**가 포함된 **ImageNet 데이터베이스**에 기반을 두었다. ILSVRC(ImageNet Large Scale Visual Recognition Challenge)**는 이제 AI의 발전을 위한 주요 벤치마크 중 하나가 되었다**. 객체 탐지 및 분류 과제(object detection and classification challenge)는 **1000여 종**의 다른 유형의 객체와 함께 **120만 장**의 트레이닝용 이미지를 사용한다. 2017년도에 최고의 신경망은 **97.7%의 '톱 5' 정확도**로 객체 범주를 정확히 추측할 수 있었는데, 이는 정확한 객체 종류가 신경망에 의해 측정된 것처럼 가장 가능성이 높은 5개 종류에 속한다는 것을 의미한다.

- ***딥러닝***(Deep Learning : DL)은 신경계층 및 뉴런의 수[3)]와 트레이닝에 사용된 데이터의 양을 크게 늘려 보다 노이즈가 많은 데이터에 대응할 수 있는 ML의 부분집합(subset)이다. DL은 이미지, 비디오 라벨링 및 활동 인식에서 물체 인식을 용이하게 했으며 오디오, 음성, 자연어 처리와 같은 다른 인식영역에서도 상당한 발전을 이루고 있다.

- ***강화학습***(Reinforcement Learning : RL)은 경험 주도의 순차적 의사결정에 초점을 맞춘 또 다른 알고리즘 집합이다. 즉, 이들은 소프트웨어 에이전트가 누적 보상의 개념을 최대화하기 위해 행동을 취하도록 만든다. DL과 결합된 RL은 바둑, 포커, 도타 등 복잡한 게임에서 최근 많은 성공을 거둔 바탕이 되고 있는데, 이들 게임에서는 컴퓨터가 이 분야의 최고의 인간 전문가들을 이길 수 있었다. 이러한 알고리즘의 실용화가 자율주행, 무인항공기, 주식시장 및 방위 등 많은 영역에서 적용되기 시작하고 있다.

이미지 및 텍스트 인식과 게임 외에도, 인간-컴퓨터 상호작용 분야는 최근 AI 애플리케이션의 결과로 많은 인상적인 발전을 보았다. 장기 목표는 사람들이 서로 그러하듯이 사람과 컴퓨터가 대화를 자연스럽게 할 수 있게 하는 것이었다. 최근 몇 년 동안, 자연어 처리, 음성 합성 및 음성 변환을 포함한 여러 AI 구성요소의 조합과 DL의 적용은 아래 2.3에서 설명하고 애플의 시리(Siri), 마이크로 소프트의 코타나(Cortana) 및 아마존의 알렉사(Alexa)와 같은 대부분의 휴대폰 플랫폼에서 현재 사용가능한 가상비서가 예시하는 바와 같이 인간과 컴퓨터와의 상호작용에 혁명적인 변화를 가져왔다.

컴퓨터 생성 언어에서의 진보의 정도는 노래에서도 기계와 인간을 구분하는 것이 점점 더 어려워질 정도로 크다(Box 3 참조).

---

3) 컴퓨팅을 위한 신경망 모델은 1950년대와 60년대에 신경생물학에서 영감을 받아 도입되었다. 학습은 생물학적 신경망에서 일어나는 시냅스 수정과 유사하게 (컴퓨팅) 네트워크 연결의 점진적인 변화로 모델링된다.

Box 3. 노래 처리용 DL

노래하는 목소리는 표현적인 성격과 스타일 및 가수를 특징짓는 다양한 음색과 표현적인 자원을 고려할 때 전통적으로 **분석**과 **합성**이 어려운 도구였다. 그러나 **최근의 데이터 주도의 ML** 기술, 특히 DL은 **노래 처리기술의 품질과 정확성을 크게 향상시켰다**.

노래하는 신디사이저는 곧 인간의 노래와 구별 할 수 없게 만들지도 모른다. ML 알고리즘은 또한 새로운 음악을 작곡하고 과거의 고전 작곡가의 스타일을 모방할 수 있기 때문에, 우리는 곧 음악 생산, 유통 및 소비의 새로운 모델뿐만 아니라 음악이 무엇인지, 그것을 어떻게 체험할 것인지에 대한 이해에 큰 변화를 겪게 될 것이다(Gomez et al., 2018).

텍스트 및 음성의 실시간 번역은 구글과 바이두에 의해 개발되었으며, 마이크로소프트 연구진은 인간과 거의 마찬가지로 문서를 읽고 이에 대한 질문에 대답하는 알고리즘을 만들었다. 이는 빙(Bing)과 같은 검색엔진과 코타나와 같은 비서들에게 사람들이 서로 소통을 하는 것처럼 사람들과 상호작용을 하고 정보를 보다 자연스러운 방법으로 제공하기 위한 추진에 있어서 커다란 이정표이다.

2.3 사회적 로봇의 최근 발전

로봇공학의 발달로 AI는 '몸(body)'의 특성뿐만 아니라 그들이 활동하는 물리적 및 사회적 환경의 특성을 고려한 물리적 실체에 이식될 수 있게 되었다. 이는 동료나 개인적 동반자 또는 자율주행 차량의 경우와 같이 사회지능형 로봇 에이전트가 인간과 공존할 가능성을 높인다.

인지 시스템의 진전으로 낮은 수준의 신호를 높은 수준의 추상적 개념으로 변환하는 것이 가능해진다. 예를 들어, 자연어 처리(NLP) 기술은 말에서 나오는 소리를 언어 의미와 연결시킨다. 이를 통해 주변환경을 이해하고 상호작용할 수 있는 자율형 로봇에 대한 지각-인지-행동 루프(perception-cognition-action loop)를 만드는 데 기여한다.

로봇공학의 이러한 발전은 일상생활에서 AI의 통합에 대한 추가적인 시각을 제공한다. 즉, (i) 에이전트(agents)들은 복잡한 인간의 사회적 행동을 포함하여 인간의 물리적 환경에 대한 이해를 발전시킴으로써 이들이 행동하는 상황을 점점 더 인지할 수 있게 되고 있다. (ii) AI의 구체화된 형태는 물리적으로 인간의 환경에 작용하고 형성할 수 있으며, 개인 차원뿐만 아니라 소규모 그룹에서도 인간 대 인간의 사회적 상호작용은 물론 인간의 행동에 잠재적으로 영향을 미칠 수 있다. 그리고 (iii) 인간과 지능형 로봇 시스템 간의 상호작용은 인공 시스템을 향한 감정이입 행동을 자극하고 시간이 지남에 따라 인간 발달에 영향을 줄 수 있는 인간 감정을 점점 더 포함한다.

이러한 맥락에서 인간이 로봇과 상호작용하는 방식과 다양한 로봇의 행동 및 디자인이 인간의 인지 및 사회-감정적 발달에 미치는 영향을 조사하는 비교적 새로운 연구의 기조가 등장했다. 인간-로봇의 원활한 상호작용은 미니멀리스트 디자인 특성으로도 그 직관적인 성격 때문에 투명하고 설명 가능한 AI 및 취약한 인구(예 : 어린이 및 노인)에게 기여할 수 있는 잠재력을 가지고 있다.

이러한 이유로, 로봇공학 분야가 발전하고 있는 동안 인간-로봇 상호작용 분야의 연구자들은 실제 환경에서 다양한 로봇 특성을 시험하는 시나리오를 만든다. 이러한 방법으로, 연구자들은 다수의 이해당사자를 참여시킴으로써 사회적 지능형 로봇이 인간의 인지 및 사회-감정의 발달에 미치는 영향을 조사한다. 이러한 유형의 연구는 사회가 로봇이 일상생활에 통합될 수 있는 방법을 적극적으로 형성하고 AI를 보다 포괄적이고 지속 가능한 방식으로 이용할 수 있게 한다.

이러한 발전은 AI를 우리의 일상적 경험으로 이끌기 때문에 중요하지만, 이들은 종종 ***협의의 AI(Narrow AI)***로 정의되는 것을 나타낸다.

의식의 발달이 수반될 ***일반적 AI(General AI)***는 여러 해 걸린다. 민간부문 전문가 커뮤니티의 현재 컨센서스는 일반적 AI가 수십 년 동안 이루어지지 않을 것이라는 점이다(NSTC 2016a).

2.4 당면 과제

AI의 전문 하위 영역마다 고유의 과제가 존재하지만, 여기서는 위에서 논의한 바와 같이 ML 에서의 알고리즘 설계 및 평가와 관련된 과제에 초점을 맞추고 있다. 윤리적, 법적, 사이버 보안을 포함한 다른 과제들은 제6장, 제7장, 제10장에서 다른 과학자들에 의해 논의된다 (Gomez et al., 2018 참조).

오늘날, 많은 ML 기술들은 '블랙박스' 모델의 일부 특성들을 보여준다. 즉 알고리즘에서 무엇이 들어가고 무엇이 나오는지는 알지만, 그 내부 동작을 완전히 이해하지는 못한다. 이는 알고리즘에 대한 과학적 이해와, 적대적 사례로부터 회복할 수 있는 능력을 제한하고, 실제 적용에서 인간의 감독을 복잡하게 한다(사이버 보안에 관한 제10장 참조).

의미있는 평가체계를 규정하고, 현실적인 설정에서 실제 적용상황에 맞출 필요가 있다. 이 점에서 스마트하고 투명한 벤치마킹 전략을 개발하기 위해 엔지니어링 모범사례, 영향평가 방법, 사용자 만족도 및 비즈니스 메트릭스가 고려되어야 한다. 우리는 차세대 ML 개발자들을 트레이닝시켜 이러한 전략을 적용하고 전달하고 AI 평가를 위한 모범사례를 따라야 한다.

ML 연구의 관점이나 다른 애플리케이션 사용자의 관점 모두에서, 일반적으로는 알고리즘과 구체적으로는 DL 시스템의 설명가능성, 책임성과 투명성을 향상시킬 필요가 있다. 기계 지능과 관련하여 비판적 사고능력을 높이고 필요할 때 도전할 수 있도록 사회 전반에 걸쳐 데이터 및 알고리즘 지식을 확장해야 한다.

> "일반적으로는 알고리즘 그리고 구체적으로는 DL시스템의 설명 가능성, 책임성과 투명성을 향상시킬 필요가 있다."

자동화된 의사결정의 맥락에서 공정성을 이해하기 위한 추가 연구도 또한 필요하다. 알고리즘이나 결정은 특정 그룹(성별, 인종, 성적 지향 등)에 대한 멤버십 때문에 사람을 차별하지 않는 경우에 공정하다. 어떤 사람이 보호단체의 구성원자격(멤버십) 때문에 영향을 받지 않는 경우에는 편파적이지 않다. 알고리즘 차별을 공식화하려는 시도는 항상 한 이해관계인에게는 해가 되고 다른 이해관계인에게는 이익이 되는 긴 목록의 공정성 기준을 낳게 되고 합의점에 도달하기 어렵게 한다. 더욱이 이들 기준은 의사결정에 차별이 있었는지를 식별하는데 도움이 되지만 부당한 대우의 근원을 설명하지는 않는다. 이는 트레이닝 데이터, 라벨 표시, 그리고 개발팀 또는 컨텍스트에 의한 편견을 인코딩할 수 있는 알고리즘 개발프로세스에서 편견을 살펴봄으로써 가장 잘 수행된다.

2.5 요약 및 결론

AI는 환경을 관찰하고, 얻은 지식과 경험을 바탕으로 지능적인 행동을 취하거나 결정을 제안할 수 있는 기계나 알고리즘을 가리키는 일반적인 용어이다. 이러한 넓은 AI의 정의에 해당하는 기술은 매우 다양하다. 현재 가장 널리 사용되는 것은 기계학습 기술이다.

AI의 방법론적 발전은 50여 년 전으로 거슬러 올라가지만, 최근의 발전은 계산능력의 진보, 데이터의 가용성, 알고리즘의 복잡성에서 비롯되었다. 이제 많은 AI 애플리케이션은 스팸 필터링에서부터 기계 번역, 이미지 인식, 음악 생성에 이르기까지 우리의 일상생활에 들어오고 있으며, 산업, 정부 및 상거래에서 점점 더 많이 사용되고 있다. 유비쿼터스 센서 네트워크와 IoT의 발달은 AI의 감지능력, 알고리즘을 트레이닝할 수 있는 데이터의 양, 그리고 결정 및 행동을 통한 AI의 응용범위가 기하급수적으로 증가할 것이기 때문에 현재는 아마도 이러한 프로세스의 시작에 불과할 것이다.

기회는 많고, 어떤 경우에는 아직 예견되지 않았지만, 도전도 많다. 이들은 본서의 제2부에서 특별히 탐구될 것이지만, 이 장에서는 AI를 구동하는 알고리즘이 블랙박스의 모든 특성을 나타낸다는 것을 강조했다. 즉, 이는 입력과 출력에 접근할 수는 있지만 중간에 무슨 일이 일어나는지 그리고 결정과 행동을 포함한 특정 출력이 어떻게 도출되는지를 완전히 이해하지 못한다는 것이다. 이러한 중대한 단점을 감안할 때, 이 파괴적인 기술에 대한 신뢰를 구축하고 유지할 수 있도록 AI의 품질과 성능을 평가하는 투명한 메커니즘을 개발하는 것이 시급하다.

제3장 AI 경쟁적 글로벌 환경에서의 EU

요약

이 장에서 우리가 보고하는 글로벌 및 EU의 AI 현황의 개요는 전 세계 35,000명 이상의 핵심 플레이어를 대상으로 한 종합적인 분석의 결실이다. 이 분석은 미국, 유럽 및 중국의 3대 주요 리더들과 함께 전 세계적으로 벌어지고 있는 AI의 치열한 경쟁을 확인시켜 준다. 각 지역에는 연구 및 산업을 모두 포함한 AI 분야의 모든 핵심 플레이어의 약 4분의 1이 있지만 다른 플레이어의 조합이 있다. 즉, 유럽은 연구 플레이어와 비연구 플레이어의 수가 균형이 잡힌 반면, 미국은 연구 플레이어의 약 3배 많은 산업/기업 플레이어를 보유하고 있으며, 중국은 산업 플레이어의 약 6배 많은 연구 플레이어를 보유하고 있다. 미국의 기업계의 강점은 스타트업 건수(전 세계 전체의 거의 절반)와 벤처캐피털(전 세계 전체의 3분의 1 이상)에서 우위를 점하고 있는 점에서도 나타난다. 반면 중국은 연구를 특허로 바꾸기 위해 총력을 기울이고 있으며, 전 세계 총수의 거의 60%를 차지하고 있다.

유럽은 현재 최고수준 AI 간행물의 30% 이상으로 미국(33%)에 바로 뒤이어 연구의 품질에 대해 좋은 위치에 있다. 이 결과는 높은 수준의 연구 자금조달과 프레임워크 프로그램에 의해 제공되는 치열한 국가 간 협력의 결실이다. 유럽의 주요 강점 영역은 자동화되고 연결된 자동차와 로봇공학이다. 계속되는 정책 지원은 몇몇 강대국들을 중심으로 다소 양극화된 생태계에서 유럽의 위상을 강화하고 있는 핵심요인으로 보인다.

3.1 국제정책 맥락

더튼(Dutton 2018)[4]의 연구는 2017-2018년에 국가 AI 전략과 프로그램을 시작했거나 준비 중인 국가 최소 21개국을 파악했다. 이 중 8개국은 유럽, 3개국은 북미, 나머지는 아시아와 오세아니아에 있다. 유럽은 제4장에, 중국은 제5장에 맡기고, 여기에서는 미국, 캐나다, 인도, 일본, 한국의 발전상황을 요약한다.

3.1.1 USA

2016년 10월에 오바마 행정부는 AI 기술이 경제 및 국가안보 모두에 걸쳐 변혁의 원동력이 될 것이라는 결론을 내린 보고서 3건을 발표했다. 보고서 중 하나(NSTC, 2016c)는 다음과 같은 6가지 주요 방향을 가진 일부 다른 정책과 연계된 국가 AI 연구개발(R&D) 전략을 제안했다.

1. AI 연구에 장기 투자하라.
2. 인간-AI 협업의 효과적인 방법을 개발하라.
3. AI의 윤리적, 법적 및 사회적 함의를 이해하고 해결하라.
4. AI 시스템의 안전성과 보안을 확보하라.
5. 공공 데이터의 공유와 AI 트레이닝 및 테스트를 위한 환경을 개발하라.
6. 규격 및 벤치마크를 통해 AI 기술을 측정하고 평가하라.

현 정부는 AI의 무제한 개발을 지지하고 있는 듯하고, 2018년 5월 백악관에서 열린 주요산업 대표들과의 AI 정상회의에서, 마이클 크라시오스(Michael Kratsios) 대통령 기술정책 부차관보(Deputy Assistant to the President for Technology Policy)가 정부의 목표를 발표했다. (1) AI에서의 미국의 리더십을 유지하고, (2) 미국인 노동자를 지원하며, (3) 공공 연구개발(R&D)을 촉진하고, 그리고 (4) 기술혁신에 대한 장벽을 제거한다. 이러한 목적을 달성하기 위해 크라시오스는 부처간 AI 연구개발(R&D) 우선순위에 대해 백악관에 조언하고 산학과의 연방 파트너십 창설을 검토하기 위하여 인공지능에 관한 특별위원회(Select Committee on

4) *https://medium.com/politics-ai/an-overview-of-national-ai-strategies-2a70ec6edfd*

Artificial Intelligence)를 신설한다고 발표했다[5].

2018년 9월, 정부 방위 연구기관인 DARPA는 현재의 AI 기술의 인식된 일부 한계, 즉 대량의 고품질 트레이닝 데이터에 대한 의존, 변화하는 여건에 대한 적응능력 부족, 제한된 성능 보증과 이용자들에게 결과의 설명을 제공할 수 없는 점을 극복하기 위해 20억 달러 이상의 투자계획을 발표했다. ‘AI Next’ 프로그램은 기계가 상황 추론능력을 개발하는 변화하는 여건에 적응하는 것을 가능하게 할 수 있는 새로운 이론 및 애플리케이션들을 탐구하려고 한다[6].

이는 AI 개발에 대한 트럼프 행정부의 지속적인 지원 신호이며, 이러한 지원은 또한 대규모 미국 국방예산의 공개되지 않은 일부에 의해 추진될 것이다. 정부가 정책 및 투자 양쪽에서 주요한 역할을 하는 세계의 다른 지역들과 비교했을 때, 미국에서는 민간 기업들이 AI뿐만 아니라 일반적으로 기술개발에서도 중심적인 역할을 한다.

2018년 4월 미국 증시의 가치는 34조 달러에 달했는데, 유럽은 15%, 아시아 및 일본은 15%[7]인데 비해, 43%나 됐다. 기술기업(Tech companies)이 이 가치의 4분의 1을 차지하며[8], 상위 5개(애플, 아마존, 구글/알파벳, 마이크로소프트, 페이스북)는 미국 전체 시장의 11%인 4조 달러 정도를 차지하며[9] 유럽시장 전체 가치의 33%를 차지한다. 당연히 아마존 및 알파벳과 같은 기업들의 연구개발(R&D) 투자는 정부의 민간투자보다 훨씬 많은 161억 달러와 139억 달러로 매우 중요하다. 이와는 대조적으로, DARPA 및 교통부(자율 및 무인 시스템의 특정 분야에서)와 함께 AI 연구개발(R&D)을 지원하는 주요기관인 국립과학재단(National Science Foundation)의 총 예산은 2019년도 예산에서 53억 달러에 달한다[10].

---

5) *https://www.reuters.com/article/us-usa-artificialintelligence/trump-administration-will-allow-ai-to-freely-develop-in-u-s-official-idUSKBN1IB30F*

6) *https://www.darpa.mil/news-events/2018-09-07*

7) *https://www.nasdaq.com/article/us-stock-market-is-biggest-most-expensive-in-world-but-us-economy-is-not-the-most-productive-cm942558*

8) *https://www.cnbc.com/2018/02/28/technology-now-makes-up-a-quarter-of-the-stock-market.html*

9) *https://www.statista.com/statistics/216657/market-capitalization-of-us-tech-and-internet-companies/*

10) *https://www.whitehouse.gov/wp-content/uploads/2018/02/ap_18_research-fy2019.pdf*

물론 미국의 거대 기술기업들의 힘은 재정적인 측면뿐만 아니라 이들이 전 세계로부터 수집하고 분석할 수 있는 방대한 양의 데이터에 더 결정적인 역할을 한다. 구글은 전 세계 인터넷 검색의 86%를 차지하며[11] 초당 약 40,000개 또는 하루에 35억 개의 쿼리(queries)를 처리한다[12]. 페이스북은 매달 약 22억 명의 실사용자(active user)를 가지고 있다[13]. 이렇게 자체 데이터를 생산하지는 않지만 세계 최대의 콘텐츠 관리자이다. 모든 데이터, 그리고 더욱 중요한 것은 AI 트레이닝의 경우, 플랫폼이 제공하는 서비스의 대가로 고객이 데이터의 컨텍스트(context)를 제공한다. Facebook의 좋아요 버튼은 회사를 세계에서 가장 큰 추천 플랫폼으로 바꾸었으며, 소그룹과 개인들을 마케팅 목적과 최근 Cambridge Analytica 사례에서 보듯이 정치적 목적으로 프로파일링하고 타겟팅할 수 있다. 제2장에서 지적한 바와 같이, AI의 발전은 잘 구조화되고 라벨링된 방대한 양의 데이터를 보유할 수 있는 능력에 달려 있으며, 이 점에서 미국의 거대기업들은 서방에서 확실한 우위를 점하고 있다.

Box 4. 미국에서 AI 발전의 몇 가지 사례들

구글은 AI 세계 리더이다. 구글은 AI 제품과 서비스를 연구, 개발하고 있으며, 그 자체 AI 칩인 텐서 프로세싱 유닛(Tensor Processing Unit : TPU)을 개발하였고, 가장 널리 사용되는 오픈 소스 AI/ML 라이브러리 중 하나인 텐서플로우(TensorFlow)를 만들었다. DL 알고리즘은 이미 추천 시스템, 안드로이드, 지메일, 지도, 번역 서비스 등 구글의 여러 제품에서 상당한 부분을 차지하고 있다. 구글이 사용하는 DL 디렉토리 수는 **2012**년 0개에서 **2016**년 **4,000**개로 늘었다[14]. 2018년 5월에 구글은 **전화로 실제 업무를 수행하기 위한 AI 시스템인 구글 듀플렉스(Google duplex)**를 발표했다. 구글과 다른 대규모 사업자들도 자사의 데이터 센터를 운영하고 에너지를 절약하기 위해 AI를 광범위하게 사용한다[15].

---

11) *https://www.statista.com/statistics/216573/worldwide-market-share-of-search-engines/*

12) *http://www.internetlivestats.com/google-search-statistics/*

13) *https://www.statista.com/statistics/264810/number-of-monthly-active-facebook-users-worldwide/*

14) *https://www.slideshare.net/AIFrontiers/jeff-dean-trends-and-developments-in-deep-learning-research*

15) *https://www.datacenterknowledge.com/google-alphabet/google-switching-self-driving-data-center-management-system*

페이스북은 세계 최대의 소셜 미디어 회사다. 전 세계 여러 연구소와 함께 가장 선진적인 연구소 중 하나인 Facebook AI 연구(FAIR)팀을 설립하였다. 페이스북은 **구글 텐서플로우**와 경쟁하는 오픈소스 AI 라이브러리인 **PyTorch**와 **Caffe2**를 지원한다. 이 회사는 자체 AI칩 개발 계획도 발표했다.

아마존은 추천 시스템과 물류에서 AI를 광범위하게 사용한다. 아마존은 또한 소비자 및 기업 중심의 AI 제품과 서비스도 제공한다. **Amazon Echo**는 지능형 음성 서버인 Alexa를 통해 가정에 AI를 들여온다. 사업상, 아마존 AI는 가짜리뷰 검출, 챗봇, 제품 추천, 빅데이터 관리 등을 가능하게 한다. **아마존 웹 서비스(Amazon Web Services)**는 아마도 **1백만 명 이상의 사용자**에게 서비스로서의 인프라를 제공하는 세계에서 가장 큰 클라우드 시스템일 것이다[16].

마이크로소프트는 또한 서비스로서의 AI와 인프라에 많은 투자를 해왔다. **마이크로소프트 아즈레(Azure)**는 **구글 클라우드**, **아마존 웹 서비스**와 함께 3대 클라우드(및 AI) 제공업체 중 하나이다. 코타나는 아마존 알렉사, 애플 시리, 구글 듀플렉스 등과 경쟁하는 마이크로소프트 가상비서이다.

애플은 미화 1조 달러가 넘는 세계에서 가장 가치있는 회사이다. 애플의 주요 AI 부문은 **Siri**팀과 **코어(Core) ML**팀이다. Siri팀은 NLP와 컴퓨터 비전에 초점을 맞추고 있는데, 이 두 가지 모두 음성보조기능과, 물체인식에 의존하는 증강현실 앱과 같은 새롭고 보다 최첨단의 기술을 작동시키는 데 필요하다. 코어 ML은 애플이 AI 과제와 제3 개발자의 AI 중심 앱과 서비스가 애플 기기에서 보다 효율적으로 실행될 수 있도록 돕기 위해 지난해 출시한 ML **애플리케이션 프로그래밍 인터페이스(API)**이다.

16) *https://www.contino.io/insights/whos-using-aws*

3.1.2 그 밖의 국가

캐나다 : 캐나다는 2017년도 예산에서 AI 전략을 발표했다. 이는 네 가지 주요목표를 달성하기 위해 5년간 1억2천5백만 캐나다 달러를 배정하는 것이다.

- 캐나다의 우수한 AI 연구자 및 숙련된 졸업생을 증원하는 것.
- 에드먼턴(Edmonton), 몬트리올(Montreal), 토론토(Toronto)에 있는 캐나다의 3대 AI 센터에 과학적 우수성의 상호 연계된 노드를 구축하는 것.
- AI 발전의 경제적, 윤리적, 정책적 및 법적 함의에 대한 글로벌 사고 리더십을 개발하는 것.
- AI에 관한 국가연구 커뮤니티를 지원하는 것.

이 전략은 캐나다 정부와 새로운 3 AI 연구소인 에드먼턴의 앨버타 머신 인텔리전스 연구소(Alberta Machine Intelligence Institute), 토론토의 벡터연구소(Vector Institute), 몬트리올의 MILA와 긴밀한 제휴를 맺고 캐나다첨단연구기구(Canadian Institute for Advanced Research : CIFAR)[17]가 추진하고 있다. 다른 국가전략이 부문별 발전, 데이터, 산업지원에 대해서도 중시하고 있는 데 비해, 캐나다 전략은 주로 연구에 치중하고 있다.

인도 : 사회적 포괄성에 매우 초점을 맞춘 AI 전략을 위한 토론 논문은 NITI Aayog(정부 싱크탱크)이 2018년 6월에 발표하였다. #AIforAll.

이 전략은 세 가지 다르면서도 서로 관련있는 구성요소를 따른다.

a) 기회 : 인도에 대한 AI의 경제적 영향
b) 보다 큰 선을 위한 AI : 사회발전과 포괄적 성장.
c) 전 세계의 40%를 위한 AI Garage : 전 세계의 신흥 및 개발도상국들을 위한 선택의 솔루션 제공업체.

17) *https://www.cifar.ca/ai/pan-canadian-artificial-intelligence-strategy*

c)와 관련하여, 이 전략은 인도가 개발도상국과 신흥국의 나머지 국가에서도 쉽게 구현할 수 있는 확장 가능한 솔루션을 개발하기 위해 전 세계 기업 및 기관에게 완벽한 '플레이그라운드(playground)'를 제공한다고 주장한다. NITI Aayog는 민간영역 주도의 이니셔티브만으로는 바람직한 사회적 결과물을 이끌어내지 못할 수 있는 경우에, AI가 사회적 요구를 해결함에 있어 최대의 이익을 얻도록 계획된 5개 부문에 초점을 맞추고 있다.

a) **헬스케어** : 양질의 헬스케어의 액세스와 이용가능성 증가
b) **농업** : 농민소득 증대, 농업생산성 증가, 폐기물 감소,
c) **교육** : 교육의 액세스 및 품질 향상,
d) **스마트 시티와 인프라** : 빠르게 증가하는 도시 인구의 연결성 향상,
e) **스마트 이동 및 교통** : 보다 스마트하고 안전한 교통수단과 보다 나은 교통 및 혼잡 관리.

이 전략은 30여 건의 권고안을 제시한다. 연구와 관련하여서는, 2단계 시스템을 제안한다. 즉, AI에 있어서의 새로운 연구우수센터(Centres of Research Excellence)들은 기초연구에 초점을 맞추고, 사회적 중요영역에서의 AI 기반 애플리케이션을 창조하는 데 초점을 맞출 국제전환AI센터(International Centres for Transformational AI)의 기술 공급자로서 역할을 할 것이다.

AI의 도입을 촉진하기 위해 이 전략은 특히 다음과 같이 권고하고 있다.

1) AI 시장 설립,
2) 대규모 기초 주석 데이터 집합의 생성 촉진

토론 논문은 이 전략을 시행하기 위해서는 상당한 공공투자가 필요할 것이라는 점을 인정하지만, 구체적인 수치를 제시하지는 않고 정치적 논의에 맡기고 있다.

일본 **:** 2015년에 일본정부는 5개년계획을 발표하면서 AI와 로봇공학을 과학기술혁신전략의 디딤돌로 내세웠다. 일본의 인공지능에 대한 접근방식은 미국 및 중국 모델이 결합된 것이다. 이는 일본 과학기술혁신회의의 제5차 과학기술기본계획(2016~2020년)을 기초로 한다.

이 계획의 목표는 일본을 슈퍼 스마트 사회(즉, 사회 5.0)로 자리매김하는 것이다. 이 프로그램은 수상이 위원장을 맡고 있으며, 분야별 프로그램은 선정된 기업 총수가 이끌고 있다. 2016년 4월, 정부는 AI 기술의 연구개발을 추진하는 AI기술전략협의회를 설립하고, AI를 활용한 산업과 관련한 산업(이하 '출구산업'이라 한다)들을 조정하고, AI 기술의 사회적 실현을 추진하였다. 위원회는 다음과 같은 3개 주요 연구센터의 활동을 조정한다.

1) 국립정보통신연구기구의 정보신경망센터와 유니버설커뮤니케이션연구소.
2) 이화학연구소의 혁신지능통합연구센터.
3) 국립산업기술종합연구소의 인공지능연구센터

AI기술전략은 2017년 3월에 발표되었다. AI의 개발 및 통합을 위한 4대 우선분야를 확인한다. 즉, 사용자 주도의 서비스 하이퍼 커스터마이징을 통한 생산성 향상, 점점 증가하는 고령인구를 지원하기 위한 의료보건 및 복지, 안전하고 환경친화적인 여행을 지원하기 위한 이동성과 정보 보안이 그것이다. 이 전략에서 특히 흥미로운 것은 이 네 가지 우선순위 각각이 일본이 지향하는 사회의 이미지에 의해 추진된다는 점이다. 사회적으로 움직이는 AI의 분명한 사례. 이 전략은 다음 3단계로 구체화된다.

1) 다양한 영역에서 개발된 데이터 주도 AI의 활용 및 적용(2020년까지)
2) 다양한 영역에 걸쳐 개발된 AI 및 데이터의 공공 이용(2020-2025)
3) 다중영역(2025-2030년)을 연결해 만든 생태계 조성

> "**농업, 헬스케어, 모바일 및 보안은** 많은 나라에서 AI의 가장 유망한 적용 분야 중 하나이다."

위에서 파악한 3개의 센터는 각각의 확인된 우선순위 영역에 대해 리드 역할을 하고, 산학협력에 의한 연구개발(R&D)의 거점 역할을 하게 된다. 이 전략은 특히 정부, 학계 및 민간부문 전반의 데이터 수집, 관리 및 공유에 주목한다. 후자에 대해서는, 개인데이터의 취급을 포함해 아직 해결해야 할 문제가 많다고 인식하고 있지만, 모범사례(best practice)를 공유할 수 있도록 데이터 배포 가속화 작업반

(Data Distribution Acceleration Working Group)을 설정했다.

한국 : 2016년에 정부는 지능정보사회를 위한 중장기 마스터플랜을 도입했다. 이 계획의 목표 중 하나는 'AI 기술의 기반 확립'을 육성하는 것이다. 정부는 2020년까지 1조 원(미화 8억 4천만 달러)을 들여 인공지능산업을 활성화하겠다고 발표했다. 정부는 AI 분야에서 국가연구개발의 '축(pivot)' 역할을 할 우수연구센터 설립을 지원할 계획이다. 삼성과 LG전자, SKT, KT, 네이버, 현대자동차가 이 계획에 참여하기로 결정했다. 각 사는 약 30억 원을 투자할 계획이다(Marquart, 2016). 2018년 5월에 정부는 3대 우선과제에 중점을 둔 AI전략에 2조2천억 원을 추가로 증액했다. 그런데, 이들 3대 우선과제는 5천명의 AI 과학자를 추가로 양성하는 것, 국방 · 의료 · 공공안전 분야의 애플리케이션을 개발하는 것, 그리고 스타트업에 필요한 기반시설(인프라)과 인큐베이터에 자금조달을 하는 것을 말한다.

3.2 AI 현황의 주요 특징 분석

AI 분야는 보다 빠른 처리, 엄청나게 증가한 데이터 양, 그리고 보다 나은 알고리즘과 같은 몇 가지 핵심기술 가능자(enabler)들의 통합으로 커다란 발전기를 겪고 있다. AI는 여러 분야로 매우 빠르게 확대되고 있으며, 'AI'에 포함되는 기술 및 적용에서의 단일의 합의된 정의가 아직 없기 때문에, 보다 확립된 분야에서와 같이, 현 단계에서는 공식통계로 그 진화를 추적할 수 없다.

JRC는 AI와 같은 신흥 기술-경제 부문(TES)을 평가하기 위한 구체적인 방법론을 개발해 이들의 생태계 및 역동성에 대한 종합적인 개요를 제공하고 있다. 주요 목적은 AI가 등장함에 따라 그 생태계 전체를 이해하는 것이다. 즉, 누가 핵심 플레이어인지, 이들이 어떤 기술을 전문화하는지, 어떻게 분배되는지, 어떻게 서로 연결되는지, 그리고 어떻게 혁신이 네트워크를 통해 퍼지는지를. 방법론(De Prato et al., 2018)은 특허, 사업자등록부, 과학 및 무역 출판물, 그리고 산업협회 기록물과 같은 다양한 유형의 사실 데이터(factual data)를 이용한다[18]. 이 이질적인 데이터를 이해하기 위해서 그것은 통계적 기술과 ML 기술을 모두 적용하여 초

18) 본서에서 AI 생태계의 TES 분석은 Arxiv, Asgard, CBInsights, Crunchbase, DowJones, EU CORDIS, EPO Patstat, Bureau Van Dijk Orbis, Statista 등을 포함하여 20개 이상의 데이터 소스에서 유래하는 데이터에 기초하고 있다.

기 개발을 탐지하고, 지도를 만들고, 그들의 진화를 모니터링하며, 필요한 과학적 증거로 생태계를 벤치마킹한다.

Box 5. 테크노-경제 부문(TES) 간략 접근법

방법론의 첫 번째 단계는 AI에 초점을 맞춘 플레이어를 1차 활동이나 2차 활동으로 검출해 TES(이 경우 AI)의 경계를 정하는 것이다. 플레이어는 **연구센터**, **학술기관**과 다음과 같은 경제활동, 즉 **연구개발 과정**, **산업 생산 및 마케팅**, **특정 AI 관련 서비스** 중 하나 이상에 참여한 **기업**으로 정의된다. 플레이어의 활동은 예를 들어 사업자 등록부나 부문별 기업들의 보관소에 있는 기업활동의 설명에서 명확하게 기술될 수 있거나 예를 들어 특허의 텍스트, 대회 발표집 및 연구 프로젝트와 같은 R&D 활동의 분석에서 도출될 수 있다. 이러한 분석을 실시하기 위해, TES(이 경우 AI)의 기술적 측면을 망라한 도메인별 키워드 종합사전을 개발했다. 가장 많은 수의 AI 관련 플레이어와 연구개발 활동을 파악하는데 도움이 된 키워드의 선정을 그림 2에 제시한다. 일단 TES의 경계를 정의하고 플레이어들을 설정하면, 우리는 생태계를 기술하기 위해 이들의 상호연결성을 조사하였다. 연구개발(R&D) 활동에의 공동 참가, 콜로케이션(colocation), 기술의 유사성 등과 같은 다양한 유형의 관계를 고려했다. 다층 네트워크 분석을 사용하여 생태계에서 플레이어들의 상대적 중요성과 이들의 위치상 장점/단점을 파악했다. 또한 네트워크 전체의 정보 유통을 모델링했고, 시간이 지남에 따라 네트워크의 복원력을 연구했다. 기술유형, 지리적 위치, 그리고 다른 플레이어들과의 연계에 따라 플레이어들을 집단화함으로써 또한 기술 전문화의 국가나 지역적 프로필을 식별할 수 있고 시간이 지남에 따라 이들의 진화를 연구할 수 있다.

분석되는 출처의 양 및 다양성, 그리고 데이터 소스를 통해 서로 다른 데이터 구조를 일치시키고 연결을 확인하는 데 필요한 고된 작업의 양을 감안할 때, 이것이 지금까지 AI 생태계의 가장 정확하고 포괄적인 데이터베이스라고 생각한다. 다음 절에서는 글로벌 개요를 제공하고, 이러한 글로벌 상황과 관련하여 EU의 몇 가지 특성을 강조한다.

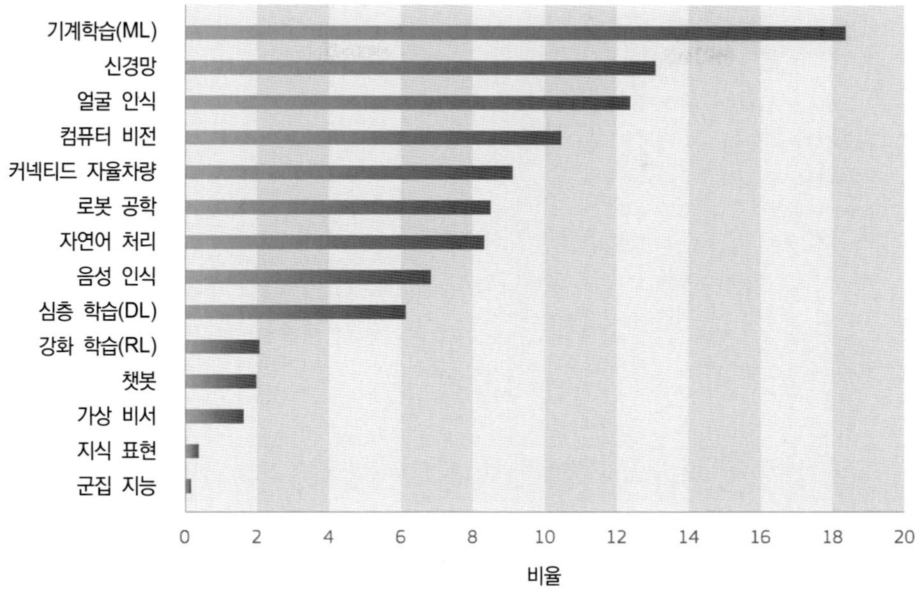

그림 2. 가장 대표적인 키워드로 검색된 AI 플레이어 비율(2000-2018)

참고 : 일부 키워드의 개념적 근접성, 기술과 애플리케이션의 중첩으로 인해 동일한 플레이어가 두 번 이상 검색될 수 있다.

3.3 개요(Overview)

전 세계의 AI 상황을 감안하여, 2009-2018년 기간 동안 약 35,000명의 플레이어들이 TES 분석을 통해 탐지되었으며, 이 중 1개 이상의 연구나 혁신 활동에 참여한 플레이어들은 1만 6천명이었으며, 산업활동에만 참여한 플레이어들은 1만9천명이다.

TES 분석에서는 **EU가 AI에서 활약하는 플레이어의 숫자가 가장 많은 지리적 지역 가운데 하나인데, 이는 미국 바로 뒤에 있고 중국 바로 앞에 있다**는 것을 보여준다(그림 3). 미국은 약 28%의 플레이어들을 보유하고 있으며 EU(25%)와 중국(23%)이 그 뒤를 바짝 쫓고 있다. 따라서 이들 3개 지역 모두가 전 세계 AI 플레이어의 4분의 3 이상을 차지하고 있다. EU 역내(그림 5)에서 가장 큰 경제국들이 가장 많은 AI 플레이어들을 보유하고 있는데, 영국은 EU AI 플레이어의 25%, 전 세계적으로는 6%를 약간 웃돌고, 독일은 EU AI 플레이어의 약 15%, 전 세계적으로는 3.7%를 차지하며, 프랑스는 EU의 약 11%, 전 세계적으로는 2.7%를 차지하고 있다.

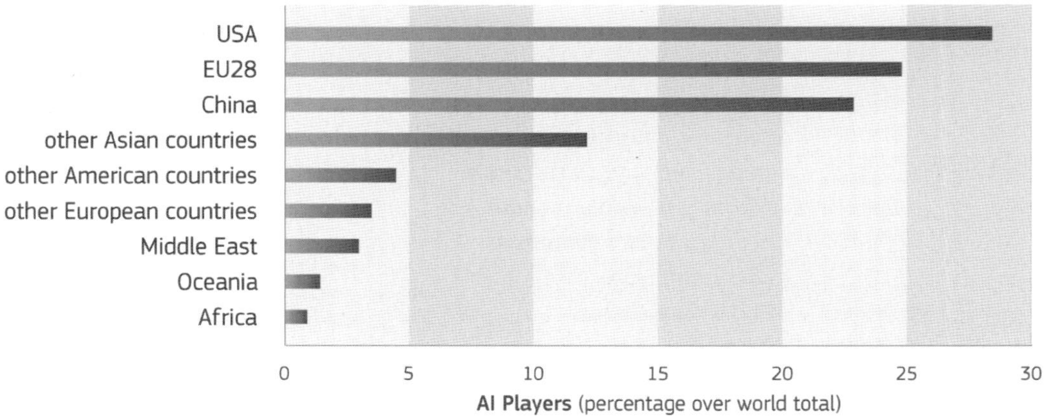

그림 3. 지리적 영역별 세계의 AI 플레이어(전 세계 대비 %), 2009-2018

국내총생산(GDP) 대비 플레이어의 숫자를 고려해 보면, 경제규모는 작지만 AI 산업이 번성하고 있는 나라들에 대해 가치있는 정보를 추가로 얻을 수 있다. 그림 4는 이스라엘과 싱가포르가 AI 경쟁에서 뒤지지 않기 위해 엄청난 노력을 기울이고 있음을 보여준다. 반면에 이들 국가는 이미 세계 총 AI 플레이어들의 2.1%와 1.3%를 각각 가지고 있는 반면, GDP 대비 지수는 각각 10억 유로 당 2.45명과 1.63명의 플레이어로 평가되어 랭킹 1, 2위를 차지하고 있다. EU는 10억 유로 당 0.59명의 AI 플레이어를 나타내며, 미국(0.57명)과 중국(0.43명)보다 약간 높다.

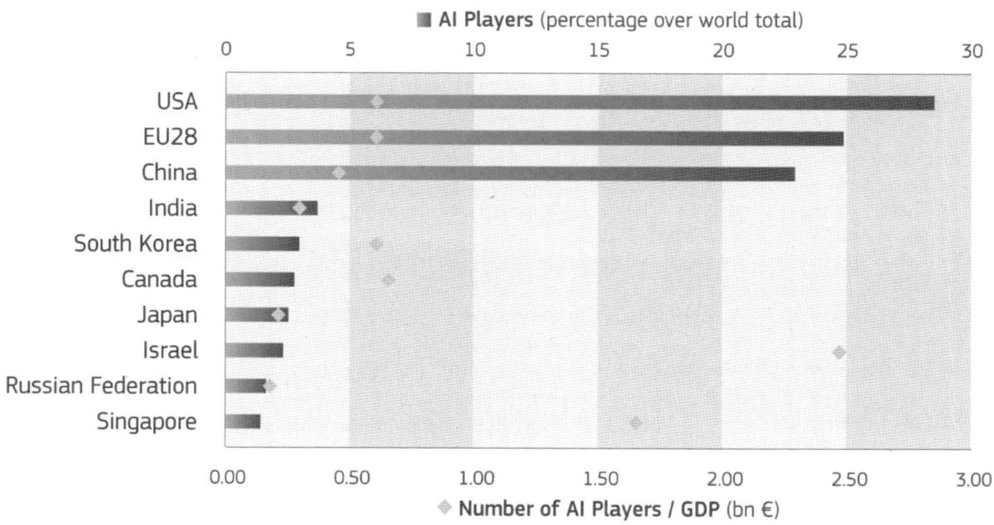

그림 4. 세계 10대 AI 플레이어 및 지리적 영역별 GDP와의 관계, 2009-2018

EU에서도 비슷한 그림을 볼 수 있다(그림 5). 영국, 독일, 프랑스, 스페인, 이탈리아 및 네덜란드가 가장 많은 플레이어들을 보유하고 있지만, 국내총생산(GDP)에 따라 가중치를 부여할 때 불가리아, 에스토니아, 키프로스, 몰타가 눈에 띄며, 다만 숫자가 적어서 비율이 다소 신중하게 다루어졌다.

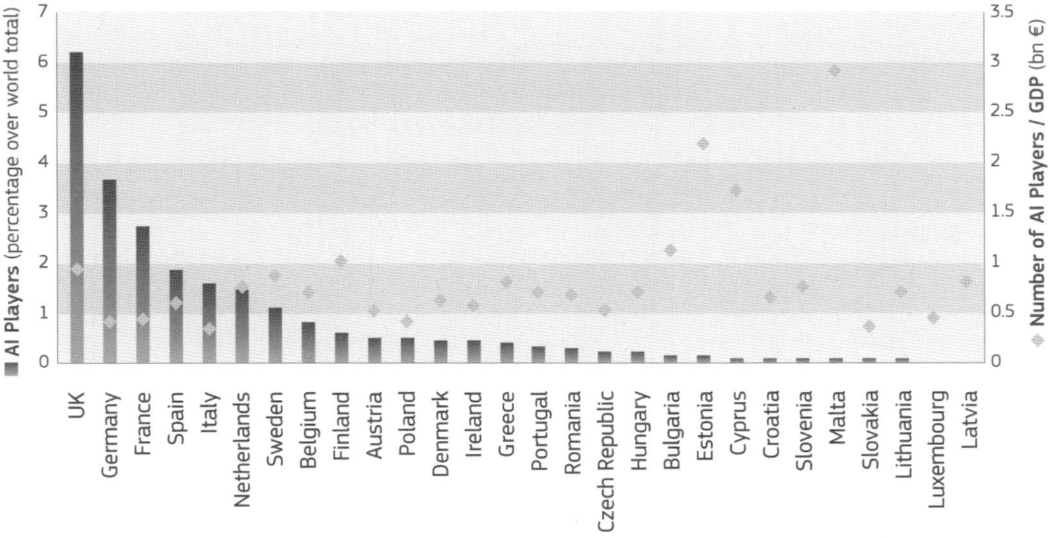

그림 5. EU의 AI 플레이어 및 국가별 GDP와의 관계, 2009-2018

그림 6은 서로 다른 지역 및 국가에서 연구개발과 산업 플레이어들의 다른 조합을 명확히 보여주고 있다. 그래프 오른쪽에는 2009-2018년에 최소 1회 이상의 연구개발 활동에 종사한 플레이어들의 수를 나타낸다(기업, 연구기관 및 학계). 왼쪽에는 비(非) R&D, 즉 산업 플레이어들만 있다.

그림과 같이, 유럽은 연구 플레이어와 비연구 플레이어의 숫자(각각 전 세계 숫자의 약 25%)가 균형을 잘 이루고 있는 반면, 미국은 연구 플레이어의 약 3배의 산업/기업 플레이어들(미국 전체 산업 플레이어 41% 대 R&D 플레이어 13%)을 보유하고 있고, 중국은 산업 플레이어의 약 6배에 달하는 연구 플레이어를 보유하고 있다(각각 세계 전체의 산업 플레이어 7%와 R&d 플레이어 42%). 우리는 TES 분석이 지금까지 영어로 출판된 R&D 자료에만 의존하고, 따라서 자국어로 출판되고 있는 중국 등 다른 국가에게 아마 불이익을 주고 있다는 것을 빠뜨릴 수 없지만, 그림 6은 중국이 R&D 전 세계 네트워크에 진입하여 미래를 지배하려는 노력을 분명하게 보여주고 있다. R&D 대 비R&D 플레이어의 압도적인 비율은 한국에서도, 그리고 그 정도는 낮지만 러시아에서도 관찰되고 있다. 미국, 인도, 이스라엘, 캐나다에서의 비R&D 플레이어의 높은 비율은 이들의 활기찬 산업생태계를 반영하는 반면, EU의 균형은 번창하는 AI산업을 육성할 잠재력을 가진 매우 강력한 연구 및 학술 환경을 반영한다.

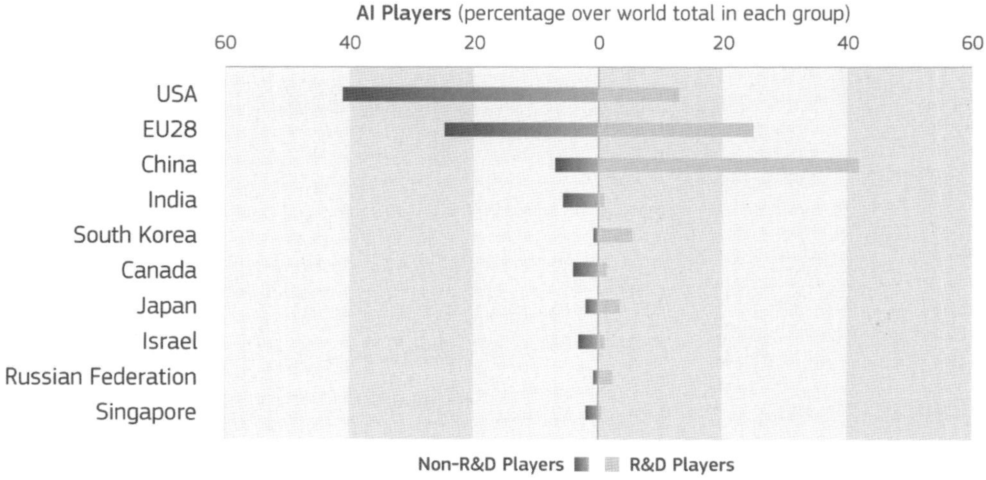

그림 6. AI 플레이어 숫자별 세계 10대국 R&D 대 비R&D 플레이어, 2009-2018

그림 7은 스타트업으로 간주되거나 또는 벤처캐피털을 받고 있는 혁신적인 플레이어 및 기업처럼 특별한 관심을 받을 만한 플레이어들을 분석한다. 미국의 고도로 발달된 산업 생태계는 이 나라를 AI 관련 활동의 선두에 올려놓아, 벤처캐피털을 받고 있는 모든 기업의 37%와 그 분야에서 활동하는 스타트업의 45%를 차지하고 있다. **벤처캐피털과 스타트업은 모두 몇몇 나라에 집중되어 있는데, EU는 스타트업의 27%, 벤처캐피털의 27%를 차지하여 강점을 나타낸다.**

인도(9%)와 캐나다(5%)의 스타트업 건수를 주목할 필요가 있는 반면, 상대적으로 낮은 중국 내 스타트업 건수는 해당 국가의 신생기업에 대한 자금조달 메커니즘이 다른 것을 반영한다.

중국은 벤처캐피털(14%)에서 미국과 EU에 이어 상대적으로 강한 위상을 차지하고 있다. 더구나 지난 몇 년간 중국은 전 세계 AI 특허 출원인 중 57%가 그 나라 출신으로, 특허에서 세계 톱을 차지하였다.

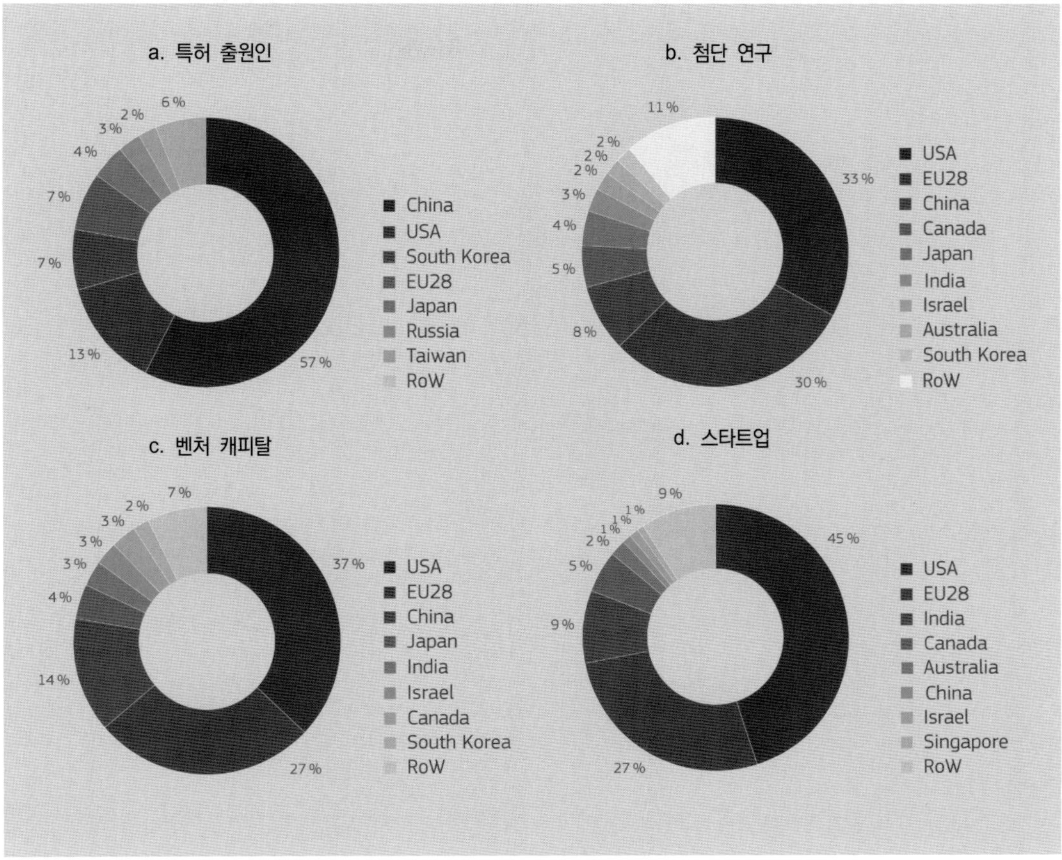

그림 7. 선정된 활동 유형에 있는 AI 플레이어의 숫자(전 세계 총 대비 %), 2009-2018

미국에 뒤이어, EU는 최고수준의 AI 국제회의에 제출된 논문의 30%가 EU 기업이나 연구기관에서 나오고 있는 등, 연구분야(첨단연구)에서 두드러진 위상을 차지하고 있다. 이 분야에서 EU의 중요성은 EU의 R&D 프레임워크 프로그램의 지원에 의한 활발한 AI 과학 연구 활동에서 비롯된다. R&D 프레임워크 프로그램은 회원국 간 긴밀한 협업과 대부분의 EU 회원국들의 높은 참여를 촉진시켰다. 그림 8은 2009-2018년 기간의 FP7 및 H2020 유럽연구프로그램에 의거한 AI 관련 프로젝트에 참가했던 회원국별 플레이어들의 분포를 보여주는데, 보다 크고 많은 연구 활성화 국가들, 즉, 독일, 영국, 이탈리아, 스페인, 프랑스, 네덜란드에서 잘 분포되어 있는 것을 보여주고 있다.

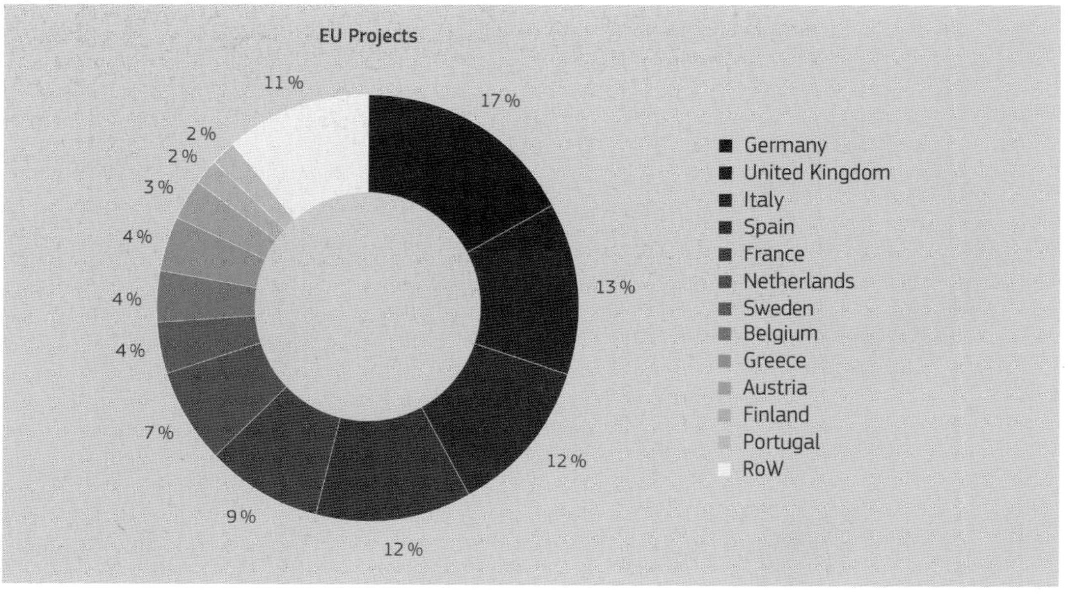

그림 8. EU가 자금 지원한 AI 연구프로젝트에서의 EU 플레이어 분포(%), 2009-2018

3.4 기술력

모든 기초 및 응용 연구는 EU산업이 국제 상황의 선도적 지위에 오르기 위해 필요한 기술 역량의 중추이다. 이 절에서는 다른 세계 지역에 관한 EU의 주요 강점을 분석하기 위해 AI 상황의 몇 가지 기술적 하위영역을 살펴본다. 가장 많은 수의 AI 플레이어가 ML(예: 신경망)과 관련된 AI영역과 얼굴 인식, 음성 인식, 컴퓨터 비전과 같은 애플리케이션 또는 커넥티드 차량에 포함된 애플리케이션들을 다룬다.

TES 분석을 통해, 2000-2018년 기간 동안 AI 기술 상황에서의 네 가지 핵심주제인 ML 방법, 커넥티드 자율형 자동차, 음성인식 및 자연어 처리, 그리고 얼굴인식이 확인되었다. 그림 9는 각 지리적 영역의 주요 관심/전문영역을 나타내고 있다. 그림과 같이, 미국과 일본은 언어인식과 자연어 분야에 집중해 왔다. 즉, ML은 EU, 미국, 그리고 그 정도는 더 낮지만 중국에서 큰 관심을 끌고 있는 반면, 얼굴인식은 중국과 일본에서 주목을 받고 있다. EU는 네 가지 주제 모두에 대해 보다 균형 잡힌 관심을 보여주는 지역이다.

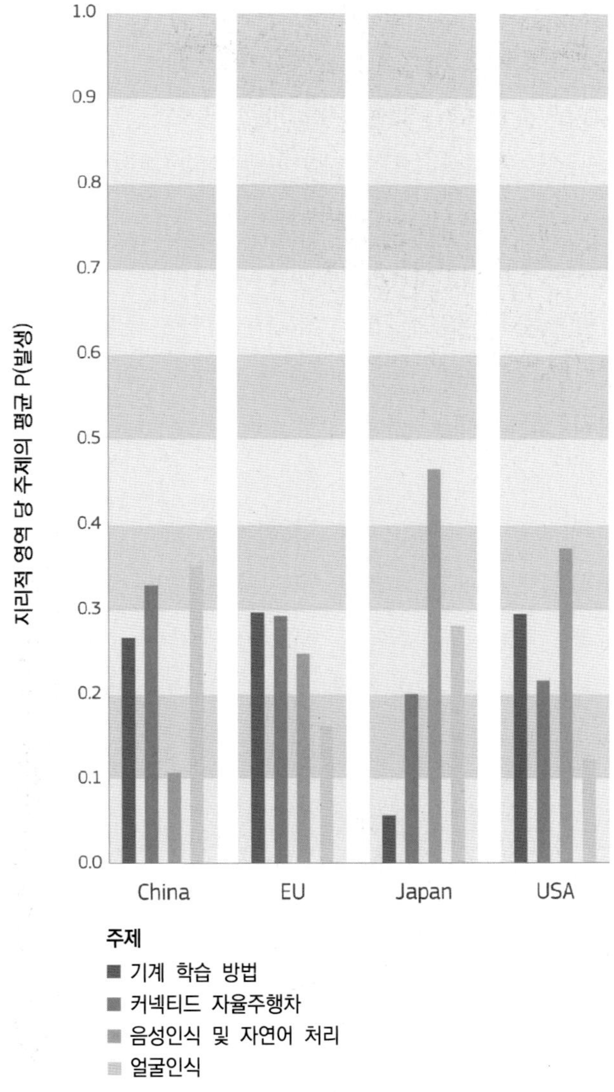

그림 9. 지리적 영역별 AI 주제 발생률(%), 2000-2018

3.5 요약 및 결론

이 장에서 보고하는 글로벌 및 EU AI 상황의 개요는 전 세계 35,000명 이상의 핵심 플레이어들을 대상으로 한 종합적인 분석의 결실이다. 이 분석은 미국, EU 및 중국의 3대 주요 리더들과 함께 전 세계적으로 벌어지고 있는 AI의 치열한 경쟁을 확인시켜 준다. 각 지역에는 연구 및 산업을 모두 포함한 AI 분야의 모든 핵심 플레이어들의 약 4분의 1이 있지만 서로 다른 플레이어들의 조합을 가지고 있다. 즉, EU는 연구 플레이어와 비연구 플레이어의 숫자가 균형이 잡힌 반면, 미국은 연구 플레이어 보다 산업/기업 플레이어가 약 3배 많고, 중국은 산업 플레이어 보다 연구 플레이어가 약 6배 많다. 미국 기업계의 강점은 스타트업(전 세계 전체의 거의 절반) 및 벤처캐피털(전 세계 전체의 3분의 1 이상) 건수의 우위에서도 나타난다. 반면, 중국은 연구를 특허로 바꾸기 위해 노력을 크게 하고 있으며, 전 세계 총수의 거의 60%를 차지하고 있다. 중국은 또한 2030년까지 AI에서 세계 최고가 되는 것을 목표로 정부정책, 산업 응용 및 연구를 포함하여 AI에 대해 강력한 통합적 접근방식을 취해왔다. 이는 야심적이지만 달성 가능한 목표이다(제5장).

EU는 현재 미국(33%)에 바로 뒤진 최고수준 AI 출판물의 30% 이상으로 연구 품질에서 좋은 위치에 있다. 이러한 결과는 좋은 수준의 연구 자금조달과 프레임워크 프로그램에 의해 제공되는 밀접한 회원국 간 협업의 결실이다. EU가 구축할 주요 강점영역은 커넥티드 자율형 자동차와 로봇공학이다. 계속된 정책 지원은 몇몇 강대국들 중심으로 양극화된 생태계에서 EU의 지위를 유지하고 향상시키기 위한 열쇠로 보인다.

제4장 EU의 AI

요약

이 장은 유럽위원회(EC) 뿐만 아니라 **많은 EU 회원국들이 AI 개발을 지도하기 위한 전략 및 프로그램을 개발하고 있음**을 보여준다. 이는 EU 사회에 분명히 이익을 주고 EU조약에 포함된 EU의 가치들을 유지하는 합의된 윤리적 틀과 그 적용의 필요성에 대한 관심을 공유하기 때문이다. 유럽위원회가 2018년에 설립한 고위전문가그룹(High-Level Expert Group)은 이후의 개발을 위한 틀을 제공할 윤리 및 투자 가이드라인을 개발하고 있다.

분석된 대부분의 회원국 전략들은 하나 이상의 국립 AI센터의 설립, 산업 및 중소기업에 대한 지원, 그리고 공공부문, 산업 및 대중과 같은 모든 이해관계자들 간의 보다 나은 데이터 공유 필요성의 인식을 포함하여 **연구 기반을 강화하는 것에 대한 관심을 비슷하게 공유한다.** 또한 건강과 같은 특정 부문뿐만 아니라 공공행정의 현대화를 목표로 한 애플리케이션에도 초점을 맞추고 있다.

4.1 전략과 계획

4.1.1 유럽연합

현재 EU에서는 AI와 관련된 많은 활동들이 이루어지고 있다. 이는 회원국 전략 및 프로그램, 그리고 회원국들과 유럽위원회에서의 통합 활동을 포함한다.

지난 5년 동안 디지털단일시장(Digital Single Market)전략 하에서 AI 개발을 위한 다수의 지원(enablers)이 이뤄졌다. 이는 공정한 경쟁조건에 따라, 개인과 기업, 소비자와 정보보호를 위한 온라인 활동에 대한 액세스를 보장하고, 지리적 차단과 저작권 문제를 제거하는 것을 목적으로 한다.

2018년 4월에 EU 회원국들은 AI 연구 및 배치에서 EU의 경쟁력을 확보하는 것부터 사회·경제·윤리·법적 문제에 다루는 것에 이르기까지 AI가 제기하는 가장 중요한 문제들에 대해 협력하기로 합의한 '인공지능협력선언(***Declaration of cooperation on Artificial Intelligence***)[19)]'에 서명했다.

같은 달 EC는 3가지 주요 목표로 구성된 유럽을 위한 AI 커뮤니케이션(Communication on AI for Europe)(EC, 2018a)을 발표했다.

- 민간부문 및 공공부문 양자에 의해 EU의 기술 및 산업 역량과 경제 전반에서 AI 활용을 강화하는 것. 여기에는 연구 및 혁신에서의 투자와 보다 나은 데이터 액세스가 포함된다.

- 교육훈련제도의 현대화를 장려하고, 인재를 양성하며, 노동시장의 변화를 예측하고, 노동시장 전환 및 사회보호시스템 적응을 지원함으로써 AI가 가져온 사회경제적 변화에 대비하는 것.

- EU의 가치에 기초하고 EU기본권헌장에 따라 적절한 윤리적·법적 틀을 보장하는 것. 여기에는 기존의 제품책임규칙에 대한 향후 지침, 새롭게 대두되는 과제에 대한 상세한 분석, AI 윤리가이드라인을 개발하기 위한 유럽 AI 제휴(European AI Alliance)를 통한 이해관계자와의 협력이 포함된다.

커뮤니케이션은 2018-2020년 동안 AI 연구를 지원하기 위해 15억 유로를 책정하였으며, 이미 Horizon 2020 프레임워크 프로그램(Horizon 2020 Framework Programme)에서 AI 관련 연구에 26억 유로를 투자하였다(EC, 2018b). 그러나 목표는 EU, 회원국 및 민간부문 투자 간의 협력을 통해 향후 10년간 매년 약 200억 유로에 도달하는 것이다. 이러한 협력의 일환으

19) *http://ec.europa.eu/digital-single-market/en/news/eu-member-states-sign-cooperate-artificial-intelligence*

로 EC는 AI 개발의 모든 측면과 이것이 경제 및 사회에 미치는 영향에 대해 광범위하고 개방적으로 논의하기 위해 유럽 AI 제휴(European AI Alliance)를 복수 이해당사자 포럼으로 설립했다. 이는 본 과업으로 유럽위원회가 선정한 52명의 전문가로 구성된 AI 고위전문가그룹(High-Level Expert Group on AI : AI HLEG)에 의해 주도되고 있다. AI HLEG는 현재 유럽 AI 제휴 회원들의 의견을 담은 2가지 주요 보고서에 초점을 맞추고 있다.

(1) AI 윤리가이드라인 초안. 이는 AI 개발 및 배치 시 윤리원칙의 이행방법에 관한 지침을 제공하고, 유럽 과학 및 신기술 윤리그룹(European Group on Ethics in Science and New Technologies) 및 EU기본권청(European Union Agency for Fundamental Rights)의 업무를 토대로 할 것이다.

(2) AI 관련 과제 및 기회에 대한 중장기 정책 권고안. 이는 차세대 디지털전략의 정책 개발과정, 입법평가과정 및 개발에 투입될 것이다.

EC는 현재 회원국과 협력하여 2018년 말까지 AI 계획의 통합을 추진하고 있다. EU 및 회원국 차원에서의 투자효과를 극대화하고, EU 전체의 협력을 장려하며, 모범사례(best practices)를 교환하여, 이 분야에서 EU의 글로벌 경쟁력을 지원하는 것이 주된 목적이다.

이 계획은 2027년까지 지속되어야 한다. 즉, 현재의 자금조달체계 하에서의 남은 기간과 보다 개선된 EU 및 회원국 전략을 지원하기 위한 차기 다년간 자금조달체계(Multiannual Financial Framework) 2021-2027의 전 기간을 말한다.

현재 회원국 간 협력 우선순위로 기재된 분야는 다음과 같다.

- 연구 우수성의 지도를 작성하고, 유럽에서의 동반자관계를 증진시키기 위한 노력에 참여하는 것.

- 상호운용 가능한 데이터 집합 저장소(또는 '데이터 공간')로 신뢰할 수 있는 데이터와 알고리즘에 대한 검증/인증 시스템을 포함한 광범위한 이용자가 양질의 데이터를 이용가능하게 하는 것.

- 노하우 지원 및 스마트 병원이나 정밀농업 솔루션과 같은 공유 테스트 시설에의 액세스.

- AI의 활용을 촉진하기 위한 디지털 혁신 허브(Digital Innovation Hubs)의 네트워크.

- 스타트업 지원.

- 노동력의 기술 숙련 및 새로운 기술 숙련과 유럽에서의 인재 유치 및 유지를 위한 행동.

- 스마트 시티 및 탈세행위 탐지의 맥락에서 시민-정부 상호작용과 같은 수많은 AI 지원 애플리케이션을 통한 공공 서비스 개선.

AI 계획은 이미 파이프라인에 들어가 있거나 계획 중인 AI칩, 5G, 고성능 컴퓨팅(HPC)와 같은 지원기술 생태계와 또한 연계된다. 이 점에서, 2018년 6월에 EC가 2021-2027년 기간 동안 92억 유로의 예산이 책정된 디지털 유럽 프로그램(Digital Europe Programme)[20]을 제안했다는 점에 주목할 만하다. 중점적으로 제안된 다섯 가지 영역이 있다. 고성능 컴퓨팅, 인공지능, 사이버 보안, 첨단 디지털 기술, 그리고 경제사회 전반에 걸친 폭넓은 이용 보장이 그것들이다.

디지털 유럽 프로그램(Digital Europe Programme) 내에서 EC는 공공부문과 민간부문이 그 필요에 가장 적합한 솔루션을 식별하고 획득하도록 돕기 위해 누구나 액세스할 수 있는 알고리즘의 공통 'EU 라이브러리' 개발을 제안한다. 디지털 혁신 허브에서는 EU 전역에 걸쳐 인공지능을 위한 개방형 플랫폼과 산업 데이터 공간으로의 액세스가 가능해져 중소기업과 지역사회에 테스트 시설과 지식을 제공할 것이다.

상기 규제 패키지에 덧붙여, 현재 책임성(제품기계지침(Product Machinery Directive)의 개정을 포함)과 허위정보에 관한 행동계획(Action Plan on Disinformation)과 같은 다른 측면도 다루어지고 있다.

---

20) *http://europa.eu/rapid/press-release_IP-18-4043_en.htm*

EU의 조치는 적절한 입법(및 표준)의 개발에만 국한되지 않고 기술 개발과 그 수용을 가속화하기 위한 일련의 관련 정책을 포함한다. AI와 관련된 몇 가지 예로는 예를 들어 5G, 갈릴레오, 초고속 및 유비쿼터스 연결, 유럽 프로세서 이니셔티브(European Processor Initiative), 고성능 컴퓨팅 공동사업과 빅데이터 공공-민간 파트너십을 포함한다.

더욱이, 예컨대 다음과 같은 특정 분야에서의 ICT 기술(AI 포함)의 이용을 규제하기 위한 부문별 정책이 논의되고 있다.

- 제3의 이동성 패키지(Third Mobility Package)는 EU 산업의 경쟁력을 지원하는 동시에, 시민들이 보다 안전한 교통, 오염을 덜 일으키는 차량, 보다 진보된 기술 솔루션의 혜택을 누릴 수 있도록 하는 것을 목표로 한다. 운송을 보다 안전하고, 보다 접근 가능하고, 포괄적이며, 지속 가능하게 만들 수 있는 잠재력을 가진 자율 이동성에 특히 초점을 맞춘다. 유럽위원회의 제안은 유럽을 완전히 자동화되고 연결된 이동성 시스템의 세계 리더로 만드는 것을 목표로 하는 전략을 포함한다.

- 모든 유럽인들을 위한 클린 에너지 패키지가 2016년 11월에 제시되었으며, 클린 에너지 전환을 촉진하는 데 필요한 안정적인 입법체계 제공을 목표로 한다.

- 유럽위원회 지침(Commission Directive) 2018/844는 건물 자동화와 기술 빌딩 시스템의 전자 모니터링과 같은 디지털 솔루션을 통한 에너지 효율성 향상을 목표로 한다.

> "**유럽 AI개발 통합계획 (The Coordinated Plan for the Development of AI in Europe)은** EU에서의 투자효과의 극대화와 협력 촉진을 목적으로 한다."

본질적으로 AI 기술은 모든 산업 분야, 디지털 서비스 및 사회생활에 침투할 것이다. 따라서 기술이 이미 성숙하여 시장에 진입할 때는 **명확한 공통 프레임워크의 필요성과 일부 영역에서의 빠른 채택을 조화시키는 것은** 매우 **어려운 일이다.** 분야별 AI의 개발 및 도입과 이것이 업무 및 사회에 미치는 영향을 모니터링하기 위해, EC는 2018년 12월에 다음과 같은 목표로 AI-Watch 설비를 운용하고 있다.

1) 유럽 AI 생태계의 개관 및 분석을 개발하는 것,
2) 경제 전반에 AI 애플리케이션의 활용을 모니터링하는 것,
3) AI 기술의 발전을 모니터링하는 것,
4) 지난 10년간 서비스 로봇공학의 진화를 평가하는 것,
5) 모든 EU 회원국의 AI 국가정책 정보를 수집하는 것,
6) 공공서비스에서의 AI 이용에 관한 개요를 제공하는 것,
7) 정책수립에 관련된 범위를 포함하는 AI지수를 개발하는 것,
8) 온라인 툴을 사용하여 대중이 정보를 이용할 수 있게 하는 것.

다음은 AI에 대해 특정한 회원국 전략에 대해 간략히 소개한다.

4.1.2 **프랑스**

프랑스는 국가 AI 전략을 개발하는 데 보다 적극적인 회원국들 중 하나이다. 정부는 최근에 아래에서 검토될 세 개의 주요 보고서를 발표했다.

프랑스 AI 계획(French AI plan : FIA, 2017)은 AI의 연구 및 교육, 혁신, 그리고 사회경제적 영향을 중심으로 향후 몇 년의 전략을 제시한다.

유럽의회 과학기술국(Office of the Parliament for Science and Technology : OPECST, 2017)의 보고서 '통제되고, 유용하며, 친화적인 인공지능을 지향하여'(Toward a Controlled, Useful and Demystified Artificial Intelligence)는 사회적 · 규제적 측면에 초점을 맞추고, 잠재적인 영향에 대한 기대치에 대해 현실적이면서도 사회적으로 유용한 AI 개발에 있어서 다루어져야 할 중요한 문제를 제기한다.

미션 빌라니(Mission Villani) 보고서(2018)는 다음의 6가지 주요 영역을 다루고 있다.

1. 혁신적이고 야심찬 산업 및 경제 정책. 그 임무는 보건, 교통, 환경 및 방위-안보의 일부 핵심 부문에 집중하기로 결정했다. 이 정책은 구조적이고 정확한 도전과 함께 공적 지원을 필요로 할 것이다.
2. 상황에 적합한 데이터 정책을 고안하는 것. 충분한 양의 데이터 액세스는 프랑스와 EU에서 주요 과제이다. 이 임무는 이용자에게 새로운 보호를 제공하면서 광범위한 액세스, 데이터 생태계의 생성을 선호한다.
3. AI가 업무 및 고용에 미치는 영향을 예측하고 모니터링하는 것.
4. 생태적 전환을 가능하게 하는 '보다 친환경적인' AI의 비전을 제공하는 지속가능하고 생태적인 경제를 위한 도구로서의 AI. 예를 들어, EU는 포스트 실리콘 시대에 대비해 EU산업을 준비하면서 반도체의 특정 칩 개발에 주도적인 역할을 할 수 있을 것이다[21].
5. AI의 성장을 가능하게 하는 윤리 및 신뢰의 체계를 짜는 것.
6. 두뇌 유출을 줄이고 프랑스와 국제 연구자들 모두에게 매력적인 작업환경을 제공하는 방법을 찾는 것.

최종보고서는 예를 들어 양성 균형 개선을 위한 역할을 강조하는 포괄적이고 다양한 AI를 호소하고 있다. 이 보고서는 AI에 대한 포괄적인 정책을 개발하기 위해 두 가지 목표로 통합할 것을 제안한다. 즉, ***'첫째로, AI 기술개발로 인해 사회적, 경제적 불평등의 증가를 초래하지 않을 것을 보장하는 것, 둘째로 AI에게 불평등을 줄이도록 시키는 것'이 그것이다*** (Mission Villani, 2018: 133).

이 임무는 유럽 데이터 생태계에 기반한 데이터 중심 경제정책의 수립을 옹호한다. 이 보고서는 국가가 이러한 다양한 변화의 영역에서 핵심 동인이 되어야 한다고 주장하며, 공유 전문가 센터의 지원을 받아 이 전략을 실행할 부처간 조정자를 설치할 것을 제안한다. 새로운 측면 중 하나는 전국에 4-6개의 학제간 인공지능 연구소(Interdisciplinary Institutes for Artificial Intelligence : 3IA연구소)를 설립하여 국립 인공지능 학제적 연구소 네트워크

21) 이 주제에 대해서는 본서 제11장 참조.

(National Network of Interdisciplinary Institutes for Artificial Intelligence)라는 네트워크로 조직하는 것이다.

이러한 새로운 단체들은 공공의 기초연구와 민간기업 간의 관계가 개선되는 것을 의미한다. 이는 또한 연구자들의 두뇌 유출을 피하기 위한 수단이기도 하다. 이 네트워크는 1974년 이후 성공적으로 운영되고 있는 EMBL(European Molecular Biology Laboratory)에서 모델링할 수 있는 미래의 유럽 AI 연구영역 네트워크로 통합되어야 한다. 다른 유럽 파트너십은 로봇공학 및 빅데이터에서 현재의 민관협력과 같은 H2020 프로그램의 도구로 구축될 수 있을 것이다. 산업과의 경쟁이 치열하다는 관점에서 공적 분야에서의 연구 초봉을 최소한 두 배 이상 제안하는 등, 공적 연구에서의 직업의 매력을 높이는 것도 또 하나의 걱정거리다.

4.1.3 **영국**

2016년에 정부과학청(Government Office for Science)(UK Gov., 2016a)은 '로봇, 자동화와 인공지능'(Robotics, automation and artificial intelligence)에 관한 노트를 발표하였다. 이는 기회를 발굴하고, 도전 분야, 시설 및 기술에 관한 3가지 조치를 권고하였다. 동 기관은 같은 해에 '인공지능 : 의사결정의 미래를 위한 기회와 시사점'(Artificial intelligence: opportunities and implications for the future of decision making)(2016b)이라는 보고서를 발표했다. 이는 AI가 무엇인지에 대한 프레젠테이션, 각국 정부의 AI 활용의 검토, 그리고 노동시장 영향에 대한 논의 등을 담은 것이었다. 2015년에는 영국도서관(British Library)에 본부를 둔 국립 데이터과학연구소로 앨런 튜링 연구소(Alan Turing Institute)를 만들었다(Hall & Pesenti, 2017).

2016년에 하원 과학기술위원회(House of Commons Science and Technology Committee)는 '로봇공학과 인공지능'(Robotics and artificial intelligence)에 관한 보고서를 발표했다(House of Commons, 2016). 이 보고서는 이러한 파괴적 기술에 의해 촉발된 광범위한 문제(경제, 사회, 윤리 및 규제)를 주로 다루지만, 마지막 장에서는 ***'로봇공학과 AI에 대한 연구, 펀딩, 혁신 현황'***을 검토한다. 그 결론은 다소 비판적이었다. 즉, ***'정부의 리더십은 현저하게 부족했다. 로봇공학과 AI의 미래 성장을 창출하기 위해 필요한 기술을 개발하고, 중요한 투자를 확보하기 위한 정부전략이 없다'***(UK House of Commons, 2016: 33). 정부는 이 보고서에 대한 답변에서 주도적 역할을 수행하기 위해 보다 많은 것이 가능하다는 점을 인정했고, 2017년

3월에는 영국에서 AI 산업이 지속적으로 활성화되고 성장하기 위해 필요한 조건에 대한 산업계 주도의 검토를 발표했다. 2018년 4월에 정부는 영국이 AI 개발 및 이용의 선두로 나서기 위한 대규모 산업전략의 일환으로 AI 부문 딜(AI Sector Deal)(UK Gov. 2018)을 발표했다. 이 딜(Deal)은 9억5천만 파운드를 투자하는데, 그 중 3분의 2가 새로운 자금이고 나머지는 이미 배정된 예산이다.

이 딜(Deal)에는 다섯 가지 주된 요소(pillars)가 있다.

아이디어 : 앨런 튜링 연구소에 4,900만 파운드를 포함해 3억 파운드를 들여 데이터 과학 AI 연구를 지원하고, 공공부문 내부를 포함한 AI의 활용을 활성화시키며, 생산성을 높이기 위한 AI 혁신을 지원하기 위해 최대 1억 파운드를 투자한다. 특히 이 연구소의 공공정책 프로그램은 영국 정부가 데이터 과학, AI 및 윤리에 대한 독립적인 조언을 구하는 곳이다.

사람 : 학교, 대학, 산업계와 협력하여 학교에서 STEM 교육을 지원하는 4억 파운드와 2025년에 매년 정부지원 박사학위 1천 개에 도달한다는 목표로 AI 관련분야에서 최대 200개의 박사학위 장학금을 포함하여 고도로 숙련된 인력을 확보하기 위하여 학교, 대학 및 산업계와 협력한다. 또한 고도로 숙련된 글로벌 인재에의 접근을 가능하게 하고 다양성을 촉진한다.

인프라 : 신설된 지리공간위원회(Geospatial Commission)의 지도에 따른 지리공간 데이터를 포함하여 더 많은 공공부문 데이터를 이용할 수 있는 영국의 데이터 인프라를 고도화하고, 공공부문과 민간부문 데이터를 안전한 방법으로 공유할 수 있는 방법으로서 데이터 트러스트(Data Trusts)를 촉진한다. 5G 개발 및 광대역 확장에 필요한 10억 파운드를 포함하여 물리적 디지털 인프라의 업그레이드와 정비를 촉진한다.

“**대부분의 회원국 AI전략은** 연구의 강화, 산업 지원, 데이터 공유, 그리고 공공행정의 근대화에 집중한다.”

기업환경 **:** 정부는 산학이 참여하는 AI 협의회(AI council)를 만들어 이 전략을 총괄하고, AI 청(Office for AI)을 신설해 전략의 전달을 지원하고 있다. 사업과 혁신에 대한 지원에는 25억 파운드의 투자기금이 포함될 것이며, 민간부문과의 제휴로 75억 파운드에 이를 것이다.

장소 **:** AI의 유럽 수도로서 런던의 지속적인 발전을 지원하지만, 또한 적절한 인프라와 기술을 갖춘 지역 클러스터에 대한 지원을 확대한다. 앨런 튜링 연구소(Alan Turing Institute)가 AI 및 데이터과학의 국립 학술연구소가 되기 위해 추가적으로 지원한다.

4.1.4 **핀란드**

정부는 2019년 4월 보고를 예정으로 2017년 5월 운영위원회를 임명했다. 2017년 10월에 개방적이며 윤리적인 방식으로 생활의 모든 측면에서 AI를 포용하는 국가의 비전을 담은 첫 보고서(Finnish Gov. 2017)가 발행됐다. 이는 다음을 포함하는 주요 행동영역을 확인했다.

- AI의 적용에 도움이 되는 산업 생태계와 기업의 AI 및 데이터의 액세스 및 활용 촉진 수단을 개발함으로써 경쟁력을 높이는 것.

- '사업 운영에서 데이터의 중요성(데이터 보호 우선이 아님)에 기초한' 법체계, 실험용 규제 샌드박스, 정부의 마이데이터 네트워크의 일반인에 대한 액세스 향상, 그리고 데이터를 제품으로 전환시키기 위한 기업 지원을 통하여 핀란드에서 공유되는 데이터의 양과 질을 증가시키는 것.

- 개방형 데이터, 개방형 코드, 연구 목적으로 익명화 데이터를 제공하는 기업과의 개방형 인터페이스, 데이터 연구에 대한 대학과의 파트너십, 그리고 AI 기반 솔루션 활용 실험을 위한 소기업에의 액세스를 토대로 2018년에 AI 가속기 파일럿(AI accelerator pilot)을 발족시키는 것. 또한 실험을 촉진하기 위해 다수의 개방형 파일럿 및 테스트 환경이 구축될 것이다.

- 가상 대학과 인구 및 인력의 숙련도 향상을 지원하기 위한 대규모 오픈형 온라인 강좌(MMOC) 창설을 포함하여, AI 및 기초 연구를 위한 새로운 우수 센터를 설립하는 것.

- 연구 및 혁신을 지원하는 것, 그리고 예를 들어 개인화된 AI 도우미 개발과 AI의 채택 및 활용을 촉진하기 위해 공공부문 및 민간부문 간의 새로운 파트너십 모델 개발로 공공서비스에서의 AI 적용을 확대하는 것.

4.1.5 기타 EU 회원국들

몇몇 다른 회원국들은 이미 AI 전략을 수립했거나 채택 중에 있다. 위에서 제시한 것들로부터, 대부분의 전략들은 비슷한 목적과 목표를 가지고 있다. 즉, AI를 수용하여 그 분야의 선도국이 되는 것, 혁신 및 사업을 지원하는 것, 공공부문에서 AI의 활용을 촉진하는 것, 연구개발 및 기술력을 향상시키는 것, 하나 이상의 국립 핵심연구센터를 설립하는 것, 공공부문과 민간부문 사이에서 보다 폭넓은 데이터의 공유 및 활용을 촉진하기 위한 전략을 개발하는 것이다. EU 전략은 이들 회원국의 노력과 투자에 기반하여 구축되고, 전체가 부분들을 합한 것보다 더 크게 만들어야 한다.

4.2 요약 및 결론

이 장은 **EC 뿐만 아니라 EU 회원국들도 AI 개발을 이끌기 위한 전략과 프로그램을 개발하고 있음**을 보여준다. 이는 유럽사회에 이익을 줄 것이 분명하고, 조약에 명시된 EU의 가치를 유지하기 위해 합의된 윤리적 체계와 그 적용의 필요성에 대해 관심을 갖고, 공유한다. 유럽위원회가 2018년에 설립한 고위전문가그룹(High-Level Expert Group)은 향후 개발을 위한 체계를 제공할 윤리 및 투자 가이드라인의 작성에 공들이고 있다.

분석된 대부분의 회원국 전략들은 서로 비슷하게 연구기반을 강화하는데 주의를 기울인다. 이들 회원국 전략은 하나 이상의 국립 AI센터의 설치, AI산업 및 중소기업에 대한 지원, 모든 이해관계자들 즉, 공공부문, 산업계 및 일반 대중 간의 **보다 나은 데이터 공유의 필요성** 인식을 포함한다. 또한 건강 등 특정 부문뿐만 아니라 **공공행정의 현대화**를 목표로 한 적용에도 초점을 맞추고 있다.

제5장 중국의 AI 생태계

요약

이 장에서는 AI 및 관련 애플리케이션을 미래의 경제사회 발전과 글로벌 초강대국으로서의 역할에 대한 전략으로 파악한 중국의 AI 개발의 주요 특징 중 일부를 강조한다. 그 결과, 중국은 2030년까지 AI에서의 세계 리더가 되는 것을 목표로 정부정책, 산업 적용 및 연구를 포함하여, AI에 대해 강력히 통합된 접근방식을 취하게 되었다. 이는 중국 AI 혁신 생태계의 JRC 분석이 확인하는 바와 같이 야심적이지만 달성 가능한 목표이다. 이러한 의견은 주요 시장 분석가들에 의해 공유되고 있다. 실제로 인증 프로세스, 의료 진단, 프리미엄 보험, 교통 및 소매 시설과 보안 등 일상 활동에 큰 영향을 미치는 AI 구축은 이미 시작됐다. 완전한 전략 개발을 위한 잠재적인 장애물은 전통산업에서 AI를 채택하게 하는 것, 적용 영역, AI의 필요성 및 기대치를 이해하고, 최선의 알고리즘 및 접근방식을 파악하며, 그런 다음 이를 커스터마이징하고 더욱 개발하게 하는 것이 어렵다는 것과 관련이 있다.

5.1 중국의 경제 및 정책 맥락

AI의 개발은 세계적인 현상이지만, 중국의 경우는 특히 흥미롭고 미국만큼은 잘 알려져 있지 않다. 이 때문에, 이 나라에 대해 지면을 더 할애해서, JRC가 발주한 Feijoo(2018)의 종합적인 연구를 이용하도록 한다.

중국은 이미 디지털 경제에서 세계적인 강국이다. 예를 들어, 중국은 전 세계 전자상거래 점유율의 42%를 차지하고 있고, 미국보다 11배 더 많은 모바일 결제를 처리하며, 전 세계 유니콘[22]기업 중 3분 1의 본거지이며, 5G 이동통신의 구현을 주도하고 있다(Woetzel et al.,

22) 유니콘이란 10억 달러 이상의 가치를 가진 민간소유 스타트업 회사를 말한다.

2017). 이러한 디지털 성공은 세 가지 주요 요인에 의해 촉진된다. (i) 디지털 비즈니스 모델의 신속한 상용화가 가능한 거대하고 젊은 중국시장, (ii) 소수의 대기업을 넘어 빠르게 확장되는 풍부한 디지털 생태계, (iii) 유리한 경제 및 규제 조건을 통한 정부의 기업에 대한 강력한 지원, 그리고 전략적 투자자, 디지털기술의 소비자 및 주요 데이터 액세스 제공자로서의 다중 역할이다.

> 중국은 2030년까지 AI 세계 1위로 된다는 목표로 정부 정책, 산업 적용 및 연구를 포함하여 AI에 대해 강력하게 통합된 접근방식을 취해왔다.

거시경제 수준에서 중국은 원하는 수준의 지속가능한 경제성장을 달성하기 위해 더 이상 자본과 노동력 증가에만 의존할 수 없으며, 지난 30년 동안 지배적인 모델이었던 것처럼 어느 곳에서나 팔 수 있는 값싼 상품을 생산하는 데만 의존할 수는 없다. 이런 배경에서 최근 제품 품질과 생산성을 높이고 내수를 확대함으로써 대외시장에의 의존도를 줄이는 전략을 추진하면서 혁신을 이뤄왔다. 일반적으로는 디지털 기술, 그리고 구체적으로는 AI가 제품 및 서비스에서 보다 효율성이 높고, 커다란 생산성 향상(productivity gains)과 보다 역동적인 경제를 달성하며, 세계적으로 경쟁할 수 있는 사업으로 '메이드 인 차이나'의 디지털 비즈니스 모델 및 솔루션까지 수출할 수 있을 것으로 기대된다(Woetzel et al., 2017).

그러나 단순한 경제 이상의 다른 관심사가 있다. 중국은 글로벌 강대국으로서 '일대일로(一帶一路)'(One belt, one road)와 같은 정책이나 아시아 인프라 투자은행과 같은 기관을 이용해 자국의 이익에 유리한 지정학적 환경을 조성하고 있다(Delage, 2017). 디지털 기술, 그리고 특히 AI는 이 전략의 필수적인 구성요소들이며, 중국에서 완전히 발전된 최첨단 신산업 및 기술을 통한 경제 및 정책은 서구와는 다른 접근방식을 보여준다. 사이버 공간에 대한 국가법의 엄격한 적용과 사회의 화합 및 통제를 유지하기 위한 AI 관련 기술의 활용은 이러한 차별화된 접근방식의 주요한 예이다.

AI의 가능성은 중국의 정책입안자들에게도 분명하다. 시 주석이 말한 대로, 중국은 '중국의 특성을 특징으로 하는 독립적인 혁신 경로를 흔들림 없이 따라야 하며, 과학기술의 지원을 받고 미래를 지향하는 개발을 중심으로 지도적인 독립적 혁신의 원칙과 주요 영역에서의 비약적 발전을 고수해야 한다(Xi, 2014, p.134). 실제로 정부는 2014년부터 중국에 130억 유로의 AI 시장을 2018년까지 조성하고, 2030년까지 중국이 AI에서 세계를 선도할 수 있도록 지원한다는 목표를 가지고 AI와 관련된 일련의 핵심 국가경제정책을 내놓았다.

> "**중국정부는 2014년부터** 중국에 130억 유로의 AI시장을 2018년까지 조성하고, 2030년까지 중국이 AI에서 세계를 리드할 수 있도록 지원한다는 목표를 가지고, AI와 관련된 **일련의 핵심 국가경제정책을 개시하였다.**"

AI의 경우, 그리고 최근 발생한 것과는 대조적으로, 이 분야의 개발은 중국에서도 개발 중인 기업가/혁신 환경에서 대학 및 연구센터에서 기존 기업 및 신규 기업에 이르는 생태계 내의 모든 관련 플레이어들을 아우르는 계획에 의존한다. 따라서, 이는 중국이 독자적으로 자생하고 완전히 발전된 혁신과 산업 생태계를 만들 수 있는 기회에 대한 최초의 실질적인 평가가 될 것이다. 그러나 AI는 전자상거래나 모바일 결제와 같은 성공적인 혁신의 발전뿐만 아니라 클라우드 컴퓨팅, 산업 4.0, 로봇공학, IoT, 블록체인, IT 보안 생태계에서도 상호작용하고 혜택을 받기 때문에 고립된 생태계가 아니다. 특히 클라우드 컴퓨팅의 경우는 AI 서비스의 상당 부분이 클라우드에서 제공될 것으로 예상되기 때문에 관련성이 있다. 따라서 AI와 클라우드 컴퓨팅의 시장 발전은 상당히 동조될 것이다.

5.2 정부 정책 및 이니셔티브

여기에서는 2018년까지의 타임라인에 따라서 AI와 관련된 주요 정부정책을 정리한다. 타임라인은 **산업수준에서 시작된 정책 및 이니셔티브가 어떻게 가치 사슬을 서서히 상승시켜 애플리케이션과 소비자 제품을 포함시키는지** 보여주기 때문에 흥미롭다. 특히 서로 다른 분야의 기업들이 보다 새롭고, 보다 나은 알고리즘을 트레이닝하기 위해 데이터를 공유하고 액세스할 수 있도록 한 개발을 따르는 것과 관련이 있다. 그 후 결정적으로 정부는 전체적인 관점에서 전체 가치 네트워크를 포괄하는 구체적인 AI 가이드라인들을 발표했다.

Made in China 2025, 국무원(State Council), 2015년 5월 20일

이 전략의 목표는 2025년까지 중국을 선진적이고 명망있는 제조업강국으로 만드는 것이다. 실제로 지능형 제조업은 '메이드 인 차이나'의 주요 발전방향으로 자리 잡고 있다. 대상이 되는 주요 산업들은 기계, 항공, 해운, 자동차, 경공업, 섬유, 식품 및 전자이며, 일반적으로는 정밀 제조와 민첩한 제조능력을 향상시키는 것을 목표로 하고 있다.

이 전략에는 소비자 수요에 대한 동적인 인식과 지능형 모니터링, 원격 진단 및 관리, 전체 산업 사슬 추적(whole industry chain tracing)과 같은 새로운 산업인터넷 애플리케이션에 기초한 개방형 산업생태계의 촉진이 포함된다.

인터넷+, 행동지침(Action Guidance), 국무원, 2015년 7월 4일

인터넷+ 전략은 클라우드 컴퓨팅, IoT, 지능형 산업로봇, 산업제어시스템, IntelliSense 컴포넌트, 산업운영 시스템 및 소프트웨어, 그리고 적층 제조기술의 개발을 촉진하는 데 초점을 맞추고 있다. 생산 장비 및 공정의 업그레이드, 그리고 (빅)데이터 공유에 중점을 두는 것도 포함한다. AI에 특화된 전략목표는 다음과 같다.

- AI 개발 및 핵심기술 돌파를 위한 공적 지원을 증가하는 것,
- 스마트 홈, 스마트 단말기, 스마트 카 및 로봇 등의 분야에서의 AI의 대중화와 적용을 촉진하는 것,
- 초대형 DL을 지원하는 새로운 컴퓨팅 클러스터를 창설하는 것,
- 음성, 이미지, 비디오, 지도 및 기타 데이터를 포함하는 대규모 트레이닝 리소스 기반을 구축하는 것,
- 기본 AI 자원 및 공공 서비스의 혁신 플랫폼 구축을 강화하는 것,

- 컴퓨터 비전, 지능형 음성 처리, 생체 인식, 자연어 이해, 지능형 의사결정 제어 및 새로운 인간-컴퓨터 상호작용과 같은 주요 AI기술을 연구, 개발 및 산업화하는 것,
- 이미지 인식과 같은 빅데이터 분석기술을 개발·촉진하고 보안제품의 지능형 서비스 수준을 제고하기 위하여, 보안기업과 인터넷기업 간의 협력을 지원하는 것,
- 인터넷 기술, 지능형 센싱, 패턴 인식, 데이터 분석 및 로봇공학의 적용을 촉진하는 것,
- AI의 세계적 발전을 이끌 다수의 핵심기업 및 혁신팀을 육성하는 것.

로봇산업발전계획(2016-2020년), 산업정보기술부, 국가발전개혁위원회, 재정부, 2016년 4월 27일

이 계획의 주요 목적은 지능형 산업 및 서비스 로봇의 개발이다. 산업용으로는 용접 로봇, 진공청소기 로봇, 완전자율 프로그래밍 지능형 로봇, 인간-컴퓨터 협업 로봇, 양팔 로봇(dual-arm robots) 및 중장비 자율주행차(heavy-duty autonomous vehicles) 등 6개 분야가 규정되고, 서비스 도메인을 위한 4개 영역으로는 소방구조 로봇, 외과용 로봇, 지능형 공공서비스 로봇, 지능형 간호 로봇 등이 추가된다. 이 계획은 또한 정부가 로봇 혁신센터를 설립하고 은행과 민간 투자자들에게 로봇공학 및 로봇 개발을 지원하도록 장려할 것을 제안한다.

신세대 AI 개발계획, 국무원, 2017년 7월 8일

이는 2030년까지 신세대 AI 개발을 위한 가이드라인, 전략목표, 핵심과제 및 지원대책 등을 수립하는 핵심 AI 전략이다. 이 계획은 AI 개발의 전략적 목표를 매우 명확하게 정의한다.

- 2020년까지는 대부분의 AI 기술 및 애플리케이션이 전 세계적으로 가장 앞선 수준에 이르고, AI 산업은 새로운 중요한 경제성장 기여자가 될 것이다. AI는 우리의 일상생활에 영향을 미칠 것이다.
- 2025년까지는 AI 기본이론에서 큰 돌파구가 마련될 것이다. 일부 기술과 애플리케이션은 세계 선두의 수준에 도달할 것이다. AI는 중국에서 산업 고도화와 경제 구조조정의 주요 동력이 될 것이다. 이는 사회에 영향을 미칠 것이다.

- 2030년까지는 AI 이론, 기술 및 애플리케이션이 세계 선두주자가 된다. 중국은 세계 주요 AI 혁신센터가 될 것이다.

이 계획은 다음과 같은 6가지 핵심 과제를 언급하고 있다.

- 개방적이고 협력적인 AI 기술혁신 시스템을 구축하기 위해 기초이론, 핵심 공통기술, 혁신 플랫폼, 고급인재 등의 측면에서 최첨단을 구축하는 것.
- 고급스럽고 효율적인 스마트 경제를 육성하고, 신흥 AI산업을 개발하며, 산업 고도화를 촉진하고, AI 혁신 분야를 창출하는 것.
- 안전하고 도움이 되는 스마트 사회를 구축하고, 사회적 거버넌스(social governance)를 포함한 효율적이고 지능적인 서비스를 개발하며, AI를 기반으로 공공 안전과 보안을 강화하고, 사회적 상호작용에서의 공유와 상호신뢰를 향상하는 것.
- AI 분야의 군 및 민간 통합을 강화하며, 군 및 민간 AI기술의 양방향 전환을 촉진하고, 군 및 민간 혁신 자원을 공동으로 구축하고 공유하는 것.
- 유비쿼터스하고, 안전하며, 효율적인 지능형 인프라 시스템을 구축하고, 네트워크, 빅데이터, 고성능 컴퓨팅과 같은 인프라의 업그레이드를 강화하는 것.
- 중요한 과학기술 프로젝트를 기획하고, 전반적인 조정을 강화하는 것.

5.3 지역/지방의 이니셔티브

중국에는 지역 및 지방 차원에서 이루어지고 있으며 각 정부로부터 지원을 받는 이니셔티브가 많다. 이는 AI 혁신 생태계의 주요 특징인 서로 다른 장소들 간의 특별한 형태의 경쟁을 만들어낸다. 아래에서 몇 가지 사례들을 소개한다.

베이징 : 2017년에 베이징 지방정부는 기술, 애플리케이션, AI 산업 지원 가이드라인을 발표했다. 이는 국가목표를 예측하여 2020년까지 베이징이 글로벌 영향력을 가진 AI 혁신 허브

가 되는 것을 목표로 설정하고 있다. 베이징 정부에 따르면, 이 지역은 중국의 주요 AI 연구기관 중 절반 이상, 거의 400개의 AI기업을 보유하고 있으며, 2017년의 첫 9개월 동안 51개의 AI 프로젝트에 총 16억 달러의 투자가 있었다고 한다.

중관춘 : 종종 중국의 실리콘밸리로 불리며 베이징의 주요 하이테크 비즈니스지역이다. 여기에는 일부 명문 기술대학과 500여개 대학(colleges), 국립과학연구소, 다국적 기업들의 R&D 센터 등이 포함되어 있다. 중국에서 가장 규모가 큰 집적회로(IC) 산업단지를 설치할 계획이 있다. 이 지역에 위치한 첨단기술 기업들은 2017년에 약 6,000억 달러의 매출을 올렸고, 이 지역은 67개 유니콘들의 본거지이다. 3만 명의 해외 귀국 기업인들이 중관춘에 8천개 이상의 기업을 세운 것으로 추산된다. 이 구역은 또한 2020년에 70억 유로가 넘는 AI산업 매출을 달성할 수 있을 것으로 기대하고, 2017년 말에 AI 인재를 양성하기 위한 계획을 발표했다.

상하이 : 상하이는 중앙정부 계획을 본뜬 '제13차 상하이 제조업 전환 및 업그레이드 5개년 계획'을 2016년에 상하이시 인민정부가 발표했다. 이 계획은 산업조직, 혁신 및 기업가정신의 새로운 트렌드에서는 물론 AI, 양자통신, VR 및 정밀의료 등 신흥기술로부터도 기회를 포착하는 것을 목표로 한다. 2017년에 상하이에는 1만6,000개의 스타트업을 유치한 약 500개의 혁신단지(innovative parks)가 있었다.

광저우 : 광저우시는 지방정부가 지원하는 산업단지를 총동원해 출범시켰다. 즉, 관동 지능형 제조 시범기지(Guandong Intelligent Manufacturing Demonstration Base), 황푸 기계밸리 지능형산업단지(Intelligent Industrial Park in Huangpu Machinery Valley), 쩡청 지능형 장비제조 산업단지(Zengcheng Intelligent Equipment Manufacturing Industrial Park), 화두 신에너지 자동차 및 지능형 제조장비 산업단지(Huadu New Energy Vehicles and Intelligent Manufacturing Equipment Industrial Park)와 리완 3D프링팅 산업단지(Liwan 3D Printing Industrial Park)이다. 이들 모두는 혁신기업, 특히 제조업의 전환과 연계된 혁신기업에 대한 직접적인 지원을 포함한다.

항저우 : 항저우의 접근방식은 극명하게 다르다. 알리바바의 성공은 항저우의 기술 현장을 형성했다. 이 도시는 이전에 알리바바에서 일했던 기업가들로 가득 찬, 일부는 정부보조금을 지원받는 많은 인큐베이터들의 본거지이다.

5.4 중국 AI 혁신 생태계의 특징

중국의 AI 혁신 생태계는 이들 분야를 지원하는 기술(기본적으로 기계학습(ML) 및 딥러닝(DL)과 양자 모두에 수반하는 알고리즘)과 함께 이미지, 얼굴 및 음성 인식분야에서 가장 발전하고 있다. 또한 최근에는 AI칩 개발에 대해 특별히 강조하고 있다. 결과적으로, 중국에서 보다 발전된 애플리케이션 분야는 보안, 헬스케어, 교통, 도시 교통관리, 상거래와 무인자동차들이다. 이들을 모두 합치면 이미 중국에서 일어나기 시작한 깊은 경제사회적 변화의 시나리오가 구성된다. AI의 적용은 이제 널리 보급되어 편리성, 효율성, 개인화 및 감시를 겸비하고 중국 시민들의 일상생활에 영향을 미친다(Box 6 참조).

Box 6. 중국의 AI 애플리케이션의 몇 가지 사례

알리바바의 핵심 사업은 상품 판매와 **B2B** 거래의 플랫폼 제공이다. 11월 11일에 열리는 **'광군절(Singles' Day)'** 동안 알리바바는 버츄얼 테스트용 VR 미러가 장착된 제품을 판매하는 팝업 스토어를 통해 **초당 325,000건 이상의 주문**을 처리했다. 한 AI 패션 컨설턴트가 선택된 것과 아이템을 맞추는 것을 도왔다. 하루에 **250억 달러 이상의 상품**을 팔았다. 이와는 대조적으로, 미국에서 가장 큰 온라인 쇼핑의 날인 2017년 사이버 월요일(Cyber Monday)(11월 27일)에, 모든 소매상들이 벌어들인 것은 **65억 9천만 달러**였다.

텐센트의 주요 데이터 출처는 위챗으로, 2018년에는 **월 10억 명 이상의 액티브 유저(active users)**를 달성했다[23]. 텐센트의 대표 프로젝트는 2017년에 1억 1천만 명의 고객에게 제공하는 38,000개의 의료 시설에서 이용 가능한 예약과 결제를 위한 헬스케어 플랫폼이다. 2018년에 텐센트는 100개 병원을 대상으로 AI 기반 진단의료영상 서비스를 시작했다. 이 시스템은 익명의 환자데이터로 보완되는 텐센트 소셜 네트워크의 10억 개 이상의 이미지를 사용하여 트레이닝 된다.

23) *https://www.statista.com/statistics/255778/number-of-active-wechat-messenger-accounts/*

과거 스타트업인 **iFlytech**는 현재 사용자 인터페이스와 음성 인식에 특화된 통합기업이다. AI 기반 일반개업의 의료로봇은 2017년 11월 중국 국가 의료면허시험의 필기시험에 합격했다. **로봇은 자동으로 환자 정보를 포착해 분석하고, 초기 진단을 내릴 수 있다.**

얼굴인식 분야에는 스타트업들이 많다. 이 중 Megvii는 자신의 카메라가 혼잡한 기차역에서 **초당 120명**을 식별할 수 있다고 주장하는 반면, LLVision은 보다 신속한 얼굴인식을 위해 **최대 1만 명의 용의자의 이미지**를 장치에 저장하는 AI 지원 안경을 개발하고 있다. 이들은 **13억 시민에 대한 정보를 저장해 3초 안에 신원을 확인할 수 있는 국가안면인식 데이터베이스를 구축하겠다는 정부 목표**를 지원하는 기업들의 생태계의 일부이다[24].

중국의 대기업들은 정부와 긴밀히 협력하여, 소비자의 긍정적 인식을 활용해 중국 밖에서는 들을 수 없는 애플리케이션을 실험한다. 이러한 사실은 AI 혁신 생태계에 스며들지만, 소비자, 기업 및 정부 사이의 아마 가장 단적인 연대의 사례는 잠정적으로 2020년으로 예정된 이른바 '사회신용제도(social credit system)'의 실행이다. 다른 나라에서 논란이 될 이 AI 기반 시스템은 물리적 공간과 사이버 공간 모두에서 사용자 행태데이터를 수집할 수 있으며, 시민 평판의 등급설정을 할 수 있게 될 것이다. 이 등급은 국가가 제공하는 범위의 서비스에 대한 액세스를 허용하거나 거부하는 데 사용될 수 있다.

군사 개입은 중국 AI 생태계의 또 다른 두드러진 특징이다. 즉, 민간 AI의 획기적인 발전은 군사용으로도 적용되며('군민융합'('military-civil fusion')의 국가전략에 따라), 그 반대도 마찬가지로 군 기반 개발은 민간산업으로 이전된다. 과학기술 중앙군사위원회(Central Military Commission for Science and Technology)에 따르면, AI는 지능적이고 자율적인 무인시스템을 통한 군대 혁신, AI를 이용한 정보 분석, 전쟁게임 시뮬레이션 및 훈련, 방어, 공격과 정보전 지휘를 통한 군대 변혁과 그리고 의사결정을 지휘할 수 있는 지능형 지원을 가속화할 수 있다(Kania, 2017). 다른 한편으로, 중국은 군사 발전의 효과가 현저하게 민간산업으로 이전되기를 원한다.

---

24) *https://mp.weixin.qq.com/s/2XOIRqVO1SKJSLBLwimL7A*

중국 AI 혁신생태계의 또 다른 특징은 특히 2차 도시들이 추진한 새로운 정책으로 인해 인재 확보를 위한 도시와 지역 간의 경쟁이다. 그 결과, 동 · 서 중국 간의 신기술산업에서 인재 및 기회의 축적에는 상당한 차이를 보이고 있다.

중국 생태계의 마지막 특징은 중국 AI에 대한 비판적 시각에 부여된 제한된 역할을 말한다. 이러한 견해는 AI에 대한 지지도가 높은 정책에 대한 충성심의 결여로 해석할 수 있다. 그러나 이러한 비판이 없다면 알고리즘은 검증할 수 없고, 시스템은 신뢰할 수 없게 되거나, 또는 알고리즘에 도덕적 책임이 내재되지 않을 수 있다. EU와 미국에는 존재하는 알고리즘 투명성 및 책임성에 대한 정책적 지원이 요구되지만(예컨대, Garfinkel, Matthews, Shapiro, & Smith, 2017), 중국에는 유감스럽게도 결여되어 있다.

중국의 발전은 매우 인상적이다. 그러나 JRC 분석에서는 현재의 생태계와 2030년까지의 로드맵 간에 일부 갭이 확인되었다. 이러한 구조적 갭은 AI에만 국한된 것이 아니라 중국 내 다른 기술기반 혁신생태계에도 적용되는데, 이는 주요 시장분석가들이 말하는 관점이다 (Barton et al., 2017; Mubayi et al., 2017).

첫 번째 갭은 전통적인 산업 내에서 AI의 채택이 더딘 것을 의미하는데, 이 중 상당수는 지방자치단체의 지원을 받고 있고 일부는 부채가 많아 일자리에 미치는 영향이 특히 어려울 수 있다. 관련 문제는 (전통적) 산업에서의 연구와 실제 구현 간의 거리를 포함하여 기존산업에서의 기존 인재와 애플리케이션 간의 갭을 말한다.

일부 전문가들은 AI에 대한 근본적 연구도 부족하다고 말한다. 이러한 갭은 충분한 AI 인재를 양성하고 이를 지역교육시스템에 적용하는 시스템을 보장해야 한다는 것을 뜻한다. 인재 풀을 늘리는 것이 어려운 이유는 특정 분야에 AI를 성공적으로 적용하는데 필요한 지식 및 기술과 전반적인 혁신 저항적 교육 시스템의

> "**생태계의 마지막 특징은** 중국의 AI에 대한 비판적 견해에 기인하는 제한된 역할을 말한다."

단점과도 관련이 있다. 현안의 문제는 AI 애플리케이션을 만드는 것만으로는 충분하지 않다는 것이다. 즉, 프로그래머는 적절한 방향을 가지고 거의 기계적으로 하는 것을 넘어, '기능적 전문가(functional specialist)'가 되어 적용 영역, 그 필요성 및 기대치를 이해하고, 최선의 알고리즘 및 접근방식을 파악한 다음, 이를 사용자 정의하고 추가로 개발할 수 있어야 한다는 것이다(Baccala et al., 2018).

5.5 요약 및 결론

이 장에서는 중국 AI 개발의 주요 특징 중 일부를 강조하고 있으며, 특히 정부정책, 민간투자 및 연구 간의 시너지효과를 강조한다. 중국은 AI 및 관련 애플리케이션을 미래의 경제사회 발전과 세계 초강대국으로서의 역할에 대한 전략으로 인식해 왔다. 그 결과, 2030년까지 AI의 세계 리더가 되는 것을 목표로 정부정책, 산업 적용 및 연구를 포함하여, AI에 대해 강력하게 조율된 접근방식을 취하게 되었다. 이는 중국 AI 혁신생태계의 JRC 분석이 확인하는 바와 같이, 야심차지만 달성 가능한 목표이다. 이러한 견해는 주요 시장분석가들도 공유하고 있다(Barton et al., 2017; Mark Purdy et al., 2017). 실제로 인증 프로세스, 의료 진단, 프리미엄 보험, 교통 및 소매 시설, 보안을 포함하여 일상 활동에 큰 영향을 미치는 AI 구축은 이미 시작됐다. 완전한 전략 개발에 대한 잠재적인 장애물은 전통적인 산업에서 AI가 채택되도록 하는 것, 기술 혁신을 진전시킬 뿐만 아니라 잠재적인 사용자의 요구에 적응할 수 있는 충분한 국내 전문가를 준비하는 것이 어렵다는 것과 관련이 있다.

제2부
다차원적 관점

제6장 윤리적 · 사회적 관점

요약

이 장에서는 AI에 대한 윤리적, 사회적 논쟁의 핵심적인 측면의 일부를 조명한다. 살펴본 바와 같이, AI가 개인 및 사회에 미치는 윤리적, 사회적 함의에 대한 논쟁은 전향적이며 신속하게 진행되어야 한다. 정치 및 규제 체계는 곧 우리 일상생활의 거의 모든 면에 보급되는 AI의 발전에 뒤처지는 것처럼 보인다.

이러한 상황에 대응하기 위해서는 AI의 새로운 함의에 부응하기 위해 동일한 수준의 "기술적 예측"에서의 "규제 예측" 및 "윤리 예측 분석"이 필요하다. 그러나 이는 다음 문제들에 대한 강한 의지 없이는 이루어질 수 없다. 즉, 인간 또는 로봇의 보살핌을 받을 것을 선택할 권리와 프로파일링, 추적 또는 측정 거부권, 그리고 애플리케이션에 대한 신뢰 구축에 필요한 책임 있는 AI 설계를 포함하여 명확한 윤리 체계 및 가이드라인을 말한다.

AI에 대한 신뢰를 구축하고 유지하기 위해서는 AI로 지도되고 내재되어 있는 가치를 토론하기 위한 시민사회의 비판적 참여, 이러한 가치를 전략과 가이드라인으로 전환하기 위한 서로 다른 포럼에서의 토론, 그리고 이러한 가치와 가이드라인을 AI 시스템에 인코딩하여 설계에 의해 윤리적(ethical by design)이 되도록 하는 책임 있는 설계 실무를 포함하는 다층적 접근이 필요하다고 결론 내린다.

6.1 소개

기술의 윤리적, 사회적 영향을 다룰 때, 이는 단지 해롭거나 의도하지 않은 결과를 회피하는 것에 대해서나, 인간이 기술에 대해 통제하고 있음을 보장하는 것에 관한 것만은 아니다. 이러한 외부주의자와 도구주의자적 관점은 기술을 인간과 분리하는 경향이 있다. 즉, 이는 가치가 결여된 단순한 중립적 도구로서의 기술과 참여 조건을 정의하는 유일한 주인(masters)으로서의 인간이다.

실제로 기술과 인간의 관계는 훨씬 더 복잡하다. 한편으로 기술은 특정인 및 조직에 의해 구축되기 때문에(Bijker et al., 1987), 사회규범, 가치, 그리고 다른 경제적, 생태적, 정치적 또는 문화적 힘을 주어진 시간에 구체화하고 복제한다. 다른 한편으로, 기술은 우리가 일하고, 움직이고, 소통하며, 궁극적으로는 살아가는 방식을 형성한다. 따라서, **기술의 윤리적, 사회적 함의는 인간과 기술영역의 이러한 근본적인 얽힘에 대해 고려할 필요가 있다.** '기술이 사회적 실체인 것처럼, 인간은 기술적 존재이다'(Verbeek, 2011, p.4).

AI의 개발과 활용을 '우리의 근본규범, 가치, 자유 및 인권의 한계 내'(EESC, 2017)에 두자는 요구는 학계, 시민사회단체, 실무자, 싱크탱크 및 기업을 포함하여 다양한 관점에서 나오고 있다. 정부, 산업계 및 윤리학자들 사이에 공동의 이익을 위한 기술을 설계하고, 책임성, 투명성, 안전성 및 사회적 이익을 위한 개별 원칙을 확인하려는 약속 또는 적어도 협업에 대한 관심이 고무적인 징후를 보인다(Pauwels, 2018). 이와 관련해, Floridi(2018)가 '소프트' 디지털 윤리[25]를 AI에 대한 좋은 접근방법으로 활용하라고 청원한 것도 언급해야 하는데, 이는 그것이 규제와 입법을 지원할 수 있고 서로 다른 가치와 이익을 형량할 수 있기 때문이다.

현재 정책, 학계, 시민사회 및 비즈니스에서 논의되고 있는 바와 같이, AI/ML에 있어서의 주요 윤리적 · 사회적 현안의 개요를 간결한 형태로 제시하고 있다. 그 목적은 근본적인 가치와 권리뿐만 아니라 AI 개발로 누가, 어떤 목적으로, 그리고 어떤 조건 하에서 이익을 얻는지에 대한 보다 폭넓은 논의에 입각하여 윤리적, 사회적 과제에 대한 종합적인 구상을 알리는 것이다.

Stahl, Timmermans, Flick(2017)의 연구를 바탕으로 하여, 개인 차원에서 영향을 미칠 수 있는 문제들(자율, 정체성, 존엄성, 프라이버시 및 정보보호 등)과 사회적 차원에서 영향을 미칠 수 있는 문제들(공정성과 형평성 ; 집단 정체성과 좋은 삶 ; 책임성, 설명책임과 투명성 ; 감시와 관련된 프라이버시와 데이터화 ; 민주주의와 신뢰 등)을 구별한다.

---

25) Floridi (2018)의 연구는 하드 디지털 윤리와 소프트 디지털 윤리를 구분하는데, 여기서 하드는 새로운 규제의 공식화보다 선행되거나 기존 규제를 다투며, 소프트는 '기존 규제 이상'이 될 수 있음을 고려함으로써 준수를 따른다. 따라서, 소프트 윤리는 인권존중과 같은 규범체계가 이미 마련되어 있는 좋은 접근방식이다.

6.2 AI의 개인적 · 집단적 의미의 개요

6.2.1 개인 차원의 과제

인공지능이 개인과 관련해 어떻게 새로운 도전을 가져올지 생각해 보는 것이 중요하다. 이런 맥락에서 개인의 자율성 및 정체성의 개념은 물론 보안, 안전 및 프라이버시 개념들까지 AI의 영향 아래 어떻게 바뀔지 고려해야 한다.

a. 자율성

자율성은 서양 윤리의 중심 가치 중 하나이다(Juth, 2009). 이는 모든 사람들이 자신에게 무엇이 좋고 또는 나쁜 것인지를 알 수 있고, 자기의 기준에 따라 살 능력을 가지고 있으며, 그리고 자기의 생각과 행동을 지배할 수 있는 힘을 가지고 있어서 개인의 선택, 권리 및 자유를 장려한다는 생각을 나타낸다. AI는 인간의 능력을 확장시켜 인간 발전에 기여하거나 생산성과 번영을 촉진시켜 말년까지 활발한 활동을 할 수 있다. 이는 또한 제9장에서 논의되는 바와 같이 반대의 효과를 가질 수도 있다.

> **“보안, 안전 및 프라이버시 문제뿐만 아니라 개인의 자율성 및 정체성의 개념이** AI의 영향 아래 어떻게 바뀔지 생각해 보는 것이 중요하다.”

상호작용에 관해서는, 사람들이 또한 다른 사람이나 기계와 상호작용하고 있는지 알 필요가 있다. 오늘날 우리가 디지털 미디어를 통해 봇(bot)과 의사소통을 하고 있는지 또는 인간과 의사소통을 하고 있는지가 명확하지 않은 경우가 종종 있다. 또한, 우리에게 제시되고 알고리즘에 의해 선택된 컨텐츠가 정보를 수신하고 전달하는 자유에 지장을 준다(Rathenau Institute, 2017).

b. 정체성

Fearon(1999)의 연구에 따르면, 정체성은 멤버쉽 규칙을 가진 사회적 범주로 간주되거나 ‘사회적으로 적절한 방법으로 자신을 구별하고 그 사람이 특별한 자부심을 갖는다고 생각하는 일련의 속성, 신념, 욕망 또는 행동의 원칙'으로 간주된다. 이 경우에, 정체성의 의미는 존엄성이나 자부심에 매우 근접하게 된다. AI 시스템이나 로봇과 상호작용하고 심지어 긴밀한 관계를 형성하기 때문에, 우리가 이들을 어떻게 인지하고 있으며 어떻게 이들이 우리의 세계관을 형성시키는지의 변화를 보다 잘 이해할 필요가 있다. 예를 들어, 프로파일링, 표적광고 또는 다른 AI 기반 기술들은 정체성에 깊은 영향을 미칠 수 있다(Floridi, 2015). 인간지능과 인지능력이 기계 및 AI와의 상호작용에 의해 영향을 받는 방식은 2.3에서 기술한 바와 같이 중요한 연구영역이다.

c. 존엄성

인간의 존엄성은 EU기본권헌장 제1조에서 언급된 바와 같이 사람이 존중받고 가치를 인정받고 윤리적으로 대우받을 권리이다. 인간, 특히 취약한 집단에게 야기되는 해악으로부터의 보호를 위해 사용된 기본개념들 중의 하나여야 하며, 신기술을 개발하면서 존중받아야 한다(Rathenau Institute, 2017).

인간과 기계의 상호작용이 증가한 결과로 개인의 권리와 책임이 침식되기 시작할 수 있다(EDPS, 2018). 현재 스마트 기기는 도덕적 책임이 없으며, 그렇기 때문에 이들에게 인간을 관리하게 하는 것이 잠재적으로 해로울 수 있다(EGE, 2018). 그러나 유럽의회는 로봇에 대한 특정한 법적 지위를 고려할 것을 EC에게 요구했는데(EP, 2017년), 이는 예를 들어 현재 설명책임(accountability)은 궁극적으로 인간의 책임(responsibility)과 관련이 있다는 점을 고려할 때 여전히 논란이 되고 있는 제안이다(EECS, 2016).

d. 프라이버시와 데이터 보호

초연결장치(hyper-connected devices)의 세계에서 제기되는 중대한 문제들은 프라이버시, 보안 및 데이터 보호와 관련이 있다. 몇 가지만 언급하면, 스마트 미터, 장난감, 냉장고 및 전화기는 모두 이러한 장치의 제조업체들이 종종 우리가 모르는 사이에 우리의 데이터를 전송하는 내장형 AI 시스템을 가지고 있다. 예를 들어, 진단이나 치료를 제안할 때나(AI Now, 2017), 또는 보험회사나 기술회사가 데이터를 사용(오용)하는 경우에(Powles and Hodson, 2017) 헬스케어의 AI 애플리케이션은 훨씬 더 민감하다. 따라서 개인정보 및 프라이버시 보호권은 유럽사회에서 중요한 것으로 점점 더 인식되고 있다(EGE, 2018).

2018년 5월에 발효된 새로운 GDPR은 알고리즘이 사용하는 개인데이터의 보호와 관련하여 기대감을 높이고 있다. 이 GDPR의 영향은 앞으로 몇 년이 지나서야 완전히 나타날 것이지만, 이는 분명히 모니터링이 필요한 주요 사안이다.

6.2.2 사회적 차원의 과제

AI와 빅데이터는 사회와 지역사회의 복지, 그리고 전 세계 국가들에게 보다 광범위한 영향을 미친다. 이러한 변화는 권력관계의 재편과 사회계약의 변환에 직접적인 영향을 미친다. 리스크와 위험(risks and dangers)을 완화하기 위해서는 이러한 변화를 검토하는 것이 중요하다.

a. 공정성과 형평성

AI는 사회적 불평등을 감소시키거나 증가시킬 것인가? 이 문제를 해결하기 위해서는 두 가지 차원을 구별할 수 있다. 즉, 직장에서 AI를 활용하면서 발생하는 사회적 불평등과 불공평한 AI 주도의 의사결정에 따른 개인 차원의 불평등이다. 전자에 관해서는, 제9장에서 논하는 바와 같이, 그 증거는 아직 명확하지 않다. 후자에 관해서는, 예를 들어 형사사법제도(Chouldechova, 2017)와 채용과정(O'Neill, 2016)에서 알고리즘을 사용하면 특정 그룹이나 개인을 차별할 수 있다는 연구 결과가 나왔다. 편견은 트레이닝 데이터나 알고리즘에서 나올 수도 있고, 이를 구축한 사람들의 편견에서 나올 수도 있다(The Future Society, 2017; CNIL, 2017; 또한 2.4 참조). 기술적 연구(탈편견 또는 공정성 평가도구 등)와 잠재적 불공정성에 대한 경각심을 갖기 위해 개발자와 사회 전체의 교육 이외에, 고정관념으로부터 자유로운 평등 문화를 조성함에 있어서 정부의 적극적인 참여와 AI가 제공하는 기회로부터의 편익에 대한 '사회 전체 및 사회 내부'(EGE, 2018)의 평등한 접근이 필요하다.

b. 집단적 인간 정체성과 '좋은 삶(good life)'

AI는 우리가 '좋은 삶'이라고 생각할 수 있는 것에 영향을 미친다. 즉, 이는 우리의 현재와 미래의 삶의 방식을 크게 변환시킬 수 있다. 다른 기술과 마찬가지로, AI는 우리의 경험, 비판능력 및 지각된 현실에 대해 사회적, 경제적, 정치적 및 생태적 변화를 가져올 수 있다(Borgmann, 1987; Feenberg, 1991, 1999; Mitcham, 1980; Coeckelbergh, 2018; Higgs et al., 2000). 이러한 의미에서 AI는 우리가 누구이며, 웰빙(Well-being)의 목표를 추구하는 사회에서 우리는 어떠한 삶의 방식을 원하는지에 대해 직면하게 한다(Montréal Declaration 2017; IEEE, 2018).

c. 책임(responsibility), 설명책임(accountability) 및 투명성(transparency)

책임과 설명책임

우리는 인권과 가치에 합치되게 책임을 생각해야 한다. 설명책임은 책임과 연결되며, 데이터 마이닝과 프로파일링으로 인해 야기된 편견과 차별을 다루기 때문에 매우 중요하다. 설명책임은 AI의 사회적 수용성에 필요한 조건으로 간주된다(Mission Villani, 2018). 온라인 환경의 복잡성 이외에도 사람과 데이터, 행동과 결과 사이의 애매한 관계로 책임과 설명책임의 소재를 찾는 것이 더욱 곤란해지는데, 이는 명확한 해답이 없으면 심각한 문제로 간주될 수 있다(Markham et al., 2018). AI의 맥락에서 보면, 책임(liability)에는 책임(responsibility)이 따르는 경우가 많다. 현행 법규범은 제7장에서 논의되는 바와 같이 새로운 문제들과 씨름하고 있다.

투명성

투명성은 알고리즘(종종 '블랙박스'라고 한다)의 투명성뿐만 아니라 데이터 및 자동화된 의사결정(Automated Decision Making : ADM)의 투명성도 의미한다. 형사사법제도(AI Now, 2018년)에서 예측적 치안유지나 리스크 평가 등 공공기관이 ADM을 이용할 경우 후자의 중요성은 특히 두드러진다(AI Now, 2018). 알고리즘에 의해 이루어지는 결정은 이해되거나 설명되지 않을 수 있으며, 누가 이에 책임이 있는지 명확하지 않다. 따라서, 투명성은 GDPR이 예견한 대로 자동화된 의사결정에 있어서 의미 있는 정보에 대한 권리 또는 심지어 '설명권(right to explanation)'(Selbst and Powles, 2017; Edwards and Veale, 2017; 제7장 참조)과 함께 책임의 핵심으로 간주된다. IP권 때문에 코드가 완전히 투명해질 가능성은 낮지만, 그 가치와 편차를 가지고 사용된 변수와 같은 다른 정보와, 사용된 트레이닝 데이터의 양과 유형이 명시될 수 있고 '효과적인 투명성'에 기여할 수 있다(CoE, 2017b).

투명성 이외에도 알고리즘에 대한 감사, 즉 특정 속성에 부합하는지 점검할 필요가 있다(Kroll et al., 2016). 감사는 정부 및 시민사회와 협력하여 이뤄져야 한다. 그러나 트레이닝 데이터에 대한 액세스 부족이 공개감사에서의 알고리즘의 주된 문제점이다(Villani, 2018년).

d. 감시/데이터화(datafication)

디지털 정치학 및 미디어 연구자들은 탈출하기 어려운 개인생활의 데이터화로 특징지어지는 대량 감시문화 속에서 살고 있다고 주장한다(Van Dijck, 2014; Rathenau Institute, 2017; Korff et al., 2017). 세계최대의 디지털 회사들이 온라인 공공영역의 많은 부분을 통제하며 대부분의 개인데이터를 보유하고 있다. 빅데이터 분석을 통해 이들은 이용자들의 사회적 행태와 소비자 선호(Bakardjieva, Gehl, 2017)에 대한 통제는 물론, 인간들, 그들의 행태, 수요 및 욕구(Markham et al., 2018, p.4)에 대한 '진실들'을 얻는다.

대량 감시와 연계된 것은 이른바 자기정량화(Quantified Self) 운동을 통해 인기를 얻은 자발적 자기감시현상의 출현이다. 자기감시는 생활 및 건강의 보다 나은 관리를 위해 자신의 지표를 제어하는 것을 목표로 하여 추적장치와 해당 플랫폼의 사용을 통해 나타난다(Vesnic-Alujevic et al., 2015). 생활을 통제하는 것에 대해 생각할 때, 이용자들은 기술에 관련된 당사자들이 보다 많으며, 자신이 남긴 데이터가 자신들만이 이용할 수 있는 것은 아니라는 사실을 모르는 경우가 많다. AI에 의해 '측량, 분석 또는 코치 받지 않을' 권리가 필요하다(Rathenau Institute, 2017).

f. 민주주의와 신뢰

알고리즘 사용의 윤리적, 사회적 함의를 다루면서, 민주주의와 시민의 신뢰에 대한 영향을 다루는 것이 중요하다. 새로운 기술이 정부, 시민 및 기업 간의 권력관계에 미치는 영향은 간단하지 않다. 위에서 논의한 바와 같이, 자율성, 프라이버시, 책임, 설명책임, 투명성 및 대량 감시의 가능성은 민주주의 체제에 깊은 영향을 미칠 수 있다. 위에서 논의된 문제 이외에 다음 사항도 고려해야 한다.

정치적 프로파일링

빅데이터는 상업광고용으로 뿐만 아니라 정치적 프로파일링, 타겟팅 및 조작용으로도 이용될 수 있다. 최근의 예는 케임브리지 애널리티카(Cambridge Analytica)와 2016년 대통령 선거운동에서 미국 유권자들을 겨냥하기 위해 알고리즘을 사용한 방법이다. 한 기업이나 정당의 수중에 대량의 데이터가 축적되는 것은 민주주의의 침식이라는 심각한 결과를 초래할 수 있다(Brundage et al., 2018). 사회과정의 AI 최적화에 기초한 사회적 평가제도는 프라이버시, 평등 및 자유에 위험할 수 있다(Botsman, 2017).

봇, 허위정보 및 딥 페이크

AI는 유권자의 행동에 영향을 미치면서도 대중을 조종하는 정치적 광고도구로 이용되어 왔다. 알고리즘 기반 설득 및 조작을 통해 여론에 영향을 미치면서, 정치적 봇을 이용한 허위사실 유포는 과거 그 어느 때보다 쉬워졌다. 봇은 온라인 환경에 대한 신뢰도를 떨어뜨리고 신뢰를 떨어뜨리는 포퓰리스트 정치의 이점을 만들어냈다(Brundage et al., 2018). AI가 생성하는 허위 시청각 콘텐츠인 이른바 '딥 페이크(deep fake)'는 우리가 머지않은 장래에 직면할 가능성이 있는 새로운 도전이다(EPSC, 2018).

표현의 자유

유럽인권협정 제10조에 따라 정보의 자유로운 유통과 방해 없이 정보를 수신하고 전달할 권리가 보장된다. 사용자의 선택을 제한하는 알고리즘과 프로파일링의 영향 때문에 이러한 권리에 대해서는 의문이 제기되고 있다. 이러한 맥락에서, 플랫폼은 새로운 정보 게이트키퍼(Colombo et al., 2017)가 되고 있으며 표현의 자유 유지에서의 이들의 책임을 명확히 할 필요가 있다(Ratenau Institute, 2017).

거버넌스 알고리즘

거버넌스에서 알고리즘의 사용은 연구자들과 정책 입안자들 사이에서 매우 인기가 많아졌다. 연구자들은 대부분 알고리즘 거버넌스의 확산과 이것이 권력, 자유 및 인권에 미치는 영향에 관심이 있다. 다너허(Danaher, 2017)의 연구에 따르면, 'algocracy'는 인간의 행동을 예측하고 통제하기 위해 데이터 마이닝과 분석학을 사용하는 것을 의미한다. 이는 하이퍼너지(hyper-nudges)를 통해 이루어지는데, 의도된 목표물의 행동에 따라 변경되고 업데이트될 수 있는 동적이며 개인화된 알고리즘 너징(algorithmic nudging)을 말한다(Yeung, 2016). 이는 시민들이 공공생활에 자유롭게 참여할 수 있는 기관과 가능성을 잃어버린다면 민주사회를 위협할 수 있다.

그와 동시에, 민주적 책임과 참가를 증대시키기 위한 거버넌스에서의 알고리즘을 포함하여, 현재의 디지털 변혁의 특징 중 일부를 활용하고, 정책 설계 및 집행을 대폭 변경할 기회가 있을 수 있다(제12장 참조). 미래의 발전을 이끌기 위해서는 정부에서 알고리즘을 사용할 때의 기회와 도전에 대한 사회적 논의가 필요하다.

g. 공동재로서 누적된 지식?

장기적으로는 사회에 대해 누적된 지식을 구성하는 디지털 데이터도 문화재나 풍경과 유사한 방식으로 국가자산으로 간주해야 하는지 사회 각계각층에서 숙고를 시작해야 한다. 미션 빌라니(Mission Villani, 2018)의 연구는 주권 및 전략적 자율이라는 목표를 중심으로 구성된 AI 전략을 주장하면서 이 문제에 대해 언급했다. 이 점에서 디지털 데이터의 공공재로서의 시야를 넓혀 미래 세대를 위한 사회에 관한 데이터 보존의 차원을 포함시킬 필요가 있음을 숙고하고, 국가가 국가 데이터에 대해 어느 정도의 주권을 행사해야 하는지에 대해 검토할 필요가 있다.

AI는 지속가능한 개발 목표들(Sustainable Development Goals : SDGs)을 다루고 EU어젠다 2030(EU Agenda 2030)을 달성하기 위한 행동과 정책들 사이의 일관성 구축을 돕는 것이 가장 중요하다. 개별 목표 달성을 위한 다양한 전략 중 시너지와 역비례관계를 파악하고 SDG에 대한 체계적 접근방식을 개발하기 위해서는 빅데이터와 AI의 활용이 필수적이다. 디지털 세계의 민주주의 수준과 우리가 AI를 다루는 방식은 미래의 지속가능성에 영향을 미친다.

6.3 요약 및 결론

이 장에서는 AI에 대한 윤리적, 사회적 논쟁의 핵심 차원을 강조한다. 살펴본 바와 같이, **AI가 개인과 사회에 대해 가지는 윤리적, 사회적 함의에 대한 논쟁은 전향적이고 신속하게 진행될 필요가 있다.** 우리 일상생활의 거의 모든 측면에서 곧 확산이 될 AI 개발에 정치 및 규제 체계가 따라가지 못하는 것처럼 보인다. 이런 상황에 대응하기 위해서는 AI의 새로운 함의를 따라잡기 위해 같은 수준의 '기술적 예측'(EDPS, 2018a)에서의 '규제적 예측'(EGE, 2018)과 '윤리적 예측 분석'(Floridi, 2018)이 필요하다. 그러나 이는 다음과 같은 문제들에 대한 강력한 의지가 없이는 이루어질 수 없다.

명확한 윤리적 체계와 가이드라인

유럽에서는 EC와 회원국 차원에서 명확한 윤리적 체계가 필요하다는 인식이 있다. 이는 회원국 정부가 설치한 윤리 관련 패널은 물론 2018년 말까지로 예상되는 고위전문가그룹

(High-Level Expert Group)의 가이드라인에서도 빠르게 발전하는 분야이다. 또한 OECD, 유엔, 그리고 IEEE와 같은 전문기관의 작업이 토론에 기여할 것으로 기대된다. 그런 다음 이들 제안된 체계가 어떻게 조정이 되고, 이들이 남긴 어떤 갭이나 부정합성이 있다면 살펴볼 필요가 있을 것이다. 적어도 유럽에서는 **윤리 체계 및 가이드라인이 EU의 원칙과 규제체계와 양립 가능할 수 있어야 한다**고 기대할 수 있다.

문제를 검토할 때, 두 가지 새로운 권리가 제안된다.

1) 의미있는 인간 접촉권. 모든 사람은 사람 접촉을 선택하고, 불편함을 느끼는 경우에는 로봇의 보살핌을 거부할 권리를 가져야 한다(EP, 2016). 동시에, 로봇은 의사결정에 있어서 인간의 자율성을 존중해야 한다.

2) 프로파일링, 추적, 측정, 분석, 코칭 또는 조작되는 것을 거부할 권리(CoE, 2017; Ratenau Institute, 2017).

책임있는 AI 설계

가치와 규범을 AI 시스템의 설계 및 운용으로 변환시키는 것은 규제체계와 가이드라인의 일부가 되어야 한다. 예를 들어, '디자인에 의한 프라이버시(privacy by design)'나 '디자인과 디폴트에 의한 데이터 보호(data protection by design and by default)'는 현재 GDPR의 일부가 되었다. 마찬가지로, 합의된 국제표준으로 감사 및 평가 체계에 의해 뒷받침되는 '디자인에 의한 투명하고, 이해할 수 있고, 모니터링 가능하며, 책임질 수 있는 AI 애플리케이션을 디자인할 것'을 생각해야 한다.

애플리케이션에 대한 신뢰를 구축하기 위해서는 책임 있는 디자인에 대한 이러한 접근방식이 필요하지만, 그것만으로는 충분하지 않다. 6.1에서 소개한 바와 같이, 기술은 사회적 규범, 가치, 그리고 다른 경제적, 생태적, 정치적 또는 문화적 힘을 주어진 시간에 구현하고 복제하는 사회적 산물이다. 따라서 다음을 포함하여 AI 디자인에 대한 다층적 접근방식을 개발하는 것이 중요하다.

- 누가 이익을 얻고 어떤 가치를 시스템에 인코딩해야 하는가에 대한 논의와 함께 다른 애플리케이션 분야에서의 알고리즘 개발 및 활용에 있어서 **시민사회의 비판적 참여**(Jasanoff, 2013; Boucher et al., 2014)

- 이러한 공공토론을 촉진하고 그 결과를 윤리적 · 사회적 가치를 시행하는 사회정치적 전략으로 변환하기 위한 **복수이해당사자 포럼의 설치**(Cath et al., 2018; Stilgoe, 2017)

- **윤리적 · 사회적 가치를 고려하는 디자인 실무**(Aldeweld et al., 2015; Van den Hoven et al., 2017; Nascimento et al., 2016), 그리고 AI 시스템 전 개발과정에서의 편견의 잠재적 원천, 즉 복수 학제적 및 다양한 디자인 팀의 선정에서부터 트레이닝 데이터의 선정 및 라벨링, 산출의 사정, 그리고 결과의 평가에 이르기까지를 고려한 디자인 실무.

제7장 법적 관점

요약

이 장에서는 AI가 제기하는 주요 법적 문제 중 개인데이터, 알고리즘의 투명성 및 설명 가능성, 그리고 기존 책임규칙의 적합성을 포함한 기본권과 관련된 사항을 강조한다. 또한 데이터 소유권, 접근 및 공유 체제와 지식재산권에 관한 EU 법체계를 검토하고, 파괴적 기술을 규제하기 위한 다른 접근방식을 고려한다. 우리는 개인 및 기업의 권리를 보호하는 것과 개방성 및 투명성을 극대화하려는 노력으로 혁신을 장려하는 것 사이의 긴장관계에 주목한다. 정책 결정의 과제는 변화를 관리하고 새로운 기술의 채택을 규제하여 이러한 새로운 기술이 사회에 받아들여지고 우리의 근본적인 가치를 존중하도록 보장하는 것이다. 우리는 유럽이 윤리적으로 견고하고 개인, 회사 및 사회의 권리를 전반적으로 보호하는 독특한 형태의 AI를 확립할 수 있는 위치에 있다고 결론 내린다. 예를 들어 준비 중에는 많은 사람들이 반대한 일반데이터보호규칙(GDPR)은 현재 EU의 자산으로 인식되고 있으며 EU 역외에서도 유사한 접근방식을 고무하고 있다. 이 개념을 확장하면서 유럽인들과 이들의 미래세대가 장벽이 아닌, 구축해야 할 환경적 품질에서의 높은 기준들과 비슷한 방식으로 EU의 법적 · 규제적 상황의 높은 기준들을 고려해야 한다.

7.1 EU AI전략에서 확인된 주요 법적 과제

제4장에서 지적한 바와 같이, 유럽위원회뿐만 아니라 몇몇 유럽 회원국들은 AI가 제공하는 도전과 기회를 고려하고 있다. 이 절에서는 AI 전략 및 정책문서[26]에서 확인된 AI의 폭넓은 활용에 의해 제기되는 주요 법적 과제를 요약한다. 7.2과 7.3에서는 보다 상세하게 데이터와 지식재산권(IP) 관련 문제를 전개한다.

---

26) 이 절에서는 EU기관과 프랑스 및 영국 공공기관이 공개한 전략 및 공공정책 문서를 참고하였다.

> 정책결정의 과제는 변화를 관리하고 새로운 기술의 채택을 규제하여 이들이 사회에 받아들여지고 우리의 가치를 존중하도록 하는 것이다.

검토된 전략에서 가장 중요한 문제 중 하나는 AI 알고리즘이 그 윤리적 원칙뿐만 아니라 EU 가치 및 기본권[27]을 완전히 존중하여 작동하도록 어떻게 보장할 것인가이다(제6장 참조). 우려되는 핵심요소는 알고리즘에 의한 잠재적인 차별 형태로서, 윤리 가이드라인뿐만 아니라 '디자인에 의한 윤리(ethics by design)'와 같은 도구 및 설계 원칙을 개발할 필요가 있다. 다른 조치로는 알고리즘이 개인에게 영향을 미치거나 공공행정에 사용되거나 또는 알고리즘 감사체계가 필요한 경우 인권이나 차별에 대한 영향평가를 의무화하는 것을 포함한다. 이런 맥락에서 자동화된 의사결정이 허용되어야 하는지 그리고 언제 허용되어야 하는지를 숙고할 필요가 있다. 당연히 일부 사용자와 부문(예: 사법, 건강)은 이 점에 있어서 다른 사용자들보다 더 민감하다.

개인데이터 보호의 관점에서, 일반데이터보호규칙(GDPR)(EC, 2016a)의 특정 조항들은 위에서 언급한 우려사항의 일부를 다루었다. 여기에는 i) 디자인 및 디폴트에 의한 데이터 보호, ii) 프라이버시 영향평가, iii) 자동화된 의사결정에 관련된 로직에 관한 (상대적) 설명권, iv) 자동화된 처리에만 근거한 의사결정에 따르지 않을 권리가 포함된다[28]. 이 조항들은 다른 분야에 영감을 줄 수 있다. GDPR이 최근에야 시행되고 있어 AI의 맥락에서 그 적용을 모니터링할 필요가 있다. 일부 저자들은 적법한 동의를 얻어야하는 요건뿐만 아니라 목적 제한의 원칙(AI는 속성상 일반목적이기 때문에)과 비례성을 준수하기 어려운 점에 근거해 AI를 다루는 GDPR의 적합성에 의문을 제기한다(Poullet 2018a and b; Delforge et Gerard 2017;

---

27) 유럽연합조약(TEU) 제2조에서 성문화된 바와 같이, '연합은 소수자들의 권리를 포함하여 인간의 존엄성, 자유, 민주주의, 평등, 법치 및 인권을 존중하는 가치에 기초한다. 이러한 가치는 여성들과 남성들 간의 다원주의, 차별금지, 관용, 정의, 연대, 평등이 지배하는 사회에서 회원국들에게 공통이다.' 유럽기본권헌장에서는 무엇보다도 인간의 존엄성, 프라이버시, 개인정보 보호, 표현의 자유와 정보보호, 평등, 차별금지, 아동과 노인과 장애인의 권리, 소비자 보호권, 좋은 행정 및 공정한 재판을 받을 권리를 인정하고 있다.

28) GDPR 제22조 제2항이 이 권리에 대한 예외를 인정한다고 하더라도, 데이터주체는 항상 "컨트롤러의 입장에서 인간의 개입을 획득하고, 자신의 관점을 표명하며, 결정에 이의를 제기할 수 있는" 권리를 유지할 것이라는 점을 주목하라.

Watchcher 2017). 비판은 또한 이른바 설명권에 관한 한계의 인식과도 관련이 있다.

이러한 맥락에서 알고리즘의 ***투명성***과 ***설명가능성***은 의사결정이 어떻게 이루어지는지 그리고 의사결정에 대한 이의제기 가능성을 시민, 사용자 및 운영자에게 어떻게 부여하는지를 이해함에 있어서 필수적으로 간주된다. 그러나 이러한 요건들이 어떻게 다루어져야 하는지는 아직 명확하지 않다. 다음에 관한 공적 문서에서 일부 참고문헌을 찾을 수 있다. i) 실시될 프로세스, ii) IP 보호에 대한 간섭, iii) 알고리즘 의사결정을 면밀히 조사할 담당 책임자, iv) AI 설명에 도움이 되는 지침의 개발. EC는 이 문제를 분석하고 있으며, 이러한(그리고 관련된) 측면을 밝혀내기 위하여 AlgoAware[29]라는 연구를 의뢰하였다.

법적 문헌과 정책 논쟁에서 자주 제기되는 또 다른 이슈는 ***책임(liability)***이다. 이는 발생할 수 있는 피해자들이 효율적인 보상제도를 보유하는 것이지만 또한 산업계가 법적 확실성을 갖출 것을 보장하는 필수적인 측면이 있다. AI 시스템의 복잡성과 가치사슬에 개입하는 행위자의 다양성이 그 자체학습 및 자율능력과 맞물려 책임배분을 매우 어렵게 할 수 있다. 더구나 책임제도는 부분적으로만 EU법과 조화를 이룬 만큼, 이 문제는 또한 회원국법의 문제이기도 한다.

따라서 주요 의문점은 다음과 같다. 즉, 현재의 책임 및 안전 체계는 AI 제품 및 서비스 책임에 대처하기 위한 적절한 메커니즘을 제공하는가? 그렇지 않다면, 어떤 조정이 필요한가? 이 문제는 EC가 최근 신설한 책임 및 신기술에 관한 전문가 그룹(Expert Group on Liability and New Technologies)(제4장 참조)에 의해 연구되고 있는데, 2019년 중반에 보고될 것으로 예상된다. 이 그룹은 두 개의 하위그룹으로 나누어져 있다. 첫 번째 하위그룹은 제조물책임지침(Product Liability Directive[30]))에 초점을 맞추고 지침 조항이 전통적인 제조물, 새로운 기술 및 새로운 사회적 과제와 관련된 책임 문제를 해결하기에 적절한 범위를 검토할 것이다[31]. 새로운 기술을 다루는 두 번째 하위그룹은 '기존의 책임체계가 인공지능 등과 같은 새로운 기술의 개발에 따라 생겨나는 신흥시장 현실에 적합한지 여부와 어느 정도로 적합한지

29) *http://www.algoaware.eu/*

30) Council Directive 85/374/EEC of 25 July 1985 on the approximation of the laws, regulations and administrative provisions of the Member States concerning liability for defective products, OJ L 210.

31) 문제의 범주 중에는 범위(제품 및 B2C 관계에 대한 참조)와 엄격 책임 체제(strict liability regime)의 혜택을 받는 소비자에 대한 요건(특히 제품의 결함, 실제 손해와 이들 사이의 인과관계에 관한 입증책임)이 있다.

를 평가할 것이며, 새로운 기술 등에 관하여 EU 및 회원국 차원에서 적용 가능한 법률의 적합화를 위한 가이드라인의 역할을 할 수 있는 EU 전체의 원칙을 개발하는데 유럽위원회를 지원하게 될 것이다'[32].

2019년 중반까지 이 그룹은 기술발전을 고려한 제조물책임지침의 해석에 관한 지침서를 발간하고, AI, IoT 및 로봇공학의 ***책임 및 안전 체계***와 관련된 잠재적 갭 및 방향에 대한 광범위한 함의에 대한 보고서를 발간할 것으로 예상된다[33].

AI 제품이나 서비스는 다른 모든 것과 마찬가지로 100% 안전성을 보장할 수 없다. 안전관리를 위한 가능한 접근방법은 식별된 리스크에 대해 허용 가능한 안전수준을 정의하여 발생확률과 심각성 기준으로 특성을 기술하는 것이다. 이를 위해서는 소프트웨어 모듈 및 식별된 리스크에 기여하는 해당 데이터 집합의 중요도에 따라 디자인에서 검증까지 적용 가능한 소프트웨어 및 프로세스의 품질수준을 할당해야 한다. 잔여 리스크가 허용될 수 없는 것으로 간주될 경우 기술적(예컨대 다양한 병행 개발) 또는 운용상(예컨대 일정 수준의 인간 제어)의 추가 완화조치를 실시할 필요가 있을 수 있다.

위에서 언급한 영역 외에도 회원국 AI전략은 또한 사이버 보안에 의해 제기되는 과제(제10장 참조)와 규제샌드박스를 포함하여 테스트 플랫폼을 촉진하고, 소비자 보호 및 경쟁법과 같은 다른 법적 영역뿐만 아니라 혁신도 지원할 필요성에 대해 언급한다. 법률 해설자와 일반 언론 모두 이러한 맥락에서 일어날 수 있는 반경쟁적인 행동에 대해 최근 경고해 왔다. 이러한 우려는 담합행위(예를 들어 가격 담합에서의 암묵적 담합을 포함), 가격차별, 데이터 집중과 경쟁평가에서의 프라이버시 역할과 관련된다. 회원국 공적 기관들과 이해당사자들은 이와 관련해 경계해야 할 필요성을 상기시켰다(UK House of Lords 2018). 특정 플랫폼의 파워가 증가함에 따라 디지털 사회에서의 준 공적 행위자로서의 책임(accountability)에 대한 관심이 또한 제기된다(EPSC 2018).

---

32) Call for applications for the selection of members of the Expert Group on Liability and New Technologies.

33) 책임에 관한 법적 문제에 대한 자세한 개요는 유럽 인공지능에 관한 커뮤니케이션(COM (2018) 237; EC 2018b)과 함께 신흥 디지털 기술에 대한 책임에 관한 직원실무문서(SWD (2018) 137)를 참조하라. 책임에 대한 논의와 직접적으로 관련하여, EP는 결의안에서 EC가 로봇에 대한 특정 법적 지위를 고려하도록 권유하며, 이는 자율 로봇에 대한 법인격을 인정할 수 있게 한다(EP 2017).

비개인 기계생성 데이터(또는 센서 데이터)에 대한 규제체제는 AI 또는 보다 일반적으로는 산업4.0혁명에 관한 정책토론에서 반복되는 질문이었다. 이 문제는 아래에서 보다 자세히 살펴본다.

7.2 소유권, 액세스 및 데이터 공유

데이터 소유권에 관한 논의는 정보기술법의 역사에서 폭넓게 논의되어 왔다. 빅데이터 시대의 도래는 개인데이터와 비개인데이터 모두에 대해 이 논의에 새로운 자극을 주었다(Osborne Clarke, 2016). 비록 어떤 경우에는 구분이 인위적일 수 있지만, 이 절은 비개인 기계생성 데이터의 법제도에 대한 현재의 논의에 주로 초점을 맞출 것이다(12.1 참조).

기계생성 데이터에 대한 종합적인 법체계의 결여 문제가 유럽 데이터경제 구축에 관한 커뮤니케이션(Communication on Building a European Data Economy)에서 제기되었다(EC 2017a). EC는 기계생성 데이터에서의 불충분한 이용과 거래의 부족을 우려하여, 논의를 위해 일련의 입법적 · 비입법적 옵션을 제안하였으며, 이들 옵션 중에 새로운 데이터 생산자의 권리 설정을 제안하였다. 그러나 나중의 커뮤니케이션인 공통 유럽 데이터공간을 지향하여(Towards a common European data space)(EC 2018c)에서, 데이터 소유권은 거의 언급되지 않는다. 그 대신, EC는 PSI지침 검토안(EC, 2018d), 과학정보의 액세스 및 보존에 관한 권고(EC, 2018i)와 B2B 및 B2G 교류에 관한 지침서(EC, 2018f) 등 데이터 액세스 및 근본적인 조치에 초점을 맞추고 있다. 최근 EC는 B2G 데이터 공유와 관련된 문제들의 평가를 지원할 전문가그룹을 설립했다.

데이터 자체는 저작권이나 특허가 가능한 주제가 아니기 때문에 전통적인 재산권이나 지식재산권에 의해 자료의 소유권을 제공하는 법적 또는 실정법적 권원은 없다. 최소한 일정한 상황에서 데이터는 일정한 조건이 충족된다면 데이터베이스의 특별한 권리(sui generalis right) 또는 영업비밀지침(Trade Secret Directive)(EC, 2016c)에 의해 보호받을 수 있게 된다. 실제로 데이터 액세스, 이용 및 공유에 관한 규정은 사실상의 소유권에 근거하여 계약 차원에서 규제된다. 일부 저자들은 경쟁법에 초점을 맞추어, 필수 설비 원칙(essential facilities doctrine)의 엄격한 요건과 더불어 면허에 대한 거부에서 지배적인 지위의 남용 가능성을 평가하기 위해 개발된 기준들이 데이터 액세스를 촉진하기 위한 제한된 용도의 전통적인 경쟁법 테스트를 만든다고 지적한다(Drexl et al., Drexl 2017, Poullet 2018b). 최근의 연구들은 분쟁이 가까운 미래에 발생할 가능성이 있다고 예측하고 있지만, 현 단계에서는 법적 개입이 시기상조일 수 있다는 것을 인정한다(Osborne Clarke, 2016 ; 좀 더 미묘한 의미에서 또한 Deloitte, 2018).

데이터 생산 및 수집, 상업화와 액세스에 대해 인센티브를 제공하기 위해 새로운 지식재산권을 창설할 필요성을 다양한 견해를 가진 학자들이 탐구해 온 것이다. 예를 들어, 제흐(Zech, 2016)와 반 아스브록(Van Asbroeck et al., 2017년)의 연구는 산업 데이터에 대한 새로운 소유권의 도입을 선호하고, 드렉셀(Drexl, 2017a), 후겐홀츠(Hugenholtz, 2018)와 라말호(Ramalho, 2017a)의 연구는 이런 생각에 상당히 비판적이다. 요컨대, 최근의 경제연구에 의하면 데이터에 대한 새로운 지식재산권의 창출을 위한 명확한 사례를 제시하는데 부족하다(Kerber, 2016; Kerber & Frank, 2017; Duch-Brown et al., 2017).

소유권에 대한 논의는 아직 결론이 나지 않았지만, 논쟁은 데이터 액세스 문제로 옮겨갔다. 이와 관련하여, 수평적 레벨 또는 부문적 레벨[34]에 따라 특정 규제, 새로 인정된 데이터 액세스권의 신설, 또는 데이터 액세스를 부여하는 강제 허가제 등 다양한 옵션이 검토되고 있다(Drexl 2017b, JIIP 2018; Mezzanotte, 2017; Weber, 2017). 일부 학자들은 심지어 특정 저작권 예외(copyright exception), 공정한 사용(fair use) 또는 저작권 소유자의 허가 없이 AI 및 다른 관련 이용들을 대상으로 하는 공개 규범(open norm)까지 제안했다(다른 학자들 중에서는 Geiger et al., 2018; Schafer et al., 2015). 여기서는 2016년에 EC가 일련의 조건에 따르는 연구 목적의 TDM(Text and Data Mining)에 대해 의무적인 예외를 제안한 입법안을 상정했다는 것을 상기해야 한다(EC 2016b의 제3조)[35]. 일반적으로 연구계와 저작권학자들은 환영하지만, 이 제안은 다른 국가에서 적용 가능한 체제보다 더 제한적이어서 운용조건과 관련하여 비판으로부터 자유롭지 않다(Geiger et al., 2018; Samuelson, 2018). 대체적으로, 저작권 예외

34) 부문적 레벨에서 유럽의회(EP)는 차량 내 데이터 액세스에 관한 입법안(EP 2018a)을 발표할 것을 유럽위원회에 요청했다. 제3이동성패키지(Third Mobility Package) 출시와 함께, 유럽위원회는 '2018년 데이터 패키지의 이니셔티브와 데이터 보호 및 프라이버시 입법과 긴밀히 연계하여 데이터 공유를 가능하게 하는 데이터 거버넌스 프레임워크'를 다루게 될 권고안을 발표했다.

35) 법안은 현재 유럽위원회(EC), 이사회 및 유럽의회가 논의 중이다. 유럽의회(EP)와 이사회가 문화기관에 대한 범위를 확대하고 EC가 제안한 것 이외에 새로운 선택적 예외를 만들 것을 제안했음을 주목해야 한다.

는 재이용을 허가할 뿐이며, 엄밀히 말하자면 데이터 집합에 대한 액세스를 촉진하는 것은 아닐 것이다.

이 절의 시작 부분에서 지적했듯이, 일부 학자들은 개인데이터와 비개인데이터의 구분이 점점 더 모호해지고 있는 것을 주목했다. 비개인데이터나 익명화된 데이터는 개인과 다시 연계하는 기법을 적용할 수 있을 뿐만 아니라, 이들 데이터가 개인의 시민적 또는 법적 정체성[36)]을 드러내지 않는다 하더라도 최근의 혁신으로 개인데이터의 개념에 개인화할 수 있는 데이터가 포함된다는 것이 명확하게 되었다(Poullet, 2018b). 이는 개인데이터로 간주되기 쉬운 데이터를 포함할 수 있는 센서 또는 산업 데이터에 대한 특정 제도를 고려할 때 감안해야 한다.

> **"EU는 유럽 회원국들에게 AI규제문제에 대한 지침을 제공하는 동시에,**
> 신기술 단일시장의 발전을 촉진할 수 있다."

7.3 AI 발명품 · 창작물의 지식재산권에 의한 보호

회원국 AI전략은 AI가 지식재산권(IPR) 법체계에 대해 제기하는 과제에 지금까지 거의 관심을 기울이지 않았다. 그러나 AI기술의 중요성이 높아지고 저작권 및 특허제도(예: Guadamuz

36) 유럽 평의회(Council of Europe), 해설 보고서, 개인데이터 자동 처리에 관련 개인의 보호를 위한 협약을 개정하는 의정서(ETS No. 108), 임시 데이터 보호위원회 (CAHDATA), 128차 장관위원회(엘시노어, 덴마크, 2018년 5월 17-18일) 참조. 해설 보고서는 다음과 같이 쓰고 있다. " '식별가능한(identifiable)'의 개념은 개인의 시민적 또는 법적 정체성뿐만 아니라, '개인화(individualise)' 또는 다른 사람들로부터 한 사람을 선정(그리하여 달리 취급하는 것을 허용하는)하는 것을 허용하는 것을 말한다. 이 '개인화(individualisation)'는 예를 들어, 개인을 특정하여 참조하거나, 식별(ID) 번호, 가명, 생체 또는 유전자 데이터, 위치 데이터, IP 주소 또는 기타 식별자에 근거하여 기기 또는 기기의 조합(컴퓨터, 휴대전화, 카메라, 게임기기 등)을 참조함으로써 이루어질 수 있다. 가명 또는 디지털 식별자/디지털 ID의 사용은 데이터주체가 여전히 식별가능하거나 개인화될 수 있기 때문에 데이터가 익명화된 것이 아니다. 따라서 가명 데이터(pseudonymous data)는 개인데이터로 간주되고 개인정보보호협약 규정이 적용된다. 데이터주체에 대한 리스크를 완화하기 위해 구현된 안전장치의 적절성을 평가할 때 적용되는 가명화 기법의 품질을 적절하게 고려해야 한다."

2017; Michaux 2018, Ramalho 2018; 2017b; Schönberger 2018 또는 WEF 2018)에서 학자들이 파악한 격차는 추가 조사의 필요성을 보여준다.

AI의 특허성에 대해서는, 특히 유럽특허청(EPO)의 AI의 특허성 기준에 관한 특정 지침의 발표가 특별히 환영받는다. 인공지능 및 기계학습에 관한 새로운 섹션은 AI와 관련된 대상(subject matter)이 언제 기술적 특성을 갖는지에 대해 다소의 명확성을 제공한다[37]. AI가 만든 작품이나 발명의 보호는 더 문제가 된다. 저작권법의 휴머니스트적 접근방식에 비추어, AI가 제작한 작품이 저작권 보호를 받을 가치가 있다는 것은 의문이다. 특허법에 대해서는, 선행적으로 AI가 만든 발명이 특허되는 것을 막을 수 없지만, 비진보성(noninventive step)의 평가나 소유권의 배분도 또한 완전히는 해결되지 않은 문제를 제기할 수 있다.

일부 저작권 학자들은 AI가 만든 작품들이 공공영역에 배치될 것을 분명히 옹호하는 반면, 다른 저작권 학자들은 일정 수준의 보호를 목표로 하는 일련의 제안을 내놓았다. 주목할 만한 예외가 있지만, 이들 제안은 여전히 너무 모호하다. 이들은 이러한 보호를 뒷받침하는 가능한 요소들을 항상 충분히 자세하게 설명하지는 않는다.

특정 AI가 만들어낸 창작 · 발명이 혁신과 상업화를 촉진하기 위한 준독점적 권리의 창설을 정당화하는 정보재의 특성(비배타성과 비경합성)을 공유할 수 있다는 것에는 의심의 여지가 없다. 그러나 특히 투자비용이 낮은 경우에 인센티브가 필요한지, 그리고 인간이 만든 창작물이나 발명품을 포함하여 그러한 권리가 시장에 어떤 결과를 가져올 수 있는지에 대한 우려가 있다. 보다 많은 재산권이 혁신을 장려하거나 또는 오히려 저지할 것인가? 어느 하나의 해결책을 선호하기 전에 법경제학적 접근방식으로부터 이러한 문제들을 좀 더 조사할 필요가 있다는 것은 명백하다.

37) *https://www.epo.org/law-practice/legal-texts/html/guidelines2018/e/g_ii_3_3_1.htm*

7.4 규제적 접근방법

모든 파괴적 기술은 사회에 영향을 미치면서 변화를 유도한다. 이러한 영향의 일부를 다루는 데 있어 규제는 종종 필요하다. AI에 대한 가장 적절한 규제체계를 결정할 때 첫 번째 어려움은 그것이 사회에 미칠 영향을 예측하는 것이다. 둘째는 AI의 발전속도에 대처하는 것이다. 다른 과제로는 AI의 복잡성 정도, 자율적이고 자기 학습적인 특징과 이것이 여러 부문에 걸쳐 확산된 것을 포함한다. 이러한 특징은 정책 수립에 있어 적격 분야 간 역량(기술을 보다 잘 이해하고 영향을 예측하는)과 유연성(실행가능하면서도 시간에 따라 적응할 수 있는 체계를 구상하는)이 필요하다. 규제샌드박스의 구현은 이러한 측면에서 특히 유용할 수 있다.

어떤 경우에는 하드 로(hard-law) 접근방식이 필요할 수 있지만, 혁신을 질식시키지 않기 위해 - 비록 규제도 또한 혁신의 조력자로서 역할하는 경우가 있을 수 있지만 - 공동규제(co-regulation)와 소프트 로(soft-law) 체계가 종종 선호된다. 이해관계자(특히 시민과 소비자)를 대표하는 다른 조직의 역할뿐만 아니라 인증 및 표준화 기구의 역할이 중요하다고 생각된다. 또한 '디자인에 의한 규제(regulation by design)' 접근방식에 대한 논의가 있으며, 예측 대 반응 방식, 혁신 또는 예방원칙에 따라 행동하거나 부문별 또는 수평적 규제를 적용할 필요성도 있다. 일부 기관들이 이 절에서 강조한 과제 중 일부를 다루는 규제의 채택을 제안했지만(EP 2017), 대부분의 기관들은 다소 신중한 태도를 보이고 있다.

글로벌 맥락에서, 규제 노력이 고립되지 않을 것을 보장하고, 포럼 쇼핑(EGE 2018)이나 철저한 규제경쟁(Goldfarb and Trefler, 2018a)으로 이어지는 규제 패치워크를 피하기 위해 거버넌스 모델이 탐구되어야 한다. 몇몇 주체들은 규범과 윤리적 규칙이나 원칙의 확립에 관한 글로벌 대화를 촉구했다(예: UK House of Lords, 2017, 또는 Mission Villani, 2018).

> **"모든 파괴적인 기술은** 사회에 영향을 미치면서 변화를 유도한다."

다양한 현안의 문제들, 특히 이들의 윤리적 측면을 고려할 때, 어떤 접근방식을 채택하든 이해관계자의 관여와 특히 입법과정에서의 시민사회의 참여를 보장하는 것이 중요해진다. 이러한 과제에 대응하기 위한 시도로 통합 및/또는 혁신 플랫폼이 만들어지고 있다. 그리하여 이미 언급한 바와 같이, EC는 최근 유럽AI연맹(European AI Alliance)을 설립해 AI 개발의 모든 측면과 이것이 경제 및 사회에 미치는 영향에 대해 광범위하고 개방적인 논의를 전개하고 있다. 영국은 '지평선을 스캔하고 AI와 같은 신흥기술을 지원하기 위해 규제가 적응해야 할 영역을 식별하기 위한 미래규제에 관한 장관 실무그룹(Ministerial Working Group on Future Regulation)'과, 신흥기술을 가능하게 하는 새로운 접근방식을 개발하기 위해 규제자의 지원을 위한 '규제자 파이오니아 펀드(Regulators' Pioneer Fund)'를 설립하고 있다[38]. 또한 영국에서는 최근 한 보고서가 세 가지 주요기능을 가진 새로운 기구인 책임기술청(Office for Responsible Technology)의 설립을 제안하였다. 이들 세 가지 주요기능은 규제자들에게 권한을 부여하고, 일반인과 정책입안자들에게 정보를 제공하며, 권리구제수단을 찾도록 사람들을 지원하는 것이다(Miller et al., 2018).

7.5 요약 및 결론

AI는 과거 디지털화의 물결보다 훨씬 더 우리 삶에 큰 영향을 미칠 것 같다. 어떤 중대한 기술적 변화와 마찬가지로, 이는 상당한 사회적 편익을 가져올 것이지만, 또한 운송, 에너지, 의료, 방위, 교육, 레저, 농업과 금융을 포함하여 많은 경제 분야에 걸쳐 새로운 과제를 제기할 것이다. 정책결정의 임무는 변화를 관리하고 이것이 사회에 받아들여지고 우리의 근본적인 가치를 존중하도록 보장하기 위하여 새로운 기술의 채택을 규제하는 것이다. EU는 신기술 단일시장의 발전을 촉진하면서 AI 규제문제에 대해 EU 회원국들에게 지침을 제공할 수 있다.

AI의 개발 및 보급을 촉진하기 위해서는 시민과 산업 운영자들이 윤리 및 규제 체계를 준수하고 있다는 확신을 가질 필요가 있다. AI 기기의 소비자 및 사용자들은 손해 발생 시 배상을 허용하는 제도로부터, 그리고 AI 시스템이 취한 결정을 감독할 수 있는 도구로부터 이익

38) UK Government's response to the Lords Select Committee AI report, June 2018.

을 얻어야 한다. 경제주체들은 또한 AI 기술에 투자하기에 충분한 법적 확실성이 필요하다. EU 및 회원국 차원에서 채택된 이니셔티브들은 이러한 측면들이 어떻게 다루어질 수 있는지에 대한 힌트를 제공한다.

AI의 윤리적 발전에 대한 향후 EC 가이드라인과, 투명성 및 설명 가능성에 대한 진행중인 연구의 발견은 다른 이해관계자들이 수행하는 병행적 이니셔티브와 함께 보다 공정한 AI의 토대를 마련할 수 있을 것이다. 책임 및 신기술에 관한 전문가그룹(Expert Group on Liability and New Technologies)의 작업도 AI 시스템으로 인해 야기된 예상치 못한 피해에 대처하기 위한 최적의 규칙에 대한 명확성을 가져다 줄 것으로 기대된다.

미국과 특히 중국과 같은 다른 AI 챔프들과 비교했을 때, 유럽은 개인데이터 보호에 대한 높은 규제기준으로 유명하다. GDPR은 전 세계의 규제를 고무하고 있으며, 심지어 EU 데이터 시장을 넘어서 개인데이터의 이용에 대한 모범 실무사례에 관한 정보를 제공하고 있다. EU 정책입안자는 프라이버시와 관련하여 이미 행해진 것처럼 인간 중심 AI의 표준 설정에 있어서 역할을 할 수 있다.

품질 데이터(quality data)의 액세스 및 이용은 많은 AI 애플리케이션에 있어서 기본이다. 그러나 경험적 증거는 데이터의 거래 및 공유를 위한 최적의 프레임워크가 여전히 실현되어야 한다는 것을 보여준다(12.1 참조). 이런 맥락 내에서, 학자들은 비개인 기계생성 데이터에 대한 규제체계를 조정하기 위한 일련의 제안을 내놓았다. 이들 제안은 데이터에 대한 새로운 소유권을 제정하는 것에서부터 접속 체제를 구축하거나 소프트 로(soft-law) 도구를 통한 데이터 공유의 인센티브 제공에 이르기까지 다양하다. (새로운 권리의 창설에 특혜를 주는 것보다는) 액세스를 규제하는 것에 초점을 맞춘 부문별 접근방식과 해결책들이 부각되고 있다. 유럽의 데이터 상황이 분권화되고 분화(다른 지역의 그것에 비해)되는 상황에서, 데이터 거버넌스에 관한 논의는 한층 더 관련성이 높아지고, 다양한 모델이 출현할 수 있는 기회를 열어준다(제12장 참조).

또한 발명이나 창작을 생성할 수 있는 AI 시스템의 잠재력은 학자들의 관심을 끌었고, 그 중 일부는 이러한 현상을 수용하기 위한 기존 지식재산권체계의 역량에 대해 회의적이다. 법체계에 대한 조정이나 새로운 권리의 창출이 어느 정도까지 필요한지를 평가하기 위한 추가적인 경제적, 법적 연구가 필요하다.

마지막으로, 우리는 AI를 어떻게 보다 잘 규제할 것인가에 대한 일반적인 논의의 필요성과 긴장관계에 대해 간략히 언급했다. AI 규제에 관한 논의에서 **문제는 규제 개입이 필요한지 여부뿐만 아니라 혁신을 지원하면서 동시에 보다 넓은 사회적 이익을 보호하는 것의 균형을 찾기 위해 어떤 접근방식이 채택되어야 하는지 여부이다.** 문제는 또한 정책입안자들이 급변하는 기술 및 시장 주도 환경에서 고유 글로벌 차원으로 적절하고 적시에 결정을 내릴 수 있도록 잘 준비되는 것을 어떻게 보장할 것이냐 하는 것이다.

제8장 교육적 관점

요약

교육적인 관점에서, 이 장에서는 AI가 기술, 학습 및 교육의 부족에 잠재적으로 긍정적인 영향을 미친다는 것을 관찰한다. 이 검토에서 세 가지가 중요하다. 즉, 첫째로, AI와의 상호작용이 성인들과 그리고 더욱 중요한 것은 어린이들의 인지능력에 어떻게 영향을 미치는지 잘 이해해야 한다는 것이다. 둘째로, 현재의 필요와 실무를 넘어 AI가 교육 및 업무와 인간 발전의 관계를 어떻게 변화시킬 것인지 고려해야 한다. 셋째로, 교육에서의 AI와 관련된 리스크, 특히 프라이버시 및 윤리적 리스크의 가능성을 강조한다. 이 장에서는 AI와 관련된 연구주제의 학문적 제안의 초기 개요 및 지리적 분포도 또한 소개한다. 이는 학문적 공급에 대한 모니터링 및 분석 과정의 시작에 불과하지만, 이미 사회가 AI의 이점을 충분히 활용하도록 준비하기 위해 더 많은 노력이 필요한 잠재적 우선순위 분야를 강조하고 있다.

8.1 소개

1980년대 초반부터 최근까지, AI의 교육적 응용은 주로 지식기반 접근방식에 초점을 맞춰왔다(Sleeman and Brown, 1982). 가장 두드러진 연구 계열은 인텔리전트 튜터링 시스템(Intelligent Tutoring Systems), 즉 ITS와 관련되어 있다. 이들 시스템은 주로 수학과 물리와 같은 상대적으로 제한적이고 모호하지 않은 영역에서 성공을 거두었다(Ritter et al., 2007; Graesser et al., 2005).

학생 시험이 많은 교육 시스템에서 중요한 역할을 하기 때문에, 많은 프로젝트들이 자동 시험 생성과 평가에 인공지능을 이용하려고 한다. AI는 또한 공동학습과제를 위한 최적의 그룹을 생성하고자 하는 시도로서, 예를 들어 교과목(course) 개발 및 관리를 위해 컴퓨터 지원

학습환경에서 학생들의 주의력, 정서 및 대화 역학을 진단하고, 학생 중퇴를 예측하는 패턴을 인식하기 위해 사용된다(Nkambou et al., 2018; Rosé et al., 2018). 이를 효과적으로 하기 위해서는 시스템을 트레이닝시키기 위해 대규모 데이터 집합이 필요하며, 개인 맞춤형 학습에 대한 피드백을 제공하기 위해 학생들의 행동을 적극적으로 모니터링할 필요가 있다. 이것은 예컨대 비디오 처리 및 원격시선추적을 사용하여, 관련된 윤리적 · 규제적 과제에 대해 눈에 띄지 않게 학생들을 모니터링하는 기술적 필요성을 제기한다.

특수교육에서, AI 기반 접근방식은 예를 들어 난독증의 조기 발견에서 가능성을 보여 왔다(Drigas and Ioannidou, 2013). 잘 알려진 예가 스웨덴 회사 렉스플로어(lexplore)로 리스크에 처한 학생들을 신속하게 스캔해 독자의 시선 움직임을 추적해 난독증을 감지하는 시스템을 개발했다(Jakobbson, 2017). 또한 AI 기반 시스템은 자폐증 스펙트럼 장애와 주의력 결핍 장애의 진단을 위해 성공적으로 개발되었다.

이 절에서는 AI가 기술 수요와 학습 및 교육에 미치는 영향과 관련된 이러한 과제들 중 일부를 보다 자세히 살펴볼 것이다.

8.2 AI가 기술수요, 학습 및 교육에 미치는 영향

8.2.1 AI가 첨단기술수요에 미치는 직접적 영향

새로운 AI 및 ML 모델의 개발은 몇몇 분야에서 매우 높은 수준의 능력을 필요로 한다. 이는 AI 전문가들이 현재 매우 높은 연봉을 받고 있는 이유 중 하나이다. AI 신경전문가가 매년 두 배씩 늘어나고 있을 수도 있지만, 이 분야의 첨단 작업에 필요한 기본지식은 습득하기 쉽지 않은 고도의 과학, 수리, 기술력을 필요로 한다. 새로운 AI 방법의 개발에는 컴퓨터 아키텍처와 난해한[39] 프로그래밍 접근법 및 도구뿐만 아니라 통계, 선형대수, 미분방정식을 잘 이해해야 한다. 필요한 기술도 부족하고, 실제 AI 기술자 수 추정치도 수만 명에서 10만 명에 이르는 등 크게 다르다. AI 분야 박사급 연구자는 약 22,000명, 최근 몇 년간 학술논문을

39) 개념 증명으로서 컴퓨터 프로그래밍 언어 설계의 경계를 시험하기 위해 고안된 접근방식.

쓰거나 AI 학술대회에서 발표해 온 사람은 약 5천명으로 추정된다[40].

AI의 높은 장래성과 현재의 수요는 상대적으로 빠르게 인재들을 이 분야로 향하게 할 것으로 기대된다. 예를 들어, 2018년 5월에 출범한 이래, 80개국 이상의 약 9만 명의 학생들이 핀란드AI센터에서 AI 교육프로그램의 일환으로 구성된 6주간의 AI과정에 등록했다[41]. 높은 임금 격차로 인해, 통계학, 수학, 수리물리학, 컴퓨터, 칩 디자인, 그리고 아마도 신경생리학 분야의 현재 학생들은 그들의 진로를 재고하고 AI 전문가로서 새로운 기회를 찾을지도 모른다. 또한 예컨대 개방형 소프트웨어 및 개방형 하드웨어 커뮤니티와 같은 예기치 않은 곳으로부터 높은 수준의 AI 역량이 나타날 수도 있다.

이러한 상황의 즉각적인 결과 중 하나는 서비스로서의 소프트웨어 인프라와 마찬가지로 고급 AI인재가 서비스로 제공될 수 있다는 것이다. 이는 고도의 AI 역량에 대한 대규모 수요는 없을 것이라는 뜻일 수 있다. 또 다른 문제는 AI가 기존 인력과 전체 인구에 대한 기술수요 변화에 미칠 수 있는 영향이다. 이 중 일부는 AI가 학습에 미치는 영향에 대한 다음 절에서 언급된다. 8.3에서는 EU 회원국들에서 AI 관련 연구 주제의 유형과 분포에 대한 첫 번째 개관에 대해 보고한다.

8.2.2 AI가 학습에 미치는 영향

인간의 지능 및 인지능력이 기계와 인공지능의 상호작용에 의해 영향을 받는 방식은 중요한 연구영역이다. 최근의 과학문헌은 AI 시스템과 성인의 상호작용에 초점을 맞추고 있지만, 앞으로 더 연구해야 할 필요가 있는 어린이들이 인공 시스템을 다루는 방식에는 중요한 차이가 있다.

일반적으로 AI는 어린이와 성인 모두에게 인간의 인지능력 발달에 서로 다른 의미를 가질 수 있는 세 가지 방법으로 사용될 수 있다.

---

40) *https://www.bloomberg.com/news/articles/2018-02-07/just-how-shallow-is-the-artificial-intelligence-talent-pool*

41) *https://www.elementsofai.com*

첫째, AI는 기존 역량을 지원할 수 있다. 역량이 영역별 전문지식과 행동레퍼토리의 조합으로 이해될 때[42], AI는 이제 영역별 지식에 대한 필요성을 줄일 수 있으며, 따라서 횡단적 및 영역 독립적인 종합 기술을 더 중요하게 만들 수 있다.

둘째, AI는 인지발달을 가속화하고 기술 없이는 불가능할 인지능력을 만들 수 있다. 인간 작업의 기계화는 기술 없이는 불가능할 수 있는 것들을 가능하게 했다. 마찬가지로 인지 작업의 기계화는 이전에 불가능했던 새로운 활동들을 가능하게 한다. 이는 이미 일어난 일이다. 광범위한 설계 지식을 사용하는 컴퓨터 지원 설계도구 없이는 현대의 마이크로프로세서나 신경 칩을 설계하는 것은 불가능할 것이다.

셋째로, AI는 인간의 인지능력의 중요성을 줄이거나 이들을 쓸모없게 만들 수 있다. 예를 들어, AI는 말을 텍스트로 변환하고, 텍스트를 말로 변환하며, 수학적 계산을 할 수 있기 때문에, 난독증이나 난산증은 과거에 비해 사회적으로 덜 중요해질 수 있다. 이는 개인에게 분명한 이점이 있지만 AI를 통한 기술 중복화의 전반적인 영향은 예측하기 쉽지 않다. 교수법적인 관점에서 볼 때 중요한 인지능력을 뒷받침하는 중복기술을 만들기 위해 AI를 사용하는 대신에, 사람들이 읽기 및 산술의 어려움을 극복할 수 있는 능력을 개발하는 데 도움을 주는 것이 더 유익할 수 있다.

또한 AI 시스템이 정보시스템의 새로운 수준의 개인화 및 다양성을 가능하게 한다고 가정하는 경우가 많다. 그러나 이러한 개인화의 대부분은 사용자를 미리 정의된 등급에 넣는 세분된 범주화에서 비롯된다. 이러한 시스템은 개인화를 효율적으로 시뮬레이션할 수 있지만, 보다 깊은 수준의 다양성을 반드시 지원하는 것은 아니다. AI 시스템은 뛰어난 예측 기계일 수 있지만, 이러한 강점은 학습 및 개발이 중요한 영역에서는 중대한 약점이 될 수 있다[43].

8.2.3 AI가 교육에 미치는 영향

AI는 다양한 형태의 학생 평가, 개인화된 개인교습제 등 가르치는 데 있어 분명한 기회가

---

42) 예컨대, Hoekstra and van Slujis (2003) 참조.

43) 독자들은 인지능력, 사회감성 능력 및 의사결정에 중점을 둔 기계지능이 인간행태에 미친 영향을 이해하기 위한 학제간 JRC 프로젝트인 'HUMAINT'에 또한 관심이 있을 수 있다(*https://ec.europa.eu/jrc/communities/community/humaint*).

될 수 있다. 이러한 시스템은 학습할 영역을 기술하는 영역모델과 학생의 지식 및 학습 현황을 기술하는 학생모델을 가진 지식 기반 아키텍처를 이용한다. 전문가 시스템 또는 교수법적 모델은 적응적이고 상호작용적인 사용자 인터페이스를 통해 학생들에 대한 학습자료의 도입을 관리한다. ITS 환경에서도 학생의 행동 및 학습을 매우 상세하게 모니터링 할 수 있기 때문에, 지능형 튜터링 환경은 학습에 관한 연구의 중요한 데이터 출처도 되어 왔다 (Porayska-Pomsta 2015).

이처럼 AI 지도학습 알고리즘은 역사적 데이터에 기초하기 때문에, 세상을 과거의 반복으로만 볼 수 있다. 이는 깊은 윤리적 함의를 가지고 있다. 예를 들어, 이러한 AI 시스템을 이용해 학생들과 그 성과를 평가할 때, 이 평가는 반드시 문화적 편견과 역사적으로 가장 현저한 성공척도를 반영한 기준에 근거한다. 지도학습 알고리즘은 피할 수 없는 편견을 생성하며, 이들은 현재 광범위하게 논의되고 있다.

NLP 및 AI 기반 인간-기계 인터페이스의 급속한 발전은 또한 새로운 교수법적 가능성을 창출할 것이다. 예를 들어, 교습기계에 의한 학습은 명확한 잠재력을 보이는 반면, 실시간 기계 번역은 또한 언어학습에 있어서 새로운 가능성을 열어준다.

교육에서 AI의 많은 흥미로운 가능성을 상상하는 것은 가능하지만, 교육의 전환과 학습의 미래라고 하는 광범위한 맥락에서 새로운 기술적 가능성을 제시하는 명확한 정책 없이는, 교육 AI는 아마도 현존하는 문제에 대한 해결책으로써 주로 제공될 것이다. 그러므로, AI는 시스템을 갱신하고 산업화 이후 경제와 지식사회의 수요에 맞게 방향을 정하는 대신에, 낡은 교육관행을 기계화하고 재창조하여 이들을 점점 더 변화시키기 어렵게 만들 수도 있다. 따라서, 현재의 관행을 넘어서 바라보며 디지털 혁신사회에서 어떤 역량과 기술이 필요한지, 그리고 이들을 어떻게 가르쳐야 하는지에 대해 근본적인 질문을 하는 것이 중요하다.

> “**교육용 AI는 아마도 기존 문제에 대한** 해결책으로 주로 제공될 것이다.”

8.3 AI 기술과 학문적 공급

먼저 AI에 대한 현재의 학문적 공급에 대한 이해를 돕기 위해, 우리는 AI와 관련된 교과프로그램 및 키워드를 모두 포함하는 웹사이트를 통해 EU의 모든 780개 대학을 분석하였다. 첫 번째 심사 결과, 학사 교과의 수에 있어서 영어에 비해 현지 언어로 된 페이지를 더 많이 가지고 있는 반면, 석사 교과는 대부분 영어로 광고되어 있고 박사 교과는 거의 영어로만 광고되어 있는 것으로 나타났다. 이것은 우리의 분석이, 오직 영어만을 바탕으로, EU 회원국들의 거의 모든 박사 프로그램과 대부분의 석사 프로그램들을 포착할 수 있었지만, 회원국 언어의 학부과정의 숫자들을 분명히 과소평가한다는 것을 암시한다. 이러한 한계에도 불구하고, 향후 연구에서 다루어야 할 AI와 관련된 693개의 연구 주제를 확인했다.

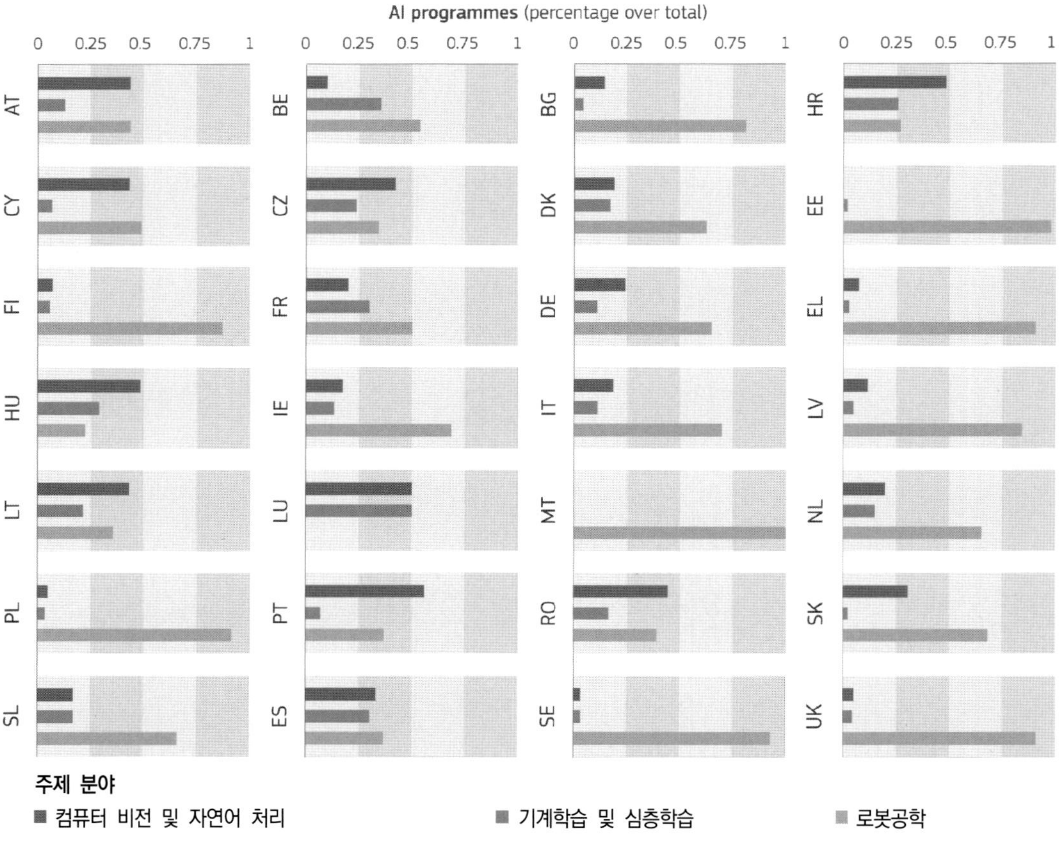

그림 10. 학술 프로그램의 AI 주제별 프로필(전체 프로그램의 %)

그림 10은 프로그램의 주제 분야에 따른 (모든 수준에서) 학술 제공에 대한 국가 프로파일을 보여주고 있다. 그런데 이 프로그램은 컴퓨터 비전 및 자연어 처리, ML 및 DL, 그리고 로봇공학과 같은 AI 영역의 학술 프로그램에서 학습한 기술과 애플리케이션 분야가 결합된 결과물이다. 첫 번째 것은 두 개의 하위분야를 결합한 것으로, 이들 하위분야는 영상처리, 객체탐지 및 컴퓨터 비전에서의 방법 및 발전과, 그리고 음성인식, 기계번역 및 컴퓨터언어학 등 자연어를 다루는 분야를 말한다. 이 수치는 대부분의 국가에서 프로그램의 높은 비율이 로봇공학(EU 전체에서 81%)에 초점을 맞추고 있으며, 그 뒤를 컴퓨터 비전 및 NLP(EU 전체에서 12%)와 ML 및 DL(7%)이 따르고 있음을 보여준다.

그림 11에서 AI와 관련된 교과목을 제공하는 대학들의 지리적 분포를 보여준다. 이 위치는 NUTS2 수준의 과학 및 숙련기술의 분포와 겹쳐져 상당한 격차가 존재하는 곳과 지역인력

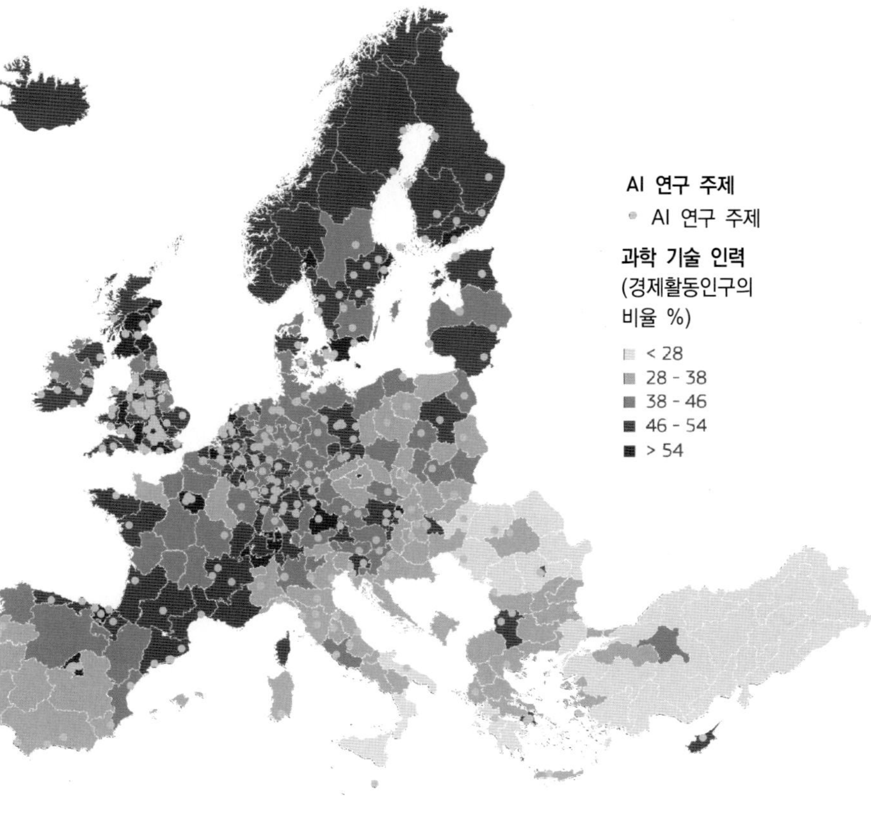

그림 11. 2017년 과학기술 인력 관련 AI 연구 주제를 제공하는 대학 분포

출처 : 2018년 유로스타트 지역 연감(Eurostat Regional Yearbook 2018) 및 JRC

을 향상시킬 수 있는 기회가 있는 곳을 보여준다(제13장도 참조). 이는 단지 예비분석일 뿐이고 학문적 제안은 우리가 현 단계에서 영어로 이용할 수 있는 자료들만을 분석했기 때문에 회원국 언어로 된 교과목이 제공되는 경우에는 충분하지 않게 나타났다는 것을 강조할 가치가 있다.

8.4 요약 및 결론

이 장에서는 AI가 이미 특히 지능형 튜터링 시스템과 학생 평가를 통하여 교육에 기여하고 있으며, 잠재적 학습과제를 식별하는 데 도움을 주는 것을 확인했다.

우리는 숙련기술, 학습 및 교육의 부족에 대한 잠재적인 영향을 탐구해 왔다. 이 검토에서 세 가지 중요한 점은 첫째, AI와의 상호작용이 성인들과, 그리고 더욱 중요한 것은 어린이들의 인지능력에서 인간의 지능에 어떻게 영향을 미치는지 보다 잘 이해할 필요가 있다는 것이다. 둘째, 현재의 필요성과 관행을 넘어 생각할 필요가 있으며, AI가 교육 및 업무와 인간 발전 사이의 관계를 어떻게 변화시킬지를 고려할 필요가 있다. 셋째, 교육, 특히 프라이버시와 윤리교육에서 리스크의 가능성을 강조하였다(자세한 내용은 Tuomi, 2018 참조).

또한 AI와 관련된 연구주제에 대한 학문적 제안의 초기 개요와 지리적 분포도 제공됐다. AI와 관련된 연구주제의 학문적 공급은 현재 유럽의 강점 분야 중 하나를 반영해 로봇공학에 크게 집중하고 있다는 것을 보여준다. 이 분석에 대해서는 개선해야 할 추가 연구가 필요하지만, 그럼에도 불구하고 과정 제공을 강화하는 것이 중요하다고 간주될 수 있는 현재의 낮은 수준의 과학기술 분야에 대한 반성을 위한 다소의 자료를 제공한다. 이는 AI가 가져올 과제에 대해 사회와 가장 취약한 지역을 준비시키기 위해 가능한 전략에 관한 제12장 및 제13장의 논의와 관련이 있다.

제9장 경제적 관점

요약

이 장에서는 근로, 성장 및 불평등에 관한 긍정적 영향과 부정적인 영향 모두를 현재까지 이용할 수 있는 문헌 및 입증자료를 토대로 분석한다. 현 시점에서 노동과 관련해서는 이론도 입증자료도 매우 결정적인 것은 아니다. AI는 인간의 활동을 보완하고 증강시키며, 증가하는 일상적인 업무를 대체하거나 또는 둘 다 할 수 있다. 또 다른 불확실성의 영역은 AI가 경제성장을 촉진시킬 수 있는 잠재력을 어느 정도 가지고 있는가 하는 점이다. 범용기술로 간주될 때 AI는 많은 일자리와 산업분야로 확산되어 생산성을 높이고 강한 플러스 성장을 할 수 있다. ML이 데이터로부터 새로운 통찰력을 창출하는 범위에서, 새로운 아이디어의 생산과 혁신 그 자체에도 기여할 수 있다. 경제성장모델은 다양한 시나리오를 탐구하기 시작했지만, 아직 어느 하나를 선호한다는 경험적 증거는 없다.

불평등에 관해서는 AI가 많은 채널을 통해 소득분배에 불리하게 영향을 줄 수 있다는 사실을 알게 됐다. 가장 많이 논의된 문제는 일자리 양극화, 하위직의 질 저하, 그리고 또한 미숙련 노동자들이 자격과 능력이 높은 사람들보다 실업기간이 더 길어지면서 변화에 적응하고 새로운 일자리를 찾는데 더 큰 어려움을 겪는다는 것과 관련된 문제다. 유럽의 일부 지역은 사회를 준비하기 위한 조치가 없다면 이러한 도전에 보다 취약하다. 따라서 유럽 전역에서 지역의 복원력을 구축하기 위한 매우 적극적인 전략이 마련되어야 한다. 전략을 준비하기 위해서 더 많은 노력이 필요한 잠재적 우선순위 분야를 강조하고자 한다.

이 장에서는 지금까지 이용 가능한 과학적 문헌과 증거를 바탕으로 AI가 일자리, 성장 및 불평등에 미칠 수 있는 잠재적 영향에 대해 논한다. AI가 노동시장과 소득 불평등에 미칠 수 있는 영향에 대한 우려가 있다. 일부 경보주의 연구들(alarmist studies)은 AI가 인간의 노동력을 대체함에 따라 대규모의 실업이 발생할 것으로 예측하고 있다. 반면에, 역사적인 증거는 노동자들을 기계로 대체하는 이전의 혁신의 물결이 궁극적으로 더 많은 일자리와 더 높은 수입을 창출했다는 것을 보여준다. 이번 AI의 경우 사정이 달라질 수 있는 이유가 있는지 검토한다. AI는 경제의 광범위한 분야에 걸쳐 생산성과 경제성장을 향상시킬 가능성이 있다. 이는 현재의 생산성 저하에 대해 환영할 만한 상승효과를 줄 수 있다는 의미다. 동시에, AI의 비독점적이고 범용적인 특성은 여러 부문에 걸친 변화를 가속화하고, 과거의 혁신 물결보다 더 큰 영향을 미쳐 노동시장에 보다 많은 문제를 일으킬 수 있다. 또한 AI의 분배적 영향과 이것이 기존의 지역의 소득격차를 악화시킬 수 있는 위험성에 주목한다.

9.1 AI가 일자리에 미치는 잠재적 영향

기술 변화가 고용에 미치는 영향에 대한 논의는 적어도 산업혁명의 시작으로 거슬러 올라간다. 당시 러다이트(기술혁신 반대자)들은 방직기를 공격했는데, 방직기들이 섬유산업에서 인간의 노동력을 대체했기 때문이었다. 그러나 오랜 역사적 증거를 보면, 기계가 인간 노동력을 쓸모없게 만들 것이라는 우리의 두려움은 줄어든다. 산업혁명 이후, 그리고 혁신 및 기계화의 많은 파도에도 불구하고, 인간의 고용과 수입은 줄어들지 않고 크게 증가했다. 그럼에도 불구하고, 모든 주요 새로운 발명품들에서 AI와 마찬가지로 이러한 두려움들이 다시 부각되고 있다.

우리는 이 시기가 다를 것이라고 추정할 만한 이유가 있는가, 아니면 역사적 증거를 토대로 지금까지 계속 위안을 얻어도 되는 것일까? 전통적인 경제이론은 노동자와 기계 사이의 대체효과의 크기를 중심으로 전개된다. 기계(컴퓨터의 AI 알고리즘 포함)는 인간의 노동력의 완벽한 대체물이 아니라는 점을 시사한다. 기계는 노동자를 대체할 수 있지만 노동자들 없이는 완벽해질 수 없다. 이들은 어느 정도 상호보완적이다.

노동자보다 생산성이 높고 저렴해 기계 수요가 증가하면 기계로 생산되는 재화가 저렴해지게 되어 기계 운전에 필요한 노동자를 유지해야할 수요도 증가하게 될 것이다. 더구나 기계는 인간의 남은 업무에 대해 노동자의 생산성과 임금이 높아지는 결과를 가져올 것이다. 이런 관점에서, 기술 향상은 노동 수요를 증가시킨다. 오랜 역사적 증거가 이를 뒷받침하는 것 같다.

그러나 최근에는 경제학자들이 새로운 시각에서 이를 보기 시작했다. 첫째, 최근의 증거에 따르면 선진산업경제에서는 고용이 증가하고 있지만, 자본 점유율이 급격히 증가하면 부가 가치(또는 경제가 창출한 총소득)의 노동점유율이 상대적으로 감소하고 있다(Karabarbounis and Neiman, 2013). **소득 불평등 증가의 증거는 최근의 기술진보가 노동시장에 미치는 영향에 대한 회의적인 견해가 더 많다는 것이다.** 그것은 이러한 관찰을 설명하기 위한 새로운 경제 모델을 찾는 계기가 되었다.

최근의 업무 기반의 고용모델(Acemoglu and Restrepo, 2016, 2017, 2018a, 2018b)은 이런 현상에 대해 보다 나은 설명을 해준다. 이 모델은 자동화의 주된 효과는 기계가 특정 업무에서 생산성이 더 높을 때 노동자를 기계로 대체한다는 관찰에서 출발한다. 이러한 대체효과는 필연적으로 해당 업무에 대한 부가가치 임금의 몫을 감소시키고 부가가치의 이익이나 자본의 몫을 증가시킨다. 그러나 기술혁신은 또한 이전에 존재하지 않았고 기계에 의해 수행될 수 없는 노동자들을 위한 새로운 업무의 창출이 될 수 있다. 이러한 복원효과는 인간의 고용을 증가시킬 수 있다. 대체와 복원효과의 조합은 노동자와 기계간에 업무를 재할당한다. 이와 같이 대체모델의 전통적인 효과 외에 대체와 복원이 추가된다.

전통적인 대체효과와의 결정적인 차이점은 후자가 노동자와 기계에 대한 수요를 변화시키지만 이러한 생산요소들을 특정 업무로 재할당하지 않는다는 것이다. 그림을 완성하기 위해서는 다른 효과들이 더해질 필요가 있다. 기계는 남은 업무에서 노동자의 생산성을 증가시켜 임금을 올리고/올리거나 또는 제품 가격을 낮출 수 있다. 제품 간 상대적 가격 변동은 각 부문의 제품 수요에 영향을 미치고 경제에서 제품 바스켓의 구성을 변화시킬 것이다.

미국 데이터에 기초한 최근의 경험적 증거(Acemoglu and Restrepo, 2018c)는 자동화의 노동시장효과에 대한 이 업무기반모델을 어느 정도 뒷받침한다. GDP에서 임금의 비율은 제조업에서는 크게 감소하고 있지만 서비스업에서는 그렇지 않다. 저자들은 전통적인 가격 중심 대체와 생산성 효과가 너무 약해서 이러한 하락을 설명할 수 없음을 보여준다. 감소의 주된 동인은 업무 내용의 변화였으며, 부문구성효과(sector composition effect)는 그 정도가 덜하였다. 이들은 대체 및 복원 효과 모두에서 업무내용효과를 분해시킨다. 적어도 미국에서는 기존 업무의 자동화로 인한 대체가 새로운 업무의 성장보다 컸다.

새로 창출된 일자리에 대한 증거는 일자리 통계상의 새로운 직업 명칭에 기초한다. 그러나 새 명칭이 새로운 업무를 나타내는 것인지, 아니면 기존 업무를 재포장한 것에 불과한 것인지는 분명치 않다. **세분화 수준마다 다를 수 있는 업무의 정의에 대해서는 의견이 일치되지 않는다.** 어떤 업무가 다른 관련 업무와 어떻게 구별되는지, 분야 특유 또는 분야 일반이 될 수 있는 기술이 업무수행능력에 어떤 영향을 미치는지, 특정 업무의 자동화/교체가 개별 직업의 구조에 어떤 영향을 미치는지는 명확하지 않다.

Gregory 외(2018)의 연구는 1999-2010년 기간 동안 비교 가능한 업무 기반 프레임워크를 적용한다. 이들은 고용을 크게 감소하는 대체효과의 존재를 확인하면서도 보완적 수요 및 파급효과가 이를 보상하는 것보다 더 많아서 기술의 순고용효과가 플러스라는 점을 발견한다. 그러나 이러한 사실은 기술적 진보가 제품 수요로 피드백 됨으로써 얻어지는 자본소득에 달려 있다. 임금소득만이 수요로 피드백 되면 전체 노동효과는 절반에 불과하다. 이는 소득재분배 정책의 중요성을 강조한다(9.3 참조).

미국과 EU의 연구가 다루는 역사적 시기는 AI가 자동화 기술로 등장하기 훨씬 이전으로 거슬러 올라간다는 것을 주목하라. 이처럼 이는 기술혁신이 고용에 미치는 영향에 관한 일반적인 견해만 제시하고 특정한 AI 관점을 제시하지 않는다.

경제학자들은 두 가지 방법으로 AI 기술 도입과 보다 밀접한 관련이 있는 최근의 실증적 증거를 찾기 위해 노력해 왔다. 첫 번째 방법은 전향적인 태도를 보이고 직업 자동화의 리스크를 예측하고자 하는 것이었다. 일부 경보주의 연구들은 예측 가능한 미래에 자동화될 위험성이 있는 인간 직업의 퍼센트에 대한 추정치를 내놨는데, 이는 거의 50%(Frey and Osborn, 2017)에서 13% 또는 9%(Arntz et al., 2016 ; Nedelkoska and Quintini, 2018)까지 다양하다[44]. 이들 연구의 주요문제는 아체모글루와 레스트레포(Acemoglu and Restrepo, 2018c)의 업무기반모델에서 설명했듯이 이들 연구가 대체효과에만 초점을 맞추고 AI가 가져올 수 있는 모든 플러스 고용효과를 무시한다는 점이다. 또 다른 문제는 업무 정의의 세분화 수준이 결과에 높은 변동성을 발생시킨다는 것이다. 숙련기술에 대한 직업적 혹은 하위직업적 수준의 접근은 너무 엉성해서 믿을 수 없다. 두 가지 문제 모두 일자리 대체효과의 과대평가와

44) 관련 연구 문헌에 대한 보다 포괄적인 개요 및 평가와 유럽의 직업 패턴 변화에 대한 경험적 조사에 대해서는 작업의 미래에 대한 JRC의 향후 보고서를 참조 바람.

지나치게 경보주의적 결과를 초래한다.

알고리즘을 트레이닝하기 위해 대량의 데이터를 이용할 수 있다는 전제 하에 창의적 · 사회적 상호작용 업무가 반드시 오늘날의 ML 알고리즘의 범위를 벗어나는 것은 아니지만, **업무에서 일상성의 정도는 이들 업무가 AI로 대체될 수 있는지를 평가하는 중요한 기준이 된다** (Brynjolfsson et al., 2018). 업무 자체보다는 특정한 사회적 맥락에서 업무를 수행하는 조직도 자동화의 장애물이 될 수 있다(Fernandez-Macias and Bisello, 2017).

두 번째 연구 방향은 산업용 로봇이 고용 및 임금에 미치는 영향에 초점을 맞추는 것이었다. 로봇은 기계적으로 구현된 형태의 AI로, 알고리즘보다 더 쉽게 관찰할 수 있고 측정할 수 있다. 그러나 AI 알고리즘이 비경합적이며 동시에 많은 업무에 사용될 수 있는 반면 로봇은 한 번에 하나의 업무에만 사용될 수 있는 경쟁제품이어서 AI로 대용하기에는 불완전한 수단이다. 사실, 업무기반모델이나 순수한 노동대체 연구는 AI의 비경합성의 함의를 고려하지 않는다. 또한 로봇은 서비스가 아닌 제조업, 특히 자동차 제조업에 주로 이용되고 있다. 이것은 증거에 표본선정편향을 초래한다. 미국의 몇몇 증거는 로봇이 고용 및 임금에 부정적인 영향을 미친다는 것을 암시한다. EU에서는 상반된 증거가 있는 데, 한 연구에서는 부정적인 영향을 시사하는 반면, 독일에 대한 두 번째 연구는 반대의 결론에 도달한다(Chiacchio et al., 2018; Dauth et al., 2018).

비록 문헌이 로봇화의 순고용효과에 결정적인 것은 아니지만, 주요한 재분배와 광범위한 구조적 변화를 나타내는 증거로는 충분하다. 이러한 변화의 속도 및 효율성은 또한 순고용효과에 영향을 미칠 수 있다. 예를 들어, 코리네크와 스티글리츠(Korinek and Stiglitz, 2017)의 연구에서는 과도기현상으로써 기술적 실업의 가능성을 논하고 있다. 이러한 사례는 글로벌화 학자들 사이에서 최근에 등장한 견해로부터 강력한 지지를 얻고 있는데, 이는 노동자의 재배치에는 마찰이 없는 것이 아니고, 거기에는 수년이 소요될 수 있으며, 내재된 비용은 노동자의 다년간의 소득 손실에 해당할 수 있다는 것이다(개요에 대해서는 Hornok and Koren, 2017 참조). AI로 인한 재분배도 비슷한 과제에 직면할 것이라고 예상하는 것이 합리적이다.

따라서 AI의 활용속도는 기대 생산성 향상뿐만 아니라 또한 내재적인 재분배과정에서도 중요하다. 그러나 이 속도를 예측하려는 시도는 광범위한 불확실성에 노출되어 있다(McKinsey Global Institute, 2018).

마지막으로 보다 철학적인 점은 고용이 단지 유료시장 근로만이 아님을 인식하는 것이다. 이는 또한 가정이나 지역사회에서의 근로를 포함하며, 고유의 가치를 가질 수 있다. 코리네크와 스티글리츠(Korinek and Stiglitz, 2017)의 연구에서 기술된 바와 같이, "일자리는 인간에게 수입뿐만 아니라 의미, 존엄성 및 성취와 같은 다른 정신적인 서비스도 제공한다". 잠재적 유급 일자리 상실에 대응하기 위해, 다른 성취감을 가져다주는 소일거리 방법을 장려하는 정책들이 필요할 수 있다(Stevenson, 2017).

9.2 AI가 성장에 미치는 잠재적 영향

우리는 염려하는 각도에서 AI의 고용효과, 즉 기계에 의해 노동자가 이동될 위험성을 보고 AI의 유망한 영향을 잊어버리는 경향이 있다. AI 기계는 인간의 노동력에 비해 생산성을 높일 수 있고, 따라서 모두에게 보다 많은 경제적 이득을 가져다 줄 수 있다. 이는 경제가 생산성 증가율 둔화로 어려움을 겪고 있는 현 시기에서는 매우 환영할 만한 것이다.

경제학자들은 성장방정식에서 인간 노동력, (AI)기계 및 혁신적인 아이디어를 생산요소로 보고 있다. 이러한 요소들은 판매되는 산출물을 생산하며, 그 가치는 노동력과 기계(또는 자본) 사이에서 공유된다. 성장경제학자들은 자본과 노동 간의 생산의 가치배분뿐만 아니라 그 생산의 성장률도 본다. 이들은 기존의 경제성장모델을 사용하여 두 가지 유형의 미래 AI 주도 시나리오를 시뮬레이션 한다.

첫 번째 유형의 시나리오는 재화와 서비스의 생산, 그리고 그 생산과정에서의 인간과 기계 간의 대체나 상호보완성에 초점을 맞춘다. 심지어 거의 모든 인간의 업무가 인공지능에 의해 수행되는 극단적인 시나리오라도 안심할 수 있다는 결과를 낳는다. 즉, 남아 있는 인간의 업무들은 매우 생산적이고 높은 보수를 받기 때문에 생산의 가치에서 노동의 몫은 높게 유지될 것이다. '마지막' 인간의 업무는 매우 높은 임금을 받을 것이다. 그 임금은 실업자들이 어느 정도의 소득을 보장받기 위해 실업자 사이에서 재분배되어야 할 것이다[45]. 산출 가치에

45) 경제성장이 꾸준한 속도로 계속되기 위한 재분배 규모는 실로 엄청나야겠지만, 기계에 의한 인간노동력의 (거의) 완전한 대체에 대해 충분히 보상할 만큼 엄청나야 할 것이다.

있어서 AI 기계(자본)의 점유율의 초기 증가는 성장을 둔화시킬 수 있지만, 그 시나리오에서는 경제성장이 일정한 속도로 계속될 것이다.

두 번째 유형의 시나리오는 지금까지 인간 노동의 고유한 속성이었던 혁신적인 아이디어의 생산에 대한 AI의 영향에 초점을 맞추고 있다. 새로운 아이디어의 발명은 일련의 업무를 가진 생산과정으로 볼 수 있으며, 그 중 일부는 자동화되어 AI에 의해 인수될 수 있다. 다시, AI가 새로운 아이디어의 생산을 위해 모든 업무를 떠맡는 극단적인 시나리오를 시뮬레이션할 수 있다. 이는 '특이점(singularity)[46]' 시나리오로 이어지며, 한정된 기간 동안 경제성장은 무한히 높게 될 것이다. 그러나 이러한 시나리오조차도 무한한 수의 기계 작업을 수행하기 위한 물리적 제약을 포함하여 제약조건에 부딪치게 될 것이다. 덜 극단적인 시나리오는 경제성장률의 수준이 단계적으로 상승하지만 폭발적으로 상승하지는 않는다는 것이다.

이러한 성장 시나리오는 다소 이론적이다. 경험적 증거로 볼 때, **이들은 고용 예측과 같은 문제에 부딪친다. 즉, 그 영향을 가늠할 데이터가 아직 없다는 것이다.** 게다가, 대규모 기계화의 이전 에피소드에 대한 이용할 수 있는 증거는 AI 혁명의 독특한 특징에 맞지 않을 수도 있다. 그럼에도 성장경제학자들은 다른 기술에서의 과거 혁신의 물결을 보거나 새로운 기술로서 AI의 경제적 성질을 조사함으로써 실증적 증거에서 '시간 개척(time frontier)'을 추진하려 하고 있다.

코크번 외(Cockburn et al., 2018)의 연구는 **AI가 광범위한 분야에 적합하고, 많은 분야와 산업에 걸쳐 급속히 확산되는 범용기술[47]이라는 예비적 증거를 발견한다.** AI는 생산성 및 성장 효과를 가속화시킬 수 있다. 이들 연구는 또한 AI가 이전 기술과 달리, 발명 프로세스 자체를 자동화하고 가속화할 수 있고, 따라서 혁신의 속도를 가속화할 수 있음을 발견한다. 이는 궁극적으로 생산성 증가의 가속화로 바뀔 것이다. 예를 들어, 아가왈 외(Agarwal et al., 2018)의 연구는 제약 및 화학 산업에서 AI를 사용하는 것이 어떻게 유용한 적용을 위해 새로운 분자의 발견 프로세스를 가속화하는지 보여준다. 이러한 '재결합 성장(recombinant growth)' 시나리오는 기존 기술이나 지식의 새로운 조합을 탐지하는 데 있어서 AI가 인간보다 어떻게 잘

46) 특이점(singularity)이란 자기 학습 및 자기 프로그래밍 기계가 인간지능을 추월하는 비약적인 개선의 소용돌이를 일으켜 재앙적인 결과를 초래한다는 시나리오를 말한다.

47) 범용기술이란 전기나 IT와 같이 사회에 중대한 변화를 가져올 수 있는 핵심기술을 말한다.

할 수 있는지를 보여준다.

다른 저자들은 이러한 낙관적인 예측을 실행하는데 걸리는 시간에 대해 주의를 기울인다. 브린졸프슨 외(Brynjolfsson et al., 2017)의 연구는 AI 투자의 빠른 성장과 생산성 이익의 느린 증가가 결합하는 경우에 솔로우(Solow)의 '생산성 역설(productivity paradox)'이 AI에도 적용된다고 주장한다. **AI가 생산성에 미치는 전체 효과의 실현은 보완적 혁신, 조직의 변화와 새로운 인적 노동력의 숙련기술의 개발을 요구하기 때문에 수년이 걸릴 수 있다.** 브린졸프슨 외(Brynjolfsson et al., 2018)의 연구는 AI와 같은 범용기술의 활용이 J커브효과를 따른다는 몇 가지 증거를 찾아낸다. 조직 개편과 재훈련에 대한 막대한 무형 투자가 후년에야 반등하는 성장을 끌어내리기 때문에 초기 영향은 부정적일 수 있다. 역사적 증거는 이전의 범용기술들도 비슷한 패턴을 따랐다는 것을 시사한다. AI가 범용기술이라는 사실이 이번에는 사정이 달라지길 기대하는 이유가 되지 않을 것이다.

또한 AI는 제품이나 아이디어의 생산에 직접적인 영향을 미치는 것 외에도 **기업행태와 시장경쟁을 변화시킴으로써 성장에 영향을 미칠 수 있다.** 기존의 선도적인 제품이나 기술이 AI에서의 경쟁자들에 의해 쉽게 모방된다면, 이는 잠재적 혁신자들을 좌절시키거나, 모방자들에 의한 치열한 경쟁에서 벗어나기 위해 기술 개척자 기업들의 더 많은 혁신을 이끌 수 있다. 어쨌든, 보다 쉬운 모방은 AI 집약적인 생산 부문들이 상대적으로 짧은 시간 안에 정체될 수 있음을 의미한다. 방대한 양의 데이터를 처리하는 AI 주도 플랫폼은 특히 규모의 경제, 지역 외부효과 또는 임대료가 있는 경우 경쟁에 악영향을 미치고 지배적인 플랫폼의 출현으로 이어질 수 있다. 알고리즘 담합은 일부 시장의 경쟁을 왜곡할 수 있다. 이러한 독점 상황, 또는 과점상황은 무역 및 정부 규제 때문에 적지 않은 의미로 플랫폼이 수집한 데이터 액세스를 제한할 수 있으며(Goldfarb and Trefler, 2017), 독점금지 고려사항이 될 수 있다(Giles, 2018).

> **"AI가 생산성에 미치는 완전한 효과를 실현하려면** 많은 시간이 걸릴 수 있다."

AI는 또한 몇 가지 차원에서 기업조직에 영향을 미칠 수 있다. 첫째, 표준성장모델에서 고정된 것으로 간주되는 서로 다른 기술을 가진 노동자 사이의 상호보완성/대체가능성의 정도를 내생적으로 변화시킬 수 있다. AI는 일부 저숙련 업무의 아웃소싱을 촉진함으로써 아웃소싱할 수 없는 고숙련 업무로 기업 내에 머물고 있는 이들의 보완성을 동시에 강화할 것이다. 마찬가지로, AI가 정보의 비대칭을 줄이고 모니터링을 용이하게 한다면, 이는 권력의 하부위임과 더 많은 권한 분산을 촉진할 수 있다. AI 집약적인 부문의 최종 결과는 더 크고 더 수평적으로 통합된 기업이 될 것이며, 더 많은 수익 센터가 점점 더 많은 업무를 독립 자영업자들에게 아웃소싱 할 것이다(Aghion et al., 2017).

마지막으로, IT혁명에서 일어난 것과 유사하게, **AI의 지식 확산 효과가 첨단기술 분야에 불균형적인 혜택을 줄 수 있다**(Baslandze, 2016).

9.3 AI가 불평등에 미치는 잠재적 영향

대다수의 문헌은 AI가 소득분배에 미치는 부정적 영향을 예측하고 있다. 가장 널리 토론되고 논쟁되는 측면은 노동소득 불평등의 증가다. 증거는 노동시장의 양극화가 이것에 중요한 역할을 한다는 것을 암시한다. 우리는 '중숙련(mid-skill)' 범주에 해당하는 업무에서 AI가 인간을 대체하는 경향이 있는 반면, AI가 쉽게 수행하지 않는 업무는 숙련기술 스펙트럼의 반대쪽 끝에서 발견되는 경향이 있기 때문에 노동시장의 양극화를 관찰한다(Autor et al., 2003). 아체모글루 및 아우토(Acemoglu and Autor, 2011)의 연구와 아우토 및 살로몬즈(Autor and Salomons, 2017)의 연구는 일자리 양극화가 어떻게 임금 양극화 또는 심지어 근로조건의 양극화로 해석되는지에 대한 미국의 시사적인 증거를 보여준다.

유럽에서도 노동시장의 양극화가 임금격차의 확대로 이어진다는 증거가 있다. 구스 외(Goos et al., 2014)의 연구는 기술 향상으로 인해 고임금 고숙련 및 저임금 저숙련 일자리에 대한 수요가 증가한 반면, 중소득 일자리에 대한 수요는 감소하여 기술진보가 소득 불평등으로 이어질 수 있다는 가설을 뒷받침하고 있다고 본다. 그러나 EU 회원국 간의 노동시장 양극화 경향은 상당히 다르다(Goos et al., 2014; Darvas and Wolff, 2016). 이는 국가별 제도 및 정책으로 설명할 수 있다(Fernández-Macías, 2012; Fernández-Macías and Hurley, 2016).

Box 7. AI가 근로환경에 미치는 영향

실제 업무과정에서의 AI 이용은 여전히 매우 제한적이기 때문에 AI가 노동환경에 미치는 영향에 대한 확실한 증거는 아직 거의 없다. 유럽 제조업(AI를 집중적으로 활용하는 첨단 로봇공학 및 사물인터넷을 포함)의 5대 신흥기술의 정성적 분석에 기초한 최근의 유로파운드(Eurofound) 보고서에서는 특히 노동자의 자율성, 프라이버시 및 통제의 정도에 대해 이런 의미에서 어느 정도 우려가 있다고 결론 내린다(Eurofound 2018). 모든 물체가 연결된 센서를 장착하고 노동자가 첨단로봇과 협업하는 디지털 공장은 인간 작업자가 영구적으로 감시당하고 통제된다고 느끼는 디지털 파놉티콘이 쉽게 이루어질 수 있다. **모든 물체가 감시장치라면 일터에서는 어떠한 프라이버시도 보장받기가 어려워 보인다.** 그리고 알고리즘과 빅데이터 분석을 통한 관리는 노동 프로세스의 효율성을 크게 향상시킬 수 있지만, 반대로 업무의 일상화, 노동 강화 및 자율성의 질식을 낳을 수 있다. 다른 한편으로, **일터에서의 첨단 로봇, 연결된 기기 및 빅데이터의 도입은** 위험한 업무를 감소시킬 수 있는 것은 물론 **반복적이고 일상적인 업무를 감축하는 것에 기여할 수 있다.** AI가 설정된 일터에서는 보다 숙련된 노동자가 덜 반복적인 노동을 함에 따라 보다 안전해질 가능성이 클 것이다.

OECD(2018)의 보고서는 지역적이며 국가 내에서 일어나는 서로 다른 유형의 양극화를 보여준다. 예를 들어, 자동화 위험성이 높은 일자리의 비율은 스페인의 지역 간에는 12% 까지 차이가 나지만 캐나다의 지역 간에는 1%에 불과하다. 기술 진보에 의해 더욱 부정적인 영향을 받을 것으로 예상되는 지역들이 또한 낮은 생산성 증가와 높은 실업률을 보이기 때문에 국가 내 발전격차(developmental divide)를 영구화하는 경향이 있다.

고임금 직종과 저임금 직종에 대한 노동 수요의 유사한 긍정적인 추세에도 불구하고, 각 일자리의 품질에서 추세가 나뉜다. 한편으로, 기술 진보는 AI를 보완하는 숙련기술을 필요로 하는 고임금 일자리의 임금 인상으로 이어진다(Deming, 2017). 이와 대조적으로, 기술 진보가 임금 분배의 하위 끝부분에서 합리적인 생활수준을 지지하지 못하는 수준까지 더 낮게 임금의 감소를 초래한다(Autor and Salomons, 2017). 경제 디지털화의 수반과 플랫폼의 등장으로 인해 사회보장 대상자의 부재와 함께 계절적 일자리나 당직근무와 같이 제한된 기간으로 특징되는 불안정한 형태의 자영업이 증가하게 된다(OECD, 2018). **이 역시 불평등을 더욱**

심화시키는 원인이 된다.

앞 절에서 논의된 바와 같이, 노동자들이 새로운 일자리로 옮길 수 있는 것보다 더 빠른 속도로 AI가 노동자들을 중복시킬 경우 노동시장에서의 AI 채택 속도는 과도한 실업의 원인이 될 수 있다(Korinek and Stiglitz, 2017). **서로 다른 지역 및 분야 별로 AI 채택속도에서의 차이는 물론, 직종 변화에 적응하는 능력 및 속도에서의 노동자간의 차이도 불평등을 더욱 심화시킬 수 있다.** 예를 들어, 과거 자료에 따르면 저숙련 노동자들은 갑작스런 노동시장의 구조변화에 적응하고 새로운 부문과 직업으로 전환하는 데 있어 고숙련 노동자들보다 느리다고 시사한다. 이로 인해 저숙련 노동자들의 과도적 실업기간이 길어진다(Goolsbee, 2018). 글로벌화의 맥락에서도 마찬가지이다. 즉, 딕스 카네이로(Dix-Carneiro, 2014)의 연구는 여성, 교육수준이 낮고 보다 연령이 높은 노동자들이 재분배 비용이 상당히 높음을 보여준다.

독일의 제조업 분야에 대한 로봇의 영향에서 나온 새로운 증거는 노동자들의 많은 부분이 회사 내에서 그리고 직업 전반에서 전환을 관리하는 것처럼 과도기적인 실업 효과가 그리 강하지 않을 수도 있음을 암시한다. 그러나 이러한 고용 안정은 근로자들을 조정하기 위한 임금의 감소에 따른 비용이다(Dauth et al., 2018).

이렇게 중대한 재분배는 쉽게 불공정한 느낌을 불러일으킬 수 있다. 로드릭(Rodrik, 2018)의 연구는 지금까지 이것이 주로 글로벌화와 관련이 있다고 주장한다. 그럼에도 불구하고, 이러한 정서는 장래에 자동화 및 디지털 기술에 관해서도 환기되어, 기술 진보, 특히 AI에 대한 정치적 반발로 이어질 수 있다.

일자리 양극화는 주로 노동소득의 분산에 영향을 미친다. 그러나 전체 소득분배(따라서 불평등)가 변화할 수 있는 부가적인 채널이 있다. 첫째, AI는 인적 노동에 비해 자본소득의 비중을 높인다(Korinek and Stiglitz, 2017; Sachs, 2017). AI 산업의 높은 집중도와 함께, 자본소득과 총소득의 불평등 증가로 이어질 수도 있다. 둘째, AI가 창출한 잉여의 부가 국가들 간에 불균등하게 분배될 가능성이 크다. 경쟁에서 이긴 국가들은 소득수준이 높고, 국내 재분배 정책의 여지가 늘어난다(Lee, 2017). 셋째, 시간이 흐름에 따라 AI는 건강과 숙련기술을 향상시킬 수 있고, 이는 인간 증강(human enhancement)의 형태로 이어질 수 있다. 정책에 의해 제한되지 않는다면, 숙련기술과 건강을 '구매(purchase)'하는 능력은 기존의 불평등을 더욱 확대시킬 것이다(Harari, 2015; Korinek and Stiglitz, 2017).

Box 8. AI와 디지털 노동 플랫폼

디지털 노동 플랫폼은 노동 서비스 거래를 알고리즘 방식으로 조정하는 디지털 네트워크로 정의할 수 있다(Pesole et al., 2018; Gomez et al., 2017). 디지털 노동 플랫폼은 여전히 고용 측면에서 한계가 있지만, 전통적인 형태의 업무에서 근본적으로 이탈한 것을 나타내므로 기존의 범주 또는 규정에는 잘 들어맞지 않는다. 지리 위치, 빅데이터 분석 및 알고리즘 관리와 같은 디지털 기술을 사용하는 것은 디지털 노동 플랫폼이 조율하고 있는 거래에 대해 조정과 관리의 양 기능을 수행하면서 시장과 기업 사이의 전통적인 경계를 깨뜨릴 수 있게 해준다. 디지털 노동 플랫폼은 또한 노동의 성격에 있어서 근본적인 변화를 시사한다. 왜냐하면, 이들의 조정 효율성은 전통적인 업무의 묶음들을 일자리와 직업으로 해체시켜, 작은 개별업무에서 노동서비스의 직접적인 제공을 용이하게 해주기 때문이다(Fernández-Macías, 2018).

디지털 노동 플랫폼에서 AI의 역할은 무엇인가? 디지털 노동 플랫폼은 빅데이터 분석과 복잡한 알고리즘 규칙에 의존하기 때문에 이미 AI 기술을 집중적으로 사용하고 있다. 그러나 첨단 AI 기술이 디지털 노동 플랫폼의 조정 효율성을 계속 확대시킬 가능성은 매우 크며, 그 계속적인 발전을 위해 매우 중요하게 될 것이다.

디지털 노동 플랫폼은 기존의 노동투입의 직접적인 대체나 확대를 넘어서는 고용에 AI가 미치는 잠재적 영향을 설명한다. AI를 노동의 관리 및 조정에 사용하는 것은 노동의 조직을 크게 바꾸고, 고용계약의 성격을 바꾸며, 분업 및 업무전문화를 더욱 발전시킬 수 있는 잠재력을 가지게 한다.

기술 진보가 평등에 미치는 부정적 영향에 대응하기 위한 정책조치가 필요하다는 데 일반적으로 동의한다. 교육비 지출을 늘림으로써 전반적인 기술수준을 높이는 고임금 일자리에 대한 접근성을 높이는 것 외에도, 정책은 합리적인 생활수준을 더 보장해야 한다. 문헌에서는 이 목표를 달성하기 위한 몇 가지 유형의 정책, 즉 보편적 기본소득이나 고용보장(Furman and Seamans, 2018), '승자'로부터 '패자'로의 재분배를 목표로 하는 정책, 인적 노동에 대한 과세를 자본에 대한 과세로 전환하는 정책(Korinek and Stiglitz, 2017) 등이 논의되고 있다. 어떠한 경우에도 기술진보의 영향에 대한 국가 내 지역적 차이는 지방 사무소가 목표정책 설계에서 도울 수 있는 지방의 필요에 따라 정책을 조정할 수 있어야 함을 시사한다. 이런 정책은 비효율성(공평-효율성 이율배반)을 초래해 분배될 파이의 크기를 줄일 수 있음을 유의해야 한다. 이러한 정책의 효과성을 평가하기 위해서는 보다 실증적인 분석이 필요하다.

평등에 대한 기술진보의 부정적인 전망에도 불구하고, AI의 독특한 특징에서 약간의 이득이 있을 수 있다. AI는 범용기술로서 평등을 높일 수 있는 효과를 낳을 수 있다. 예를 들어, 아체모글루와 레스트레포(Acemoglu and Restrepo, 2016)의 연구에 따르면, AI는 단기간에 고숙련기술을 가진 노동자들이 수행할 수 있는 새로운 업무를 창출할 수 있다. 그러나 장기적으로는 이들 업무가 표준화되면서 저숙련 노동자도 혜택을 볼 수 있다. 게다가 AI는 노동시장 양극화의 나선형을 교란시킬 가능성을 보이고 있다. AI는 변호사들을 위한 소송자료의 분류나 의료영상 판독과 같이 이전에는 기술력을 넘어서는 고숙련 업무를 수행할 수 있다. 창조적 · 사회적 업무조차 AI 능력의 영역 밖에 있지 않다(Brynjolfsson and Mitchell, 2017). 결국 AI는 탈양극화 효과를 낼 수도 있다.

9.4 요약 및 결론

지금까지 이론 및 실증 경제학 연구문헌은 AI의 성장, 고용 및 임금 효과에 대해서 애매하다. 기계가 인간의 노동력을 대체만 한다면 부정적일 수 있지만, 기계가 대신 인간의 노동력을 보완하고 전반적인 생산성을 높인다면 긍정적일 수 있다. 실증적 연구는 AI가 등장하기 훨씬 전으로 거슬러 올라가는 역사적 자료를 사용한다. 이러한 연구는 기술적인 변화에 대해 일반적으로는 말해줄 수 있지만, AI에 대해서는 구체적으로 말해 줄 수 있는 게 거의 없다. 최근 미국의 한 연구는 기술이 일자리 및 임금에 부정적인 영향을 미친다는 것을 발견했다. EU의 한 연구에서는 또한 자본이득이 전반적인 수요로 피드백 되기 때문에 긍정적인 효과를 낸다는 것을 발견한다. (비경합적) AI 투자의 (경합적) 대안으로 로봇공학 데이터를 활용하는 연구는 AI의 영향에 대한 결정적인 증거를 만들어내지 못한다. 일부 전향적 연구는 AI 주도형 자동화라는 리스크가 높은 일자리의 숫자를 추산한다. 그러한 연구는 대체만을 보고 상호보완성을 생략하기 때문에 지나치게 경각심을 불러일으키는 결과를 낳는다.

고용효과에만 초점을 맞추는 것은 모두에게 혜택을 줄 수 있는 경제성장을 위한 AI의 가능성을 무시한다. 범용기술로서의 AI는 산업계 전반으로 급속히 확산돼 강력한 플러스 성장효과를 낼 수 있다. ML이 데이터로부터 새로운 통찰력을 창출하는 범위에서, 새로운 아이디어의 생산 자동화와 혁신 그 자체에 기여할 수 있다. ML 애플리케이션의 급속한 성장이 생산성 증가 통계에 아직 반영되지 않은 것처럼 보이기 때문에 '생산성 역설(productivity paradox)'이 더욱 분명해진다.

AI의 거시경제적 성과는 기업행태에 의해 형성될 가능성이 있다. 이 점에서, 시장구조, 조직 및 영역 재분배 문제는 특히 관련이 있는 것 같다. 전반적인 관점에서, 정확하게 이들 분야에서 다음 목적을 위하여 정책개입이 필요할 수 있다. 즉, i) 혁신을 유발하는 시장의 경쟁적 입장을 보장하기 위하여, ii) 데이터 처리에서의 규모의 경제가 과도한 시장 집중을 초래하고, 일반적으로 다른 경쟁적 이점이 국가 규제의 차이에서 기인함을 회피하기 위하여, 그리고 iii) 영역 재분배가 예를 들어 고용시장의 전환 등 제한된 사회적 비용으로 이루어짐을 보장하기 위하여.

AI는 많은 채널을 통한 소득분배에 불리하게 영향을 미칠 수 있다. 가장 많이 논의되는 것은 일자리 양극화, AI 채택에서의 지역적 차이, 또는 노동시장의 구조적 변화에 대한 적응속도에서의 지역별, 부문별 또는 개인별 차이이다. 예비적인 실증적 증거는 이러한 우려를 확인하는 것 같다. 또한 묵시적인 노동력 재분배과정에서 잠재적 비효율성에 대한 강력한 사례가 있는데, 이는 특정 집단에 불균형적으로 해를 끼칠 가능성이 있다. 기술진보가 평등에 미치는 부정적 영향에 대응하기 위한 정책적 조치가 필요하다는 데 일반적으로 동의한다. 기술진보에 있어 국가 내에서의 강한 차이는 정책도 지방적 수요에 따라 조정 가능해야 함을 시사한다.

> "**범용 기술로서의 AI는 여러 산업 분야에 빠르게 확산되어** 강력한 긍정적 성장효과를 가져올 수 있다."

정책이 자동화의 잠재적 부작용을 완화하는데 효과적일지 여부는 실증적인 문제이다. **범용기술로서의 AI의 성격은 AI가 평등에 미치는 영향이 모두 부정적이지만은 않을 것이라는 희망의 여지를 제공한다.** AI가 저숙련 노동자의 새로운 업무 창출을 촉진하고, 고숙련 업무를 수행할 능력을 확충한다면 긍정적일 수 있다.

이러한 불확실성을 감안할 때, AI 배치의 잠재적 영향을 지역 및 하위지역 수준에서 또한 탐지하고 적절한 개입을 신속하게 실시하기 위한 강력한 감시체계가 필요하다. 복원력에 관한 제13장에서 이 중요한 과제로 되돌아간다.

제10장 사이버 보안의 관점

요약

이 장에서는 AI의 출현이 사이버 보안에 가져온 변혁 및 영향, 그리고 반대로 AI 알고리즘 자체의 보안 우려로 인해 어떤 영향을 받는지에 대해 고찰한다. 사이버 보안에서는 AI의 근본적 이중성을 인식하는 것이 중요하다. AI는 인간 운영자, 전문가 및 조사자들에게 힘을 실어줄 것이고 사이버 보안에 이익을 가져다 줄 것이다. 그러나 시스템과 네트워크를 공격하려는 자들은 똑같이 AI를 이용하여 보다 신속하고 스마트하게 사이버 공격을 수행할 것으로 예상된다.

게다가 ML기술에 기초한 AI 시스템은 흔히 악의적인 공격에 대항할 만큼 견고하지 못한 경우가 많아, 다양하고 새로우면서 잘 이해되지 않는 취약점이 발생한다. 이는 ML기술을 사용하는 시스템의 보안에 위험을 초래할 수 있다. 이러한 모든 전개상황을 문맥상 검토하기 위해, 최근 사이버 보안에서의 다양한 AI 애플리케이션을 기술하고, AI 시스템의 특정 취약점 및 관련 공격을 개략적으로 설명하며, AI의 견고성을 증가시키는 방법들을 제시하고, 설계에 의한 보안 및 안전 원칙들(security and safety by design principles)을 소개한다.

10.1 배경 : AI와 사이버 보안

사이버 보안은 사이버-물리적[48] 시스템의 보안을 포함한 디지털 정보, 시스템 및 서비스의 보안과 폭넓게 관련된 분야이다. 복원력, 악의적인 행위자 또는 사이버범죄에 대한 억제력과

48) 사이버-물리적 시스템이라는 용어는 종종 디지털 네트워크를 통해 상호 연결되는 물리적 객체를 말하며, 소프트웨어 알고리즘에 의해 부분적으로 제어되며 물리적 세계(예: 자율주행차)와 상호 작용할 수 있다.

방위와 같은 개념을 포괄한다(복원력에 대한 사회적 관점은 제13장 참조). 사이버 보안의 기술적 · 정책적 차원을 기술하는 최근의 공동 커뮤니케이션에서 EU는 유럽사회에서 사이버 보안의 중요성이 새롭게 부상하고 있음을 인식하였다(EC, 2017b).

> AI는 사이버 보안과 범죄와의 싸움에 이익을 가져다줄 뿐만 아니라 현장에서 새로운 도전을 가져올 것이다.

전통적으로 이러한 시스템을 통상 '인공지능'으로 부르지는 않았지만, 사이버 보안에서 부분적으로 자율적인 알고리즘의 적용이 완전히 새로운 것만은 아니다. 정보 시스템 및 서비스를 보호하기 위해 자율적으로 기능하고 지능적인 결정을 내릴 수 있는 사이버 보안 제어는 꽤 오랫동안 존재해 왔다. 사이버 보안 제어는 예를 들어 특정 네트워크 통신을 허용할지, 스팸 메시지를 자율적으로 필터링할지, 이전에 보이지 않았던 사이버 공격의 식별과 같은 새로운 환경에 적응할지 여부를 결정하는 스마트 보안 애플리케이션의 발전과 함께 여러 해 전부터 역할을 수행하기 시작했다.

그 후, 컴퓨터 비전, NLP 및 자율적 의사결정에서 괄목할만한 성공을 거둔 ML, 심화학습 및 강화학습의 발달로 사이버 보안 분야는 급속한 변혁을 겪었다(예컨대, Goodfellow et al., 2016; Brundage et al., 2018; Osoba et al., 2017; Mission Villani, 2018 참조). 이러한 변혁은 계속될 것이고 향후 한층 더 사이버 보안의 중요성이 증폭될 가능성이 있다.

향후 몇 년 동안 우리가 기대할 수 있는 주요 발전 라인은 다음과 같다.

- 시스템 및 서비스의 복원력을 높이는 기능(최근 발전에 대한 보다 자세한 내용은 10.2 참조)은 물론 예를 들어 범죄자의 기소에서 법집행을 보조하는 것과 같이 범죄 억지에서 지원하는 수사 도구 및 기능을 포함하여 사이버 보안이 최근까지 불가능했던 작업을 수행할 수 있도록 하는 ***새로운 기능들***

- AI가 광범위한 디지털 제품 및 애플리케이션, 그리고 사이버 보안 자체의 제어에 통합되는 것은 악의적인 행위자에 의해 악용될 수 있는 새로운, 특히 ***개념적으로 다르고 아직 완전히 파악되지 않은*** 취약성이 도입될 수 있다(개요에 대해서는 10.4 참조).

이러한 취약성은, AI 시스템에 대한 데이터의 중요성에 비추어, 데이터 보호의 중요성도 또한 높아진다.

- 사이버 공격과 악의적인 이용을 강화하기 위한 AI 시스템의 남용 가능성으로 인한 민간 및 공공 안보의 과제. 중요한 예로는 사이버 공격의 증가 및 확대, 특정 행위자에게 공격을 귀속시키는 것의 보다 큰 어려움, 자율적인 사회공학, 소셜 미디어 및 선전 조작을 통한 인간 취약성의 표적화, 뉴스나 보도에서 믿을 수 있는 가짜 콘텐츠의 제작, 자율자동차와 같은 사이버 물리적 시스템에 대한 공격, 또는 자율적인 무기 시스템의 개발이 포함된다(예컨대, Brundage 2018 참조).

10.2 사이버 보안에서 AI의 적용

사이버 보안에 적용된 AI 시스템의 초기 사례로는 종래 미지의 사이버 공격을 식별하기 위한 네트워크 침입탐지시스템(Paxon, 1998)과 새로운 악성 프로그램 탐지를 위한 바이러스 대책 접근방식(Sanok, 2005) 등이 있다. 2000년대 초 ML의 실질적인 사용이 폭발적으로 증가함에 따라 사이버 보안 영역에는 보다 큰 유형의 이익이 발생하였다. 가장 두드러진 예는 아마도 스팸 및 악의적인 메시지를 자동으로 탐지하고 필터링하는 최초의 강력한 적응 시스템이었다(제2장의 Box 1 참조).

운용 제어에서 현재 사용되고 있는 대부분의 AI 기반 방법은 테스트가 잘 된 알고리즘과 전문가 체계를 사용하여 ML 접근법에 기초하고 있으며, 일반적으로 전통적인 사이버 보안 아키텍처에 내장되어 있다(최근의 사례로서 IEEE 2017 참조). 이들은 주로 지도학습(supervised learning) 방법, 즉 이용 가능한 라벨 데이터를 예시로 사용하여 모델을 진화시키는 AI시스템이다. 전형적으로, 이들은 메시지, 디지털 이벤트 또는 컴퓨터 코드를 허용 가능한 클래스 또는 허용 불가능한 클래스로 분류하고 있다. 이러한 AI 기반 제어는 대부분 새로운 표본에 대한 재교육을 통해 제한된 형태로 적응을 할 수 있다.

최근 DL의 성공으로 우리는 신경망 및 DL에 기초한 다수의 AI 방법들이 연구로부터 실행 가능한 사이버 보안 애플리케이션으로 점차 이동하고 있는 것을 볼 수 있다. 이들은 예컨대 악성 프로그램 및 컴퓨터 네트워크 분석, 메시지 필터링 또는 인적 보안 운영자 지원에서 이상 징후를 탐지하기 위하여 점점 더 정확한 사이버 보안 학습시스템을 고안하기 위해 심층 신경망 아키텍처와 빅데이터를 사용한다(예컨대, Crawford et al., 2015; Radford 2018; Meidan 2018). 어느 모로 보나 이러한 경향은 계속될 것이지만, AI가 지원하는 사이버 공격의 확산과도 병행하게 될 것이다(Brundage, 2018).

10.3 범죄에 대한 억지력 및 싸움

최근의 발전은 사이버 보안 시스템의 복원력을 강화하고, 리스크를 줄이며, 스레드와 악의적인 의도를 안정적으로 견딜 수 있는 성능을 향상시킨다. 또 다른 요소는 사이버 보안 시스템에서 AI에 대한 연구가 사이버 억지 성능을 개발하는 데 중요한 역할을 한다는 것이다. 첫째로, AI 시스템은 사이버 범죄자들에 의해 이용되고 있고, 앞으로 점점 더 많이 이용될 것이며(예컨대, Brundage et al., 2018), 따라서 AI 시스템의 성능과 약점에 대한 연구(10.4 참조)는 이러한 악의적인 AI 이용에 대한 방어에서 중요한 역할을 하게 될 것이다. 둘째로, 법집행기관은 수사능력을 강화하고 법정에서 디지털 증거 형성을 강화하기 위해 AI 시스템의 적극적인 사용에 점점 더 관여할 것이다. 대부분의 개발은 세 가지 주요 운영목표, 즉, 범죄의 국지화, 피해자 및 가해자의 신원확인, 범죄의 내용 확정을 위해 새로운 도구의 강화를 목표로 한다.

가장 일반적인 사례는 디지털 포렌식과 수사 목적을 위한 생체인식시스템의 사용에서 찾을 수 있다. 폭넓은 디지털 포렌식 분야는 컴퓨터 및 하드 드라이브 포렌식에서부터 대형 데이터베이스에서의 사기 탐지에 이르기까지 매우 다양한 애플리케이션을 포함한다. 온라인 서비스 및 디지털 기기의 보급으로 인해 범죄 활동의 기소와 관련된 디지털 컨텐츠가 급증하였다. 이런 맥락에서 AI 시스템은, 예를 들어 영상, 오디오 및 텍스트 분석이나, 명령되지 않은 데이터 볼륨의 비지도 분석(unsupervised analysis)을 위해서, 사이버 의존적, 사이버 가능 범죄의 수사에서뿐만 아니라, 디지털 콘텐츠가 수사에서 중요한 역할을 할 수 있는 전통적인 형태의 범죄에서도, 법집행을 지원할 수 있는 가능성을 가지고 있다.

10.4 악의적 행위에 대한 AI 알고리즘의 견고성

사이버 보안에 이용되는 AI 시스템이 증가하고, 더불어 발전되고 있지만 새로운 형태의 공격을 위한 창구를 여는 새로운 취약성도 발견되고 있다. 이러한 이유로, 이들 AI 시스템은 현재 더 많은 정밀 조사를 받고 있다.

고전적인 소프트웨어 개발에서는 개발자가 컴퓨터 언어를 사용해 특정 알고리즘을 구현하는 프로그램을 만든다. 이는 안전한 설계원칙을 사용할 수 있고, 취약점이 발생할 가능성이 있는 곳을 명확하게 파악할 수 있으며, 효과적인 보안통제를 실시할 수 있는 직선적인 개발프로세스를 구성한다. 이와는 대조적으로, AI 시스템은 특히 ML 아키텍처에 기반하는 경우에 기본적으로 더 복잡하다. 이들은 인간이 설계한 알고리즘과 인간(또는 심지어 AI)이 조립한 데이터 집합 사이의 가능한 비선형 피드백 루프(feedback loop) 시스템으로 구성된다. 더불어 이들은 실제의 'AI' 역할을 하며, 기본적으로 새로운 알고리즘인 학습모델을 구성한다. 그래서 이러한 AI 모델은 프로그램에 내장되며, 종종 다른 코드나 소프트웨어와 결합되며 다양한 프로그래밍 도구들로서 구현될 수 있다. 이러한 상황은 그림 12에서 묘사되어 있다.

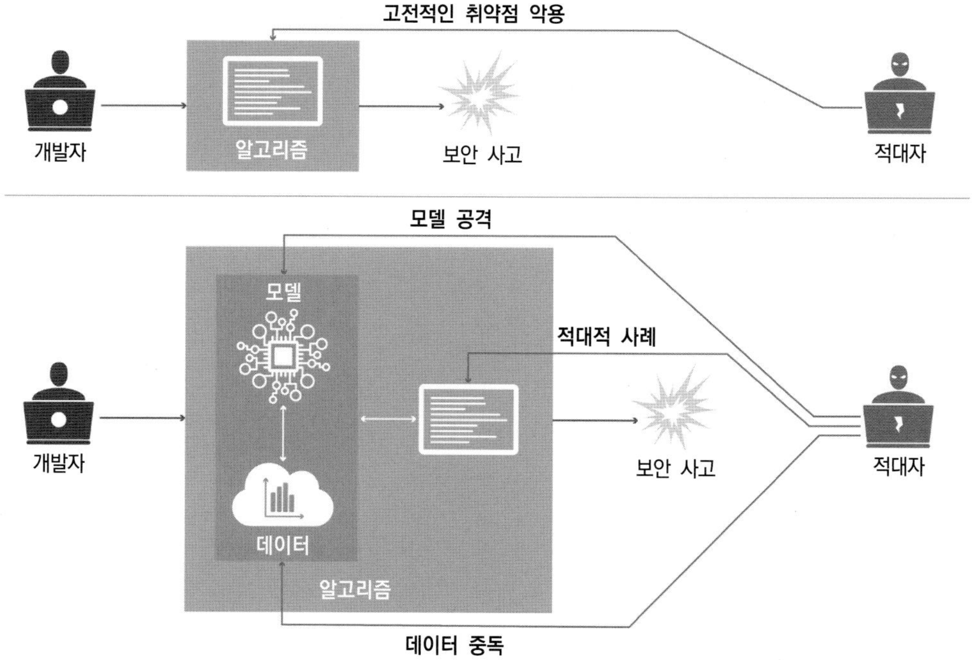

그림 12. AI 구성요소 도입 후 시스템 사이버 보안의 패러다임 전환

이러한 복잡한 시스템의 취약성 또는 설계상의 결함은 고전적인 시스템에서와는 매우 다른 성격을 가질 것이다. 시스템에 대한 공격이나 취약성을 이용한 공격과 같이 이벤트와 그 원인을 추적하는 것은 훨씬 더 복잡한 형상이 되고, 부담이 큰 과제가 된다(그림 12 참조). 더구나, 일단 AI 시스템이 고전적인 시스템의 일부에 내장되고 다양한 종류의 구형과 신형의 취약성이 서로 결합되면, 완전히 새로운 장애물에 직면하게 될 수도 있다. 그림 12에서 표시된 복잡성 문제들을 볼 수 있는 다른 각도는 알고리즘 설명 가능성 또는 해석 가능성이다. 주어진 알고리즘의 결과가 어느 정도까지 인간이 여전히 이해할 수 있거나 독특하게 설명될 수 있는가(예컨대, 많은 ML 모델에 채택된 비선형 함수로 인해)?

설명 가능성은 기본연구의 핵심영역이다. 왜냐하면 우리는 AI 시스템의 성능을 증가시켜서 지식을 추상화하여 전달하고, 사이버 보안의 관점에서 AI 시스템의 견고성을 이해하며, 가능한 편견(bias)을 평가하고, 중요하게도 사회에 대한 신뢰를 구축하고 유지하기 위해 설명가능하며 해석가능한 모델이 필요하기 때문이다(AI의 맥락에서 공정성과 책임성에 관한 논의에 대해서는 제2장 및 제6장 참조).

신흥 AI 안전 및 적대적 ML 분야는 이러한 새로운 과제에 적극적으로 관심을 기울이고 있다. 전자는 처음부터 안전한 AI 시스템 설계에 관련된 연구부문을 말한다(예컨대, Amodei, 2016 참조). 후자는 ML을 채용하고 있는 가장 널리 보급된 AI 시스템이 나타내는 새로운 유형의 취약성에 관한 것이다(예컨대, Huang et al., 2011; Szegedy et al., 2013 참조). AI 시스템 특유의 대표적인 취약성은 다음과 같다(예컨대, Biggio et al., 2012; Szegedy et al., 2013; Huang et al., 2017 참조).

- ***데이터 중독(Data poisoning)***, 즉, 모델 트레이닝에서의 허위 데이터의 고의적 도입은 특히 온라인 재학습 절차를 채용하는 자율형 AI 시스템에 위험하다. 이는 데이터 자체가 이러한 시스템의 주요 취약성이 된다는 것을 효과적으로 의미한다. 그림 12에서 이러한 유형의 취약성은 개념적으로 AI 시스템의 '데이터' 부분에 도입될 것이다.

- ***적대적 사례(Adversarial examples)***, 즉 모델이 사용 중인 알고리즘 절차를 잘못 분류하거나 속이기 위해 의도적으로 설계된 트레이닝된 ML 시스템에 입력하는 것.

그림 12에서 이러한 유형의 취약성은 '데이터'와 '모델'이 상호 작용한 후 개념적으로 AI 시스템의 올바른 부분에 도입될 것이다.

- 모델의 학습과정을 최적화하는 기반적인 산술절차에서의 ***설계 결함(Design flaws)***, 이는 모델 공격을 유도한다. 예를 들어 특정 유형의 입력에 민감한 것으로 알려진 손실함수(loss function)나 우도모델(likelihood model)을 사용하면 적대적 사례(adversarial examples)를 위한 쉬운 경로를 만들 수 있다.
  더구나, 안전하지 않은 시스템은 악의적인 사용자가 모델의 수학적 구조를 훔치도록 허용할 수 있다. 그림 12에서 이러한 유형의 취약성은 개념적으로 AI 시스템의 '모델' 부분에 도입될 것이다.

실제 애플리케이션에서, 특히 ML 기반 모델에서 이들이 가진 취약성이 얼마나 쉽게 이용될 수 있는지에 대한 사례가 증가하고 있다. 따라서 AI에 특화된 보안 제어의 설계는 비록 역사는 짧지만 활발하게 진행되고 있는 연구 분야이다. 적대적 ML에 관한 연구는 현재 공격의 의도와 취약성 유형과 같이 상황에 따른 2가지 주요 대책에 초점을 맞추고 있다(예컨대, Papernot et al., 2015).

- ***데이터 위생화(Data sanitisation)*** : 모델을 트레이닝하기 전에 잠재적인 모든 악성 콘텐츠의 트레이닝 데이터를 청소하는 것. 대부분의 현실적인 경우에, 또 다른 AI 시스템이 필터 역할을 하기 위해 이용되지만, 매우 중요한 상황에서는 인간의 개입이 불가피할 수 있다.

- ***강인 학습(Robust learning)*** : 학습 절차를 악의적인 행위, 특히 적대적인 사례에 대항하여 강인하게 되도록 재설계하는 것. 이는 알려진 적대적 사례에 대한 명확한 트레이닝을 필요로 하거나 알고리즘의 수학적 기초를 재설계하고 규칙화(regularisation)와 강인한 추론(robust inference)이라고 알려진 통계적 기술을 채택한다. 이 접근방식은 잘 알려진 설계에 의한 보안 원칙(security-by-design principle), 즉 설계 프로세스 초기부터 소프트웨어나 애플리케이션의 보안을 고려함을 실제로 따른다. ML 기반 AI 시스템의 경우 이 접근방식은 대개 성능 저하를 의미한다는 점에 유의해야 한다.

10.5 요약 및 결론

> **"AI는 조만간 사이버 보안 분야에서 인간을 대체하지 않고 오히려 힘을 실어줄 것이다.** 신세대 AI 알고리즘의 한계를 이해하는 것이 중요하다."

AI 혁명의 등장으로 사이버 보안에 미치는 영향이 점점 커질 것으로 예상된다. 기존의 상황은 보다 효과적이고 효율적인 사이버 방어라는 측면에서 많은 변화를 겪겠지만 동시에 보다 정교한 사이버 공격도 받게 될 것이다. 이들 발전의 주요 결론은 다음과 같다.

AI는 곧 사이버 보안에서 인간을 대체하는 것이 아니라 오히려 힘을 실어줄 것이다. AI에 대한 기대는 높고, 그 분야의 최신 진보와 사이버 보안을 포함한 여러 영역에서 AI 애플리케이션의 성공 사례가 증가하고 있는 점을 감안할 때, 좋은 이유로 기대된다. 그러나 신세대 AI 알고리즘의 한계를 이해하는 것이 중요하다.

우리는 위의 주요 이슈를 요약해 왔으며, 여전히 사이버 보안을 위한 AI의 성능을 보완해줄 인간 운영자가 필요하다.

AI는 사이버 보안 및 범죄와의 싸움에 분명한 혜택을 주지만 또한 새로운 사이버 보안 과제도 가져온다. ML 알고리즘은 소프트웨어 개발의 고전적 패러다임을 바꾸어 놓았다. 이를 사용할 때, 인간 개발자들은 주어진 문제를 해결하는 방법을 컴퓨터에 알려주는 알고리즘을 더 이상 프로그래밍하지 않고, 대신 문제를 해결하는 방법을 학습시키기 위해 알고리즘을 프로그래밍한다. 결과적으로, AI 시스템은 인간 개발자가 직접 프로그래밍하지 않고 새로운 알고리즘으로 작동한다. 이는 인간이 원래 개발한 ML 알고리즘에 의해 수행된 트레이닝 데이터로부터 학습한 결과이다. 최근에는 AI 시스템의 효과에도 불구하고 **ML 기술에 기초한 AI 시스템이** 특수하게 가공된 입력으로 이를 제시하거나 이를 트레이닝시키는데 사용되는 데이터를 조작하거나 통계 알고리즘에서 편견을 악용함으로써 AI가 작동되는 특정한 방식을 이용하는 **악성 공격에 대해 취약한 경우가 많은 것**으로 나타났다. 이들은 ML 알고리즘에 특유한 새로운 종류(classes)의 취약성으로, 이에 대해서는 더 많은 이해를 필요로 하며 특정 조직 및 기술적 제어가 설계되고 구현되어야 한다.

안전한 소프트웨어 개발 실무, 보안 인증, 보안 감사 및 사이버 보안 제어는 디지털 시스템의 AI 구성요소들에 특유한 이러한 새로운 종류의 취약성을 고려할 필요가 있다. 디지털 시스템의 악의적인 사용에 대한 ML 알고리즘의 견고성의 한계를 보다 잘 이해하고 이러한 취약성을 완화하기 위한 효과적인 전략을 설계하기 위해 적대적 ML의 신흥 분야에 대한 추가 연구가 필요하다. 이는 AI가 사이버 보안 통제에서나 사이버 범죄의 식별, 지역화 및 기소에서 인간 행위자를 지원하기 위해 사용될 때 특히 관련이 있다.

사이버 보안 영역에서는 최신의 고품질 데이터 집합의 가용성을 확보할 필요가 있다. DL이나 강화학습과 같은 ML의 최신 기술은 인상적인 결과를 만들어낼 수 있지만 작동되고 효과적이 되려면 엄청난 양의 트레이닝 데이터가 필요하다. 다른 도메인의 경우와 같이, 사이버 보안 분야의 크고 충분한 고품질 데이터 집합이 부족하다. 이러한 데이터 집합을 과학계에 활용가능하게 하는 것은 그 분야의 미래 발전을 보장하기 위해 매우 중요하다.

더구나, 사이버 보안 영역의 몇몇 분야에서 최신의 참조 데이터 집합을 만드는 것은 민첩하고 효과적인 벤치마킹과 최신의 AI 기술의 평가를 가능하게 함으로써 연구 및 혁신을 촉진할 수 있다.

AI의 이중성. 특히 양자를 모두 함께 고려해야 할 때 **사이버 보안 및 AI에 사용되는 기술, 도구 및 시스템의 근본적인 이중성을 인식하는 것이 중요하다.** AI는 보안을 향상시킬 수 있지만, 사이버 범죄자들도 마찬가지로 최신의 AI 기술 발전을 이용하여 보다 빠르고 지능적인 사이버 공격을 수행할 것으로 예상된다.

이런 상황이 반드시 연구를 제한하게만 하는 것은 아니다. 효과적인 방어는 공격이 어떻게 일어날지 알고 있어야 설계가 가능하다. 따라서 공격 측면도 고려하여 새롭게 출현하는 잠재적인 AI에 의한 사이버 공격을 연구하고 이에 상응하는 대응책을 강구하기 위하여 AI 및 사이버 보안 분야에서도 추가적인 공적 연구가 이루어지도록 보장하는 것이 중요하다.

더욱이 AI에 관한 연구 상황은 이미 미국과 중국이 크게 지배하고 있으며(제3장 참조), 현재 진행 중인 유럽에서의 연구 및 연구자의 일반적인 유출은 특히 사이버 보안 및 AI와 같이 이미 시장에서 정통한 전문가가 부족한 분야에서는 되돌릴 필요가 있다. AI의 윤리적인 활용과 규제의 역할에 대한 연구를 집중하는 것은 이들 분야에서 유럽의 리더십을 강화하는 자산이 될 수 있고, AI 및 사이버 보안에 대한 전문성을 유지할 수 있다.

사이버 보안에서의 AI는 다수의 학제적 접근을 필요로 한다. 사이버 보안에서의 AI의 적용을 둘러싼 고도의 기술적 문제에 대해서, 정책입안자들이 연구자 및 엔지니어와 상호작용을 강력히 하는 것이 대단히 중요해 보인다. AI 및 사이버 보안 분야는 급변하고 있고, 연구보고도 금방 시대에 뒤떨어져 기술수준에서 의사결정기구로 일정한 정보가 거의 의무적으로 흘러갈 것이다. 이 연장선상에서 AI 및 사이버 보안 개발자들과 보다 광범위한 레벨에서 철학, 경제학이나 사회과학과 같은 다른 관련 분야의 연구자들과의 사이에서 교차 협업의 문화를 육성해야 한다.

제11장 컴퓨터 처리 및 에너지 관점

요약

이 장에서는 AI의 자주 무시되는 측면들 중 하나, 즉, 많은 데이터 볼륨과 첨단 분석으로 인해 창출되는 기회는 환경, 경제 및 지정학적 비용 즉 에너지에서 증가하고 있는 것으로 분석된다. IoT 및 5G 네트워크를 도입하면 문제는 크게 늘어날 것이다. 에너지는 AI의 장기적 지속가능성을 결정하는 주요 결정요인이다. 따라서 AI 및 관련기술 개발의 이러한 측면을 해결하기 위한 조치를 조기에 취할 필요가 있다. 일부 조치는 오늘날의 기술을 사용하여 이루어질 수 있지만, 향후 수요를 충족시키기 위해서는 더 많은 전력 절감 혁신이 필요하다. 하드웨어, 소프트웨어 및 서비스 분야에서의 선진기술을 도입하여 '친환경적'인 집중 컴퓨팅 생태계를 개발할 필요가 있다.

이들 생태계 솔루션의 중요한 에너지 소비영역은 네 가지다. 즉, 기존 빅데이터 센터에서 소비하는 에너지 절감, 기계 간 통신에서 소비되는 에너지를 절감시키는 데이터 이동을 제한하고, 구체화된 에너지(embodied energy)를 절감하며, 디지털 기술의 노후화 감소 등(예컨대, 1년에서 3년 단위로 교체된 모바일 전화의 짧은 사용수명 참조). 이는 아마도 디지털 기술에 대한 주요 에너지 소비 목소리일 것이다.

11.1 소개

디지털 경제가 증가하는 대량의 이용 가능한 데이터의 처리 및 저장 요구와 지속가능한 에너지 설치공간 간의 심각한 불일치라고 하는 커져가는 문제에 직면하고 있음을 보여주는 몇 가지 연구(SIA, 2015; Mayer 2009; IEE, 2012)가 있다. 그린피스를 위해 작성한 보고서(Greenpeace 2012)는 클라우드가 국가였다면 에너지 수요는 세계에서 5번째로 많을 것이라고 주장하였으며, 비달(Vidal 2017)의 연구는 데이터 쓰나미가 2025년까지 전 세계 전력의 5분의 1을 소비할 수 있다고 시사하였다.

이러한 추정치는 다소 빗나갈 수 있지만, 데이터 증가가 컴퓨터 성능과 관련 에너지 설치공간에서의 예측 가능한 개선보다 크게 앞설 것이라는 공감대가 있는 것 같다. 예를 들어, 2002년과 2009년 사이에 그림 13에서 보여주는 바와 같이 컴퓨터 성능이 16배 증가한 것에 비해 데이터 트래픽은 56배 증가했다(Short et al., 2011; and Kambatla et al., 2014). IoT의 발전은 에너지 요금이 증가함에 따라 앞으로 데이터와 처리능력 간의 갈림길도 넓어질 것으로 예상된다. 따라서 AI 및 IoT(이들이 연결되는 기기, 네트워크 및 데이터 센터 포함)에 의해 생성되는 컴퓨팅 및 에너지 소비량은 상당히 최적화되어야 한다. 이 장에서는 데이터 체인의 중요한 부분인 데이터 센터의 에너지 문제를 좀 더 자세히 보고한 후 에너지 설치공간을 줄이기 위한 세 가지 주요 접근방식을 탐구하도록 한다.

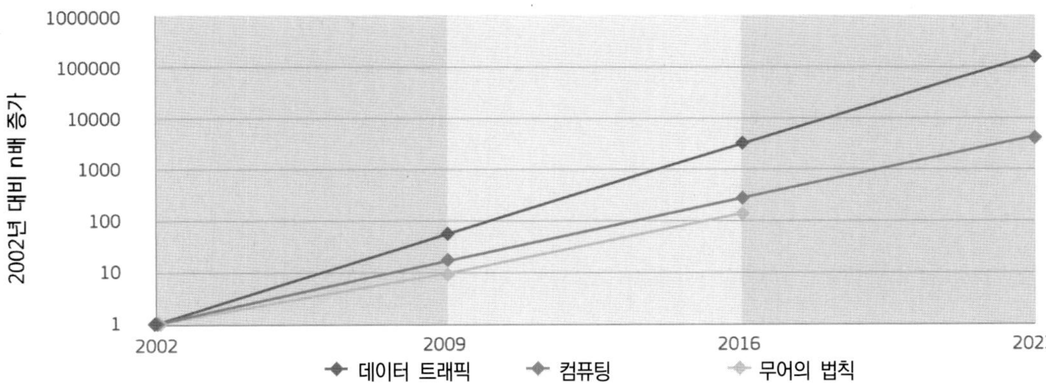

그림 13. 데이터의 추정과 컴퓨팅 성장(로그눈금)
출처 : Kambatla et al., 2014에 근거한 JRC

11.2 데이터 센터(DC) 에너지 소비량 평가

AI는 상당한 양의 데이터와 처리성능을 필요로 하는데, 이는 자주 데이터센터(DC)와 같은 전용설비의 필요성을 시사한다. 데이터 센터들(DCs)은 통신 및 저장 장치와 같이 컴퓨터 및 다른 구성요소들을 포함하는 데이터 저장 및 처리(e메일, 금융거래, 소셜미디어, 컴퓨팅 등)

를 위한 IT장비를 호스트한다. 일반적으로 데이터 센터는 프로세서에서 발생하는 열을 빼내기 위해 공기 냉각 및 조절이 필요한 제어된 환경에서 호스트된다. 또한 AC에서 DC로의 변환, 배터리 저장장치 및 순간 정전에 대처하기 위한 무정전 전원공급장치(UPS)를 포함하여 IT장비에 전원을 분배해야 한다. 대기 발전 공급(일반적으로 디젤 동력)을 포함하여 전력 가용성 및 신뢰성을 높이기 위하여 데이터 센터에는 전력 분배 및 냉각을 위한 높은 수준의 중복성(redundancy)이 존재한다. 이러한 중복성과 제어된 환경의 필요성은 일반적으로 IT 부분의 전력 및 에너지 소비량을 2배로 늘리고 있다(즉, 일반적인 데이터 센터에서는 IT전력의 2배가 필요하다)[49]. 극도로 효율적인 데이터 센터에서는 이러한 추가 소비가 10%에 불과하다.

데이터 센터의 글로벌 에너지 소비량은 2014년[50]에 194 TWh로 추산되었다. 이는 연간 글로벌 전력 소비량의 약 1%로, 몇몇 EU 회원국의 전력 소비량보다 많은 것이다.

미국(세계 최대 시장)의 데이터 센터 에너지 소비량은 70 TWh로 추산되었는데, 이는 미국 전체 전기 소비량의 약 1.8%를 나타낸다[51]. 유럽에서는, 특히 클라우드 컴퓨팅의 발달에 따라, 지난 10년간 데이터 센터의 숫자가 급증하였다. EU(세계 2, 3위 시장)에서의 데이터 센터 에너지 소비량은 2014-2015년에 43-49 TWh, 즉, EU 전체 소비량의 1.5~1.8%에 해당하는 것으로 추산되었다. 이는 공동연구센터(Joint Research Centre ;JRC)가 회원국 전문가의 평가와 발간된 보고서를 토대로 산출한 것이다.

이 추정치에는 데이터를 한 데이터 센터에서 다른 데이터 센터로 또는 최종 사용자로 전송하기 위한 에너지 소비량은 포함되지 않는다. 이는 브로드밴드 사업자(예: 통신, 오버 파이버, DSL, 케이블 또는 모바일-4G) 및 최종 사용자(예컨대, 모뎀, 라우터, 가정 및 사무실의 스위치)의 소비량의 일부이다. 데이터 전송 에너지 소비량은 전체 데이터 센터 에너지 소비량에 필적한다. **따라서 전체적으로 데이터 센터와 데이터 전송은 전체 EU 전력 소비량의 3-4%를 차지할 수 있다.**

49) ISO 표준에서, 총 데이터 센터 입력 전력과 IT 전력 사이의 비율은 전력활용효과(PUE)로 정의된다. 일반적인 데이터 센터는 PUE가 2인 반면, 가장 효율적인 센터는 PUE가 1.1이다.

50) *http://www.iea.org/publications/freepublications/publication/DigitalizationandEnergy3.pdf*

51) *https://eta.lbl.gov/publications/united-states-data-center-energy*

데이터 센터 통합, 아웃소싱 및 클라우드 컴퓨팅은 데이터 및 처리의 증가에도 불구하고 데이터 센터의 에너지 소비량을 균일하게 유지하는 데 도움이 되고 있다. 이는 대규모 데이터 센터가 보다 효율적으로 설계되고 관리되는 경향이 있기 때문이다.

11.3 고성능 컴퓨팅(HPC) 수요 증가에 따른 에너지 효율성 개선 옵션

이 문제를 해결하기 위한 접근방식은 다음과 같이 여러 가지가 있다.

(a) 빅데이터를 처리하고, AI/ML 작업을 실행하며, 에너지 소비량을 줄이기 위해 CPU 성능을 향상시킨다.

(b) 시스템 냉각에 필요한 데이터 센터의 에너지 소비량을 개선한다.

(c) (클라우드 기반) 컴퓨팅 인프라를 최적화하여 지능(intelligence)을 중앙에서 가장자리로 이동시키고 AI를 데이터에 보다 근접시킨다.

11.3.1 CPU 발전 : 에너지 절약 및 병렬 컴퓨팅

CPU 진보에 관해서는, 다음과 같은 몇 가지 작용선(lines of action)이 있다.

- ***그래픽처리장치(GPU)*** : 디스플레이 장치에 출력할 이미지 생성을 가속화하도록 설계된 특수전자회로. GPU는 휴대전화, 개인용 컴퓨터, 워크스테이션, 게임기에 사용된다. 현대 GPU는 컴퓨터 그래픽과 이미지 처리의 조작에 매우 효율적이며, 이들의 높은 병렬구조는 ML, DL과 같이 대규모 데이터 블록의 처리가 병렬로 행해지는 알고리즘의 경우 범용 중앙처리장치(CPU)보다 효율적이다.

- ***AI 가속기, 텐서처리장치(TPU)*** : 구글이 특별히 신경망 ML을 위해 개발한 AI 가속기. 이 칩은 신경망과 같은 ML 애플리케이션에 사용되는 개방형 수학 라이브러리인 구글의 텐서플로우(TensorFlow) 프레임워크를 사용하도록 설계되었다. 다른 AI 가속기 설계가 예를 들어 로봇시장을 목표로 하는 다른 벤더로부터 나타나기 시작하고 있다.

- CPU와 GP-GPU의 장점을 결합한 ***어드밴스드 클라우드(멀티코어) 칩***과 전문 AI 칩. 이 새로운 종류의 칩은 가장 복잡한 컴퓨팅 작업을 실행할 수 있도록 와트 당 처리전력(예컨대, 정밀한 전력 관리를 통하여)의 10배를 줄일 전망이다.

- 수십억 '스마트 사물(smart things)'의 뇌인 AI용으로 설계된 신형 마이크로컨트롤러의 사용에 의한 스마트 센서용 ***임베디드 프로세서***. 트레이닝된 DL모델은 첨단 마이크로컨트롤러에 내장된 최적화된 신경망 코드를 생성하도록 컴파일된다. 임베디드 프로세서는 대개 설계가 더 간단하고 최소한의 전력 요구량을 가지고 있다. 또한, 연산을 중앙에서 네트워크 에지로 이동시키는 것은 IoT의 에너지 설치공간을 줄이는 데 기여한다.

- ***뉴로모픽 컴퓨팅*** : 신경계에 존재하는 신경생물학적 구조를 모방한 초대형 통합 시스템에 기반한 기술. 최근의 해결책은 지각, 운동 제어 또는 다감각 통합(multisensory integration)을 위한 신경 시스템의 모델에 초점을 맞추고 있다.

- ***가역적 컴퓨팅*** : 처리 중 열로 소모되는 에너지의 양을 최소화하려는 컴퓨팅 모델. 이는 에너지를 보존하기 위해 고안된 '단열(adiabatic)' 회로로 알려진 저전력회로에 기반을 두고 있다.

- ***양자 컴퓨팅*** : 양자역학의 물리적 특성 중 일부를 이용하는 컴퓨팅의 한 형태. 전형적 컴퓨터는 0이나 1이 될 수 있는 비트로 정보를 저장한다. 트랜지스터의 양자 등가인 큐빗(Qubit)은 '슈퍼 포지션(super position)', 즉 0과 1을 동시에 저장할 수 있기 때문에 더 많은 정보를 저장할 수 있다. '뒤엉킴(Entanglement)'은 또 다른 핵심 속성으로, 큐빗(quitbit)이 서로 연결되어 어느 하나가 연결된 다른 것에 영향을 미치는 것을 의미한다. 이 속성은 매우 빠른 병렬 처리를 허용한다. 양자 컴퓨팅은 이미 암호화에 이용되고 있지만, 다른 애플리케이션도 등장하기 시작하고 있다.

11.3.2 혁신적이고 보다 효율적인 냉각 시스템/엔지니어링 솔루션

효율적인 냉각 : 첫 번째 해결책은 서버와 다른 장비의 과냉각이 필요 없도록 데이터센터 온

도를 높이는 것이다. 또 다른 하나는 신선한 실외 공기(직·간접적인 프리쿨링<free cooling>)나 호수, 강, 바다, 또는 지하 대수층이 제공하는 냉수를 사용하는 것이다(랙에 대한 최종 냉각은 여전히 열교환기를 통해 공기로 공급된다). 마지막으로, '단열' 또는 증발 냉각도 압축기 기반 냉각의 좋은 대안이 될 수 있다. 압축기를 사용하지 않는 냉각시스템을 채택하고 대단히 효율적인 프리쿨링 방식으로 항시 가동되는 데이터센터의 숫자가 증가하고 있다. 고성능 컴퓨팅의 경우, 공기의 전도도가 낮고 프로세서에 의해 발생하는 매우 큰 전력 밀도와 열 때문에 공기 냉각이 제한된다. 수냉을 사용하면 냉각 에너지 소모를 획기적으로 줄일 수 있다.

다른 해결책 : 오래된 서버를 제거하고 더 새롭고 효율적인 서버를 설치하는 것(예컨대, 에너지 스타 부착), 더 효율적인 소프트웨어를 설치하는 것, 그리고 서버의 배터리와 같이 더 효율적인 전원 분배. 유럽에서 350개소 이상의 데이터센터들이 자발적으로 채택한 데이터센터의 에너지 효율성에 관한 EU 행동강령(EU Code of Conduct on Energy Efficiency in Data Centres)[52] 덕분에 효율성도 향상되었다.

11.3.3 혁신적 인프라, 아키텍처 및 구성(configurations)

AI와 IoT는 우리가 알고 있는 인터넷의 본질을 바꿀 것이다. **데이터, 컴퓨팅 처리 및 에너지 소비에서의 예상되는 성장은 현재의 패러다임**인 '클라우드에서 모든 것을 한다'를 '데이터가 있는 곳으로 컴퓨팅을 가져간다'고 부를 수 있는 새로운 패러다임으로 **바꾸고 있다.**

에지 및 포그 컴퓨팅 : 많은 사람들은 포그 컴퓨팅과 에지 컴퓨팅이라는 용어를 상호 교환적으로 사용한다. 왜냐하면 둘 다 지능 및 처리를 데이터가 생성되는 곳으로 더 가깝게 가져가는 것을 포함하기 때문이다. 양자의 핵심적인 차이점은 지능 및 컴퓨팅 성능이 어디에 배치되는가이다.

- ***에지 컴퓨팅*** : **데이터 소스 근처 네트워크 에지에서 데이터 처리를 수행**하여 클라우드 컴퓨팅 시스템을 최적화하는 방법론. 예를 들어, 데이터를 캡처하는 센서 또는 모바일폰과 같은 모바일 기기의 수준에서 보다 많은 연산을 수행하는 것. 이런 방식으로

52) 이것은 JRC에서 관리하는 유럽 이니셔티브이다. *https://ec.europa.eu/jrc/en/energy-efficiency/code-conduct/datacentres*

데이터를 중앙집중식 서버나 클라우드로 전송할 필요가 적고, 그 후 처리 결과만 전송되어 데이터 트래픽이 상당히 감소한다. 이러한 접근방식은 또한 랩톱, 스마트폰, 태블릿 및 센서와 같이 네트워크에 지속적으로 연결되지 않는 자원을 활용할 수 있다.

- ***포그 컴퓨팅*** : 데이터, 컴퓨팅, 스토리지 및 애플리케이션이 데이터 소스와 클라우드 사이에서 가장 논리적이고 효율적인 위치에 분산되는 분산형 컴퓨팅 인프라를 구축한다. 포그 컴퓨팅은 기본적으로 클라우드 컴퓨팅 및 서비스를 네트워크의 에지까지 확장시키고, 클라우드의 장점과 성능을 데이터가 생성되고 작용되는 곳으로 더 가깝게 가져온다. 다시 말하면, 포그 컴퓨팅은 에지(예컨대, 센서, 휴대전화)와 클라우드 사이의 처리 체인의 중간 역할을 한다.

포그 및 에지 컴퓨팅 아키텍처는 IoT의 채택으로 예상되는 대규모 데이터 트래픽 증가를 인식하여 최근에 도입되었다. 그런데, IoT는 매일 수십 억대의 기기가 신세대 무선 기술과 내장된 AI를 사용하여 서로 연결될 것이다. 분권화의 이점은 확장성(인터넷을 통해 이동하는 데이터의 양이 적음), 지연 시간(AI가 데이터 소스에 보다 가까움), 데이터 보안(지역 범위)과 비용이다. 포그 및 에지 컴퓨팅은 전통적인 클라우드 컴퓨팅과는 다르기 때문에 다른 해결책을 필요로 할 것이다.

이들은 스마트 에지 기기와 사용자에게 더 가까운 보다 지역적이고 보다 성능이 좋지 않은 클라우드를 다루는 다른 클라우드화(비즈니스) 수준을 도입한다. 이러한 클라우드들은 에지 클라우드 또는 클라우드렛(cloudlet)이라고 한다. 유럽의 IoT 및 AI의 미래 발전에 결정적인 역할을 할 이러한 유형의 인프라가 이제서야 등장하고 있다. 클라우드에서의 데이터 처리 및 AI에 일반적으로 사용되는 접근방식과 프레임워크는 클라우드렛에 좋지 않다. 그러므로 유럽 산업이 이러한 새로운 인프라 개발에 앞장서고 집단적으로(유럽위원회, 회원국 및 산업계) 다음과 같은 게임의 규칙을 정할 수 있는 (좁은) 기회의 창을 가지고 있다.

- 전통적인 클라우드(데이터센터-DCs) 접근방식을 보완하는 포그 및 에지 컴퓨팅을 위한 유럽 개방형 참조 아키텍처(European open reference architecture)

- 클라우드렛 및 에지 아키텍처를 지원하기 위해 운반 가능한 데이터센터에 대한 연구를 강화하는 것.

- 포그 컴퓨팅 수준, 즉 포그 노드 및 클라우드렛에서 유럽의 가치(투명성, 프라이버시, 윤리)를 존중하는 것.

- 클라우드렛의 에너지 소비량에 대해서는, 적은 양의 에너지가 복수의 장소에서 소비된다. 종종 에너지 비용을 지불하는 조직은 인프라나 서비스를 운영하는 조직과 다를 수 있다. 따라서 에너지 효율성 정책은 새로운 사업모델과 가능한 새로운 규제를 고려할 필요가 있다.

11.4 요약 및 결론

이 장에서는 AI의 종종 무시되어온 측면 중 하나 즉, **방대한 데이터 양과 첨단 분석에 의해 창출되는 기회가 환경, 경제 및 지정학적 비용, 즉 에너지의 증가에서 온다**는 점을 분석하였다. 사물인터넷(IoT) 및 5G의 도입으로 문제가 크게 증가할 것이다. 에너지는 AI의 장기적 지속가능성을 결정하는 주요 결정요인으로 인식된다. 따라서 AI와 관련 기술의 발전에 대한 이러한 측면을 다루기 위해 조기 조치를 취할 필요가 있다. 오늘날의 기술을 이용하여 어떤 조치를 취할 수 있지만, 미래의 수요를 충족시키기 위해서는 보다 많은 전력 절감 혁신이 필요하다. '친환경적'인 집약적 컴퓨팅 생태계를 실현하기 위해서는 하드웨어, 소프트웨어 및 서비스 분야의 선진기술을 도입할 필요가 있다.

이러한 생태계 솔루션의 중요한 에너지 소비 영역은 네 가지이다.

(a) 기존 빅데이터센터가 소비하는 에너지를 줄이고, 예를 들어 데이터 집중화를 줄이고, 클라우드 에지를 지향하여 데이터 및 컴퓨팅 분산을 추진한다. 기존 냉각기술의 향상도 또 하나의 유망 분야이다.

(b) 데이터 이동을 제한하여 기계간 통신에서 소비되는 에너지를 감소시킨다. 이는 또한 데이터 및 컴퓨팅을 네트워크의 에지로 추진함으로써 달성될 수 있다. 이 방향의 중요한 개선은 스마트 센서(예컨대, 임베디드 AI 시스템)와 포그 및 에지 클라우드(클라우드렛)에서 온다.

(c) Industry 4.0 스마트공장(Smart Factory) 원칙들과 특히 스마트 에너지 기둥(smart energy pillar)을 실행함으로써 디지털 기술의 실현된 에너지(즉, 재화 생산에 소비되는 에너지)를 줄인다.

(d) 디지털 기술의 진부화를 줄인다(예를 들어, 1-3년마다 교체되는 휴대전화의 짧은 수명). 이는 아마도 디지털 기술에 대한 주요 에너지 소비 목소리일 것이다.

데이터 트래픽 증가속도를 상쇄하기 위하여 전체론적이며 다학제적인 접근법, 즉 혁신적인 반도체 기술, 스마트 센서, 효율적인 데이터 전송 및 데이터센터, 그리고 첨단 컴퓨팅 아키텍처를 도입하고 활용함으로써 에너지 효율을 통한 에너지 소비 감소속도를 가속화해야 한다. 이를 위해 데이터 생성, 이동, 저장, 처리, 그리고 통찰력 생성 및 제공 등 모든 필요한 국면을 고려하여 AI(및 IoT)가 필요로 하는 에너지의 양을 신중하게 추산할 필요가 있다.

제12장 데이터 관점

요약

이 장에서는, 규모의 경제, 범위의 경제, 그리고 비경합성을 포함한 디지털 데이터의 주요 경제적 특성에 대해 검토한다. 처음 두 가지는 인터넷 경제에서 소수의 행위자들의 손에 데이터 집중을 증가시키고 따라서 정보와 힘을 증가시킨다는 것을 지적하는 반면, 비경합성은 사회가 가장 많이 이익을 얻도록 데이터 액세스를 개방하는 것과 데이터 보유자가 가장 이익을 많이 얻도록 액세스를 제한하는 것 사이에 잠재적인 긴장관계를 야기한다. 이러한 긴장관계는 앞에서 논의한 바와 같이 법체계에 반영되고, 개방적이며 글로벌화된 환경에서 데이터 전략의 개발을 특별한 과제로 삼고 있다. 그러나 성공적인 인터넷 기업들의 교훈을 유럽 공공부문에 적용하고 공공 플랫폼을 기반으로 한 생태계를 개발한다면, 의미론적으로 잘 구조화되고 라벨이 붙어 있는 공유 데이터의 대규모 풀을 만들 수 있고, 다른 영역에서 새로운 AI 애플리케이션을 활성화할 수 있다고 주장한다. 이러한 방법으로 데이터 액세스를 개방하고, 시장을 발전시키며, 대중에게 서비스를 제공함과 동시에 데이터 서민들을 부자로 만들 수 있다.

12.1 데이터 액세스의 법경제학

ML은 제2장에서 논했듯이 데이터 주도 기술이다. 매일 생산되고 있는 방대한 양 및 범위의 데이터는 잘 이해될 필요가 있지만, 동시에 ML은 학습할 많은 양의 데이터를 필요로 한다. 이 때문에, 제4장에서 보았듯이, AI 전략을 전개하는 모든 나라가 핵심 관심사로서 데이터에 대해 액세스를 하고 가치를 부가한다.

이러한 전략을 개발하는 것은 쉽지 않다. 왜냐하면 이는 혁신과 투명성을 촉진하기 위해 데

데이터는 AI의 생명줄이다. 유럽은 데이터가 풍부하지만 경제 및 법적 체계는 복잡한 과제를 일으킨다. 데이터 액세스를 공개하고 참가자들 사이의 상호작용을 구축하는 것이 성공의 열쇠이다.

이터 액세스를 개방하는 것과 프라이버시 보호 및 상업적 기밀을 보호하기 위해 데이터 액세스를 제한하는 것 사이에서 종종 경합하는 이익의 균형을 맞출 필요가 있기 때문이다. 특히 유럽은 어려운 입장에 놓여 있다. 왜냐하면, 글로벌 데이터시장이 유럽 고객 및 정부로부터 데이터를 점점 더 많이 수집하면서 힘을 강화하는 소수의 비유럽 플레이어 및 플랫폼이 지배적이라는 특징이 있기 때문이다.

이 문제에는 많은 측면이 있다. 그러므로 이 장에서는 디지털 데이터의 주요 경제적 특성을 개략적으로 설명하고, EU의 규제 설정과 개방성 및 제약 사이의 트레이드오프(이율배반)에 미치는 영향을 검토한 후, 공공부문의 데이터 공유전략을 위한 요소들을 제시한다.

12.1.1 데이터의 경제적 특성

디지털 데이터는 세 가지 주요 경제적 특성을 가지고 있다.

규모의 경제 : ML은 통계적 모델과 많은 유사성을 공유한다. 통계적 추정치는 기초 데이터 집합의 크기가 증가하고 데이터의 변화가 감소함에 따라 보다 신뢰할 수 있게 된다. 데이터 집합에서 많은 다양한 관측과 많은 설명변수를 사용하여, 견실한 예측을 달성하려면 매우 큰 데이터 집합이 필요할 수 있다. 일반적으로 ML 알고리즘은 비교 가능한 숙련기술에 대해 트레이닝하기 위해서는 인간보다 훨씬 많은 데이터를 필요로 한다. 예를 들어, 자동운전 알고리즘은 수백만 킬로미터의 운전 데이터를 필요로 하는 반면, 인간 운전자는 숙련된 운전자가 되기 위해 단지 몇 천 킬로미터의 경험만을 필요로 한다. 대규모 데이터 집합을 수집하고 주석을 다는 것은 어렵고, 원시 데이터의 품질은 떨어지는 경우가 많고 정리와 구조화가 필요하며, 많은 데이터가 쓸모없는 경우가 많다. ML 알고리즘을 트레이닝하기 위해 고품질 데이터 집합에 투자하는 것은 비용이 많이 들며 높은 고정비용을 의미한다. 그러나 일단 트레이

닝을 받으면 알고리즘의 추가사용의 한계비용은 매우 낮을 수 있다. 일반적인 ML 방법은 특히 데이터가 노이즈가 심한 경우, 즉 관련 없는 변수가 많이 포함되어 있는 경우, 작은 데이터 샘플 크기에서는 잘 수행되지 않는다.

ML모델은 이러한 경우에 '오버핏(overfit)'하는 경향이 있어, 실생활 환경에서 알고리즘이 적용되면 알고리즘의 효율성을 저하시킨다. 이를 해결하는 한 가지 방법은 인과추론(causal inference)을 통해 데이터의 기본 메커니즘을 이해하려고 시도하는 것이다. 이는 잠재적으로 알고리즘의 해석가능성과 공정성을 높인다(Kilbertus et al., 2017; Athey, 2017).

범위의 경제 : 각 데이터 집합의 별개의 분석보다 병합된 데이터 집합의 분석의 이익이 더 높을 때 범위의 경제가 발생한다. 이러한 이익은 두 집합 사이에 관계가 있을 때, 즉 이들이 완전히 분리될 수 없고 한 상황과 관련된 데이터도 다른 상황에 관련될 수 있을 때에 발생할 뿐이다. 예를 들어, 웹서핑 데이터는 소비자 행태에 대한 통찰력을 제공할 수 있다. 이러한 데이터들을 휴대전화 데이터와 결합하면 두 데이터 집합을 별도로 연구할 때와 비교할 때 더 많은 통찰력을 얻을 수 있다. 매장에서의 급여 데이터와 결합하면, 한층 더 통찰력 등이 더해진다. 범위의 경제는 데이터 기반 기업들이 데이터를 많이 원하며 얻을 수 있는 모든 데이터를 수집하는지의 이유를 설명한다. 즉, 다양한 상황과 관찰 측면에서 활용 가능한 데이터 집합의 범위가 넓을수록, 이러한 데이터 집합으로 이루어질 수 있는 예측은 보다 정확하고 통찰력 있게 된다.

비경합성 : 재화와 서비스는 경합적 제품, 즉, 한 번에 한 사람만이 사용할 수 있는 반면, **아이디어, 하나의 정보 또는 알고리즘은 비경합적이어서 많은 사람들이 동시에 사용할 수 있다.** 그 결과, 개인에 의해서 이용되는 것에 비해 집단에 의해서 이용되는 경우, 데이터로부터 얻는 이익이 더 크다. 따라서 사회적 관점에서 데이터 및 알고리즘을 비공개로 유지하는 것보다 가능한 한 광범위하게 공유하는 것이 더 나을 수 있다. 그러나 폭넓은 공유와 손쉬운 액세스의 이면에는, 데이터 및 알고리즘의 생산에 투자할 인센티브가 부족하다는 단점도 있다. 데이터는 진행 중인 활동의 부산물일 수 있으며 추가 인센티브를 요구하지 않는다. 예를 들어, 전자상거래 회사들은 온라인 거래의 일부로써 그들의 웹사이트에 소비자 행태 데이터를 저장한다. 행정기관은 직무를 수행하면서 많은 데이터를 수집한다. 그러나 다른 경우에는 기업들이 데이터를 수집, 저장, 전송 및 처리하기 위해 센서와 서버를 설치함으로써 데이터 수

집에 의도적으로 투자할 수 있다. 데이터에서 나오는 수입을 현금화할 수 있는 능력이 없다면, 데이터를 수집할 인센티브가 없을 것이다. 이 문제는 책의 저자와 출판사 그리고 신기술 발명가들에 의해 처음 발견되었다. 이러한 모든 혁신적인 아이디어와 예술품들은 다른 사람들에 의해 쉽게 모방될 수 있었고, 원작자는 그/그녀의 노력에 대해 아무런 보상도 받지 못했다. 이러한 상황을 피하기 위해 지식재산권(Intellectual property rights ; IPR)이 도입되었다.

지식재산권의 동일한 경제원칙이 데이터에 적용되고 독점적 권리, 가능한 한 심지어 완전한 소유권이 데이터 보유자에게 부여되어야 하는가? 지식재산권의 경우처럼, 이러한 권리는 **데이터 생산의 인센티브로서 독점적 권리를 부여하는 것과, 사회를 위해 보다 폭넓은 이익을 산출하기 위해 데이터 및 알고리즘에 대한 액세스를 확보하는 것 사이의 균형**을 유지해야 한다. 지식재산권의 ML 알고리즘에 대한 적용 가능성은 7.3에서 논의되었다. 아래 12.1.3에서 데이터 권리의 법적 보호로 되돌아간다. 첫째, '데이터 액세스'의 다양한 의미를 탐구한다.

12.1.2 데이터 액세스에 경제적 추론 적용

데이터 액세스의 양식과 조건은 상당히 다양하며, 개인과 사회 전체에 대한 경제적 성과가 잠재적으로 매우 다를 수 있다(Bergmann and Morris, 2017). 따라서 '액세스'라는 단어를 사용할 때 그 의미하는 바에 대해 신중하고 보다 정확하여야 한다.

데이터 보유자는 타인에게 직접 데이터를 공유하거나 판매함으로써 얻는 이익을 인식하지 못할 수 있고 법적 및/또는 기술적 보호조치에 의해 보호받으며 데이터를 비공개로 유지하기로 결정할 수 있다. 데이터를 직접 판매하기보다는, 상용 서비스 생산의 투입(input)으로서 간접적으로 활용할 수 있다. 예를 들어 구글은 소비자 데이터를 직접 판매하거나 공유하지 않고 광고 슬롯 판매에 사용한다. 광고주들은 광고서비스에 대해 광고료를 내는 반면 소비자들은 정보서비스로부터 이익을 얻는다. 이러한 방법으로 접근 불가능한 데이터라도 개인과 사회에 이익을 창출할 수 있다.

데이터 보유자는 또한 데이터를 직접 이용할 수 있게 할 수 있다. 데이터가 다소 배타적이고 가치가 있는 것이라면, 데이터 보유자는 데이터 시장에서 가격을 매길 수 있다. 데이터는 비경합적이기 때문에 몇 번이고 팔 수 있다. 배타적 데이터의 독점 판매자는 고정가격으로 판매하거나 또는 각 구매자의 지불의사에 따라 가격을 조정할 수 있다. 이런 경우에는 누구나 액세스할 수 있고 사회에 대한 복지 손실도 없다. 데이터 독점자는 데이터로부터 금전적 이익을 극대화한다. 복지 분배 문제는 대부분의 이익이 데이터 보유자에게 수익 형태로 축적되고 데이터 사용자나 그 행태가 데이터를 생성한 개인에게는 발생하지 않을 때 일어날 수 있다. 만약 데이터가 덜 배타적이고 (부분적) 대체 데이터에 대한 경쟁적인 출처를 이용할 수 있다면, 독점성이 약해질 수 있고 데이터 사용자에게 더 많은 이익이 발생할 것이다. 직접 및 간접 데이터 판매 간의 선택이 데이터 보유자에게 간단하지 않는 경우가 종종 있다. 어떤 것은 두 가지 모두를 병행할 수 있다. 예를 들어, 많은 데이터 회사들은 데이터를 직접 판매하고 데이터 분석 서비스를 제공한다.

모든 잠재적 사용자가 제로 비용으로 데이터를 이용할 수 있도록 하는 개방형 또는 무료 액세스에서는 다른 상황이 발생한다. 모든 이익이 데이터 보유자가 아니라 데이터 사용자에게 발생한다는 점을 제외하고, 이익은 위의 완전가격차별 사례와 유사하게 가능한 가장 광범위한 사용자 그룹에게 분배된다. 데이터가 데이터 보유자의 통상적인 활동의 부산물이며 낮은 비용 또는 제로 비용으로 수집될 수 있다면, 무료 액세스는 데이터 보유자의 복지에 영향을 미치지 않을 것이다. 데이터 공개가 데이터 보유자에게 비용을 수반하더라도, 개방형 액세스가 보유자에게 이익이 될 수 있다. 왜냐하면 데이터를 더 많이 사용하면 광고 역할을 할 수 있고 데이터 보유자에게 제한된 비용으로 검증 및 오류 검출을 통해 데이터 품질을 향상시킬 수 있기 때문이다. 그러나 데이터 수집이 비용이 많이 들고 그 사용이 매우 가치있는 경우, 보유자는 무료 및 개방형 액세스를 해줄 인센티브를 갖지 못할 수 있다. 매출 손실은 또한 데이터 수집가들이 데이터로 생산될 수 있는 혁신적 서비스에 투자할 인센티브를 감소시킬 수 있다.

데이터가 데이터 보유자들의 의사에 반하여 아마도 그들이 알지 못한 채 그들의 비용부담으로 그러나 사회에는 이익이 되게 데이터가 데이터 보유자로부터 추출될 때 또 다른 시나리오가 발생한다. 환경 보도를 위한 의무적인 오픈데이터 액세스와 범죄를 탐지하거나 예방하기 위한 개인데이터 액세스가 그 예이다. 개인데이터 보유자는 비용을 부담하게 될 수 있지만 사회에 대한 순이익은 플러스이다. 또 다른 예는 온라인 회사들이 더 큰 규모로 영업 전략을 전개하기 전에 작은 샘플의 소비자들에게 이들을 시험하는 것이다. 시험 표본의 소비자들은 모르는 사이에 실험으로부터 이익을 얻거나 손해를 볼 수 있지만, 회사는 사용자들로부터 행태정보를 추출함으로써 이익을 얻을 수 있다.

신뢰는 데이터 공유와 액세스에서 중요한 요소이다. 데이터를 공유하면서 신뢰를 강화하기 위한 다양한 이니셔티브가 전개되었다. 실험적인 개인정보 관리 공간(PIMS)은 개인에게 개인데이터의 사용에 대해 보다 많은 통제권을 부여한다. 마찬가지로 '데이터 트러스트(data trust)'는 법적 조건, 저장형식 및 상호 감독조직을 통해 신뢰받는 교환 메커니즘을 제공하고자 한다.

12.1.3 데이터시장에서의 정책 개입

ML이나 다른 기술을 이용하여 데이터 집합에서 통찰력을 추출하는 것은 일부에게는 매우 이익이 될 수 있지만 그 통찰력은 또한 당사자 사이에서 이익을 재분배하기 위해 이용될 수 있다. 데이터 액세스를 공유하면 잠재적으로 이익이 증가될 수 있지만 또한 보다 많은 재분배를 가져올 수도 있다. 정책입안자들은 데이터 소유권 및 액세스 시장에 개입해야 하는가, 아니면 이들이 자유롭게 운영하도록 내버려 두어야 하는가? 경제 전문용어로 번역하면 이는 사회복지를 줄이고 정책개입을 요구하는 잠재적 데이터 시장실패의 문제를 제기하고 있다. 이러한 실패는 1차 데이터시장뿐만 아니라 거래가 데이터 액세스에 의존하는 재화 및 서비스의 다운스트림 시장에서도 발생할 수 있다. 업스트림 데이터시장에서의 액세스 및 경쟁의 범위는 다운스트림 재화 및 서비스 시장에서의 경쟁에 영향을 미칠 수 있다.

데이터는 혁신 및 복지의 측면에서 사회에 매우 유익하게 사용될 수 있다. 그러나 데이터는 또한 시장에서의 경쟁을 줄이고 소비자들을 그들의 이익에 부합하지 않을 수도 있는 결정으로 유도하는 데 사용될 수 있다. 단기적인 가격 효율성과 장기적인 기술혁신 인센티브 사이에는 트레이드오프가 종종 존재한다.

규제기관은 데이터 보유자를 위해 배타적 통제권을 만들 수 있거나 이러한 배타적 권리를 완화할 수 있고 데이터 액세스를 촉진할 수 있도록 이러한 권리에 약간의 구멍을 뚫을 수도 있다. 현실적으로, 규제기관은 종종 양자를 동시에 한다 - 우리는 이제 EU의 경우에 대해 설명할 것이다.

EU에는 데이터 권리에 대해 할 말이 있는 일반적인 수평적 법규범이 두 개 있다. 즉, 자연인의 개인데이터에 관한 일반데이터보호규칙(General Data Protection Regulation; GDPR)(EC 2016a)과 기업들이 수집한 데이터에 관한 데이터베이스지침(Data Base Directive; DBD)(EC, 1996)이 있다(7.2 참조).

EU GDPR은 개인데이터의 사용에 관한 몇 가지 규정들을 정한다. 자연인과 연결될 수 있는 데이터는 출처, 저장 또는 전송 메커니즘에 관계없이 개인데이터로 간주된다. GDPR은 개인데이터에 대한 소유권을 부여하지 않지만 데이터주체에게 자신들의 개인데이터에 대해 다수의 통제권을 부여한다. 즉, 데이터에 액세스하기 전에 데이터주체의 동의를 얻어낼 권리, 데이터주체가 자신의 개인데이터에 액세스할 권리 및 삭제할 권리, 데이터를 다른 용도로 이전할 권리 등이다. 프라이버시 개인데이터 보호는 거래될 수 없는 기본적이고 양도 불가능한 인권으로 간주된다. 이 때문에, 개인데이터는 경제 거래의 대상이 되지 않는 것으로 추정된다. 그러나 자주 사용되는 온라인 비즈니스 모델은 데이터 기반 서비스의 대가로 개인데이터를 교환하는 것을 포함한다. 데이터주체는 프라이버시 감소로 인한 잠재적 손해보다 더 많은 이익을 가져올, 공정하고 신뢰할 수 있는 거래로 데이터 교환을 인식하느냐에 따라, 이 교환을 받아들이거나 거부할 수 있다.

GDPR의 일부 조항은 개인데이터에 대한 액세스를 감소시킨다. 예를 들어, 개인데이터가 익명화되지 않는 한, 당초 의도한 목적 이외의 목적으로 개인데이터를 이용하는 것을 금지한다. 이로 인해 개인데이터 보유자는 ML 알고리즘에 의한 집계 및 분석을 목적으로 개인데이터를 보다 대규모의 데이터베이스로 통합하거나 다른 유형의 데이터 서비스와 공유하기 어렵게 된다. GDPR의 다른 조항들은 데이터 액세스를 용이하게 한다. 예를 들어, 제20조는 개인데이터의 이동성을 요구한다. 데이터주체의 요청에 따라 데이터 보유자는 개인데이터를 데이터주체가 선택한 목적지로 이전해야 한다. 따라서 데이터주체는 자신의 데이터에 보다 폭넓은 액세스를 제공할 것을 선택할 수 있다. 익명데이터는 다른 목적으로 이전되거나 사용될 수 있다. 내비게이션 앱이 좋은 예이다. 도로교통 데이터의 중요한 출처는 자동차 내 휴대전화의 이동이다. 이동통신사업자들은 휴대폰이 휴대폰 네트워크 안테나와 접속을 유지하기 위한 기술적 수단으로 휴대폰의 위치를 추적한다. GDPR은 휴대폰의 이동에 관한 익명데이터의 이전을 허용한다. GDPR은 EU 역내에서는 국경을 넘는 데이터 이전에 제한을 두고 있지 않다. 그러나 **EU 역외로의 이전은 GDPR을 존중하는 사업자에게만 이루어질 수 있을 뿐이다.**

EU 데이터베이스지침(DBD) (EC, 1996)에는 두 가지 조항, 즉, 저작권과 독자적 권리(sui generis right)가 포함되어 있다. 저작권은 독창적이라면, 저자의 지적 창조물을 구성하는 데이터베이스의 구조를 보호한다. 이와는 대조적으로, 논란이 되고 있는 독자적 권리는 '콘텐츠를 획득, 검증 또는 제시하기 위한 실질적인 투자'가 있었던 한, 그 독창성에 관계없이 데이터베이스를 보호한다. 데이터베이스지침(DBD)에서의 저작권 및 독자적 권리 모두 데이터베이스 소유자를 배타적 액세스의 위치에 놓아서 데이터 액세스를 줄인다. 최근 DBD(EC, 2018g)에 대한 평가에서는 EU의 데이터베이스 관련 법제의 조화와 파편화 회피에 효과적이었으며, 여전히 투자 보호와 이용자의 이익 간의 적절한 균형을 제공하고 있다는 결론을 내렸다. 다른 한편으로, 독자적 권리(sui generis right)는 기업의 주된 활동의 부산물인 데이터베이스에는 적용되지 않는다는 것을 명확히 한 EU 사법재판소의 2004년 판결[53]의 결과로서, DBD는 이러한 권리가 데이터 경제(기계 생성 데이터, IoT 기기, 빅데이터, AI 등)에 광범위하게 적용되지 않는다고 추정되어야 한다는 점에 유의한다. 그 평가는 현 단계에서 독자적 권리의 개혁이 크게 불비례적일 것이라는 결론을 내렸다. 특히 기계 생성 데이터에 대해 이러한 권리를 인식할 경우의 이점에 대한 학자들의 논쟁은 여전히 매우 개방적이다(7.2 참조).

저작권 보호에 관한 텍스트 및 데이터 마이닝(text and data mining; TDM) 예외도 데이터 액세스를 개방하는 대책으로 생각될 수 있었다. EU에서 TDM 예외는 공공부문 연구기관 및 조직에 의한 데이터의 비상업적 사용으로 제한되어 있다. 이는 제한과 결합된 개방이다. 미국에서는 '공정한 사용(fair use)' 조항이 데이터 보유자가 제공하는 서비스와 경쟁하지 않는 한, TDM을 통해 얻은 데이터를 보다 광범위하게 사용하는 것을 허용한다(7.2).

EU 공공부문정보(PSI)지침(EC, 2003)은 공공부문 조직이 보유한 데이터를 시민과 기업이 보다 쉽게 접근할 수 있도록 하기 위해 노력하고 있다. 이러한 조직 중 일부는 예를 들어 운송 및 에너지 분야의 공공시설과 같은 상업 서비스 생산에 관여될 수 있는 범위에서는 PSI지침은 또한 일부 상업적 운영도 포함할 수 있다. 이러한 상업적으로 민감한 데이터에 대한 공공 액세스를 제공하면 데이터 보유자의 기회비용이 수반될 수 있다. 이 지침은 데이터 액세스의 가격 책정에 있어서 한계비용이 발생되어야 한다고 제안한다. 디지털 데이터 집합은 데이터

53) Fixtures Marketing Ltd v. Oy Veikkaus Ab (C-46/02, 9/11/2004), Fixtures Marketing Ltd v. Svenska Spel Ab (C-338/02, 9/11/2004) British Horseracing Board Ltd v. William Hill (C-203/02, 9/11/2004) Fixtures Marketing Ltd v. OPAP (C-444/02, 9/11/2004)

집합을 생성하는 것의 높은 고정비용과 이를 복제하고 전송하는 것의 사실상 제로 한계비용을 그 특징으로 하는 경우가 많다. 결과적으로, 한계비용 법칙은 공공부문 데이터를 생산하는 실제 비용을 포함하지 않을 수 있지만, 앞에서 주장한 바와 같이, 이 데이터의 대부분은 애초에 법적 명령을 이행하기 위해 생성된 것이므로, 그 재사용은 부산물이 되고, 데이터를 비공개로 해두는 것 보다 훨씬 더 공공행정에 이익이 될 수 있다. 예를 들어 공공행정이 추가 정보를 추출하고/하거나 지역사회에 더 나은 서비스를 제공하기 위해 사용할 수 있는 새로운 제품과 서비스를 데이터가 생성하는 경우가 이에 해당한다. EC가 후원한 2015년 연구[54]는 공공행정이 그들이 보유하고 있는 데이터를 개방하는 것의 최대 수혜자가 될 것이라는 견해를 뒷받침한다.

"데이터는 비경합적이고 전 세계에 사실상 제로(zero) 비용으로 이전될 수 있기 때문에 '데이터 주권' 문제가 이슈가 되었다.**"**

데이터는 비경합적이며 사실상 제로 비용으로 전 세계적으로 이전될 수 있기 때문에 '데이터 주권(data sovereignty)' 문제가 이슈가 되고 있다. 이는 데이터가 수집되는 국가의 법률 및 지배구조에 따라야 한다는 생각을 중심으로 한다[55]. EU 역내에서, GDPR은 회원국들 간의 개인데이터의 이전을 허용한다. 최근 EU의 데이터의 자유로운 유통정책 이니셔티브는 데이터시장의 국가적 단편화를 피하기 위해 모든 유형의 데이터로 확장하는 것을 목표로 한다. EU 역외로의 개인데이터 이전은 수취인이 GDPR 규정을 준수할 것을 요구한다.

54) *https://www.europeandataportal.eu/sites/default/files/edp_creating_value_through_open_data_0.pdf*

55) *https://en.wikipedia.org/wiki/Data_sovereignty* 참조

12.2 요약

(빅)데이터 집합은 ML 알고리즘에 필요한 입력사항이다. AI의 발전을 위해서는 데이터 액세스가 중요하다. 데이터 보유자가 자신의 데이터에 대해 배타적인 통제권을 갖는 경우에도 광범위한 형식 및 경제조건에 걸쳐 직 · 간접적인 데이터 판매시장에서 액세스와 광범위한 데이터 공유가 발생할 수 있다.

데이터 시장에서의 EU의 규제 개입은 두 극점, 즉, **(a)** 데이터 생산자와 보유자가 데이터 수집과 분석에 더 많이 투자할 수 있는 인센티브로서 **더 많은 독점권을 제공하는 것**과, **(b)** AI/ML에 의하는 것을 포함하여 데이터로부터 새로운 통찰력을 추출하는 것을 촉진할 수 있도록 **데이터를 보다 폭넓게 이용할 수 있고** 액세스할 수 있게 하는 것의 사이에 있다. 시장기반 데이터 교환, 쌍무계약(bilateral contracts) 및 기술보호조치가 규율하는 DBD에 따른 일반 데이터베이스 소유권과 GDPR에 따른 개인데이터 권리 사이에 넓고 개방적인 규제되지 않은 공간이 있다. EU에서는 이 개방적인 공간에 추가적인 규제로 채워질 필요가 있는 일부 시장실패가 포함되어 있는지에 대한 논쟁이 계속되고 있다. 이 논쟁은 독점적인 데이터 소유권의 확대(European Commission, January 2017)부터 데이터 액세스의 촉진(European Commission, April 2018)에 걸쳐 있다. 데이터로부터 보다 많은 통찰력과 가치를 추출하기 위한 매우 유망한 데이터 처리기술로서의 AI/ML의 급부상은 이 논쟁에 불을 지피고 있다. 데이터 및 데이터 분석 기술이 보다 저렴해지고 보다 널리 이용가능해질 때, 투자자에게 인센티브로 보호해야 할 필요성이 줄어들어 혁신을 촉진할 수 있는 액세스가 보다 많아질 수 있다. 논쟁에서 이 양극 사이에서 새로운 균형을 찾으려면 보다 많은 사회적, 정책적 토론이 필요하다[56].

다음 절에서는 데이터를 공유하면서 데이터에서 가치를 추출하는 몇 가지 가능한 전략을 검토한다.

---

56) 이 장은 Duch-Brown, Martens and Mueller-Langer(2017)에 기초한다. 제기된 문제에 대한 보다 자세한 설명은 해당 간행물을 참조하십시오.

12.3 공공행정의 데이터 전략을 지향하여

12.3.1 장면 설정

본서의 여러 곳에서 데이터가 일반적으로 AI의 발전과 특히 ML의 발전에 결정적이라는 점을 강조하였다. 강력한 알고리즘은 트레이닝을 위해 대량의 양질의 데이터를 필요로 하는데, 여기서 '좋은(good)'이란 제2장 및 제6장에서 논한 바와 같이 잘 정리되고, 의미론적으로 라벨이 붙어 있고, 편견이 없으며, 그리고 개방된 데이터를 의미한다.

공공행정은 데이터 과학 및 AI의 활용으로 큰 이익을 얻을 수 있다. 예를 들어, 개입이 가장 필요한 그룹 및 지역을 대상으로 하는 정책을 설계하고, 여러 분야에서 정책의 잠재적 누적 영향을 모델링하며, 피드백 루프(feedback loops)를 통해 '학습(learn)'하는 정책을 데이터 피드를 바탕으로 ML이 적응하는 방식을 유추하여 정책집행으로부터 개발하는 것이다. 이 때문에 제4장에서 요약한 대부분의 회원국 AI전략은 AI를 적극적인 공공정책 프로그램을 개발한 영국의 앨런 튜링 연구소(Alan Turing Institute)처럼 공공행정, 공공서비스 및 연구센터를 현대화할 수 있는 절호의 기회로 여기고 있다.

앞 절에서는 경제적 · 법적 관점에서 데이터 개방과 액세스 및 활용 제한 사이의 긴장관계를 강조하였다. 이러한 긴장관계는 국제적인 차원에 의해 악화되고 있다. 즉, 이는 미국과 중국 간의 글로벌 경쟁과 주요산업 주체들(한편으로는 Google, Amazon, Facebook, Apple, Microsoft, 그리고 다른 한편으로는 Baidu, Alibaba, Tencent, Xiaomi)에서, 유럽은 특별히 없다. 미션 빌라니(Mission Villani 2018) 연구에서 지적했듯이, 미국과 중국에서, 그리고 어느 정도는 러시아에서 수집되는 대부분의 데이터는 시장 지배력, 정책 또는 둘 다 때문에 각각의 국가에 머무르지만, 유럽에서는 유럽 시민, 기업 및 정부가 제공하는 대부분의 데이터가 유럽 역외에서 끝난다. 잠재적으로 공공부문과 연구부문이 개방적 데이터정책을 추구할수록 이들은 유럽 역외로의 이러한 데이터 유통을 더 많이 공급한다. 이러한 맥락에서, 개방 상태를 유지하고 싶다면, 유럽 데이터의 풀을 늘리고, 이를 구조화하고 의미 있게 주석을 달아서 그 풀에 가치를 더하고, 유럽사회에 이익이 되는 AI 애플리케이션을 트레이닝시키는 유럽 데이터 전략을 개발함에 있어서, 진정한 도전에 직면한다. 많은 회원국들이 제4장에서 지적한 바와 같이 이 도전에 고심하고 있다. 가능성 있는 대응을 보다 잘 설명한 나라는 미션빌라니(Mission Villani 2018)의 보고서가 세 방향의 데이터 전략을 제시한 프랑스이다(Box 9 참조).

Box 9. 미션 빌라니 보고서(2018)의 데이터 전략 요약

1. 기업들의 데이터 풀링 및 공유 장려

정부는 데이터 서민들(commons)의 생성을 장려하고 상호주의, 협력 및 공유에 기초한 대체적 데이터 생산 및 거버넌스 모델을 지원해야 한다. 같은 분야의 행위자 사이에서 데이터 공유를 높이는 것을 목표로 한다. 정부는 또한 민간 행위자들 간의 데이터 공유를 장려해야 하며, 이러한 점에서 기업들을 지원해야 한다. 정부는 민간단체가 보유하는 특정 데이터를 사례별로 공개하고, 데이터 및 텍스트 마이닝 실무를 지체 없이 지원해야 한다.

2. 공익적 데이터 생성

임무를 들은 대부분의 행위자들은 공익을 이유로 사례별 및 분야별 기준에 따라 일부 데이터 집합에 대한 액세스를 점차적으로 개방하는 것을 찬성했다. 이는 두 가지 방법 중 하나가 될 수 있다. 즉, 정부만이 액세스할 수 있게 하거나, 아니면 예컨대 다른 경제행위자들에게도 데이터를 보다 광범위하게 사용할 수 있게 하는 것이다.

3. 데이터 이동권 지원

데이터 이동권은 최근의 프랑스 및 유럽 문서에서 가장 중요한 혁신 중 하나이다. 이는 모든 개인에게 데이터 기록을 잃지 않고, 한 서비스 생태계에서 다른 서비스 생태계로 이동할 수 있는 능력을 부여할 것이다. 이 권리는 모든 시민 중심의 AI 애플리케이션으로 확대될 수 있다. 이 경우, 이는 정부 당국이나 연구자들이 개인데이터를 이용할 수 있게 하는 것을 포함한다.

이러한 전략의 제안은 다음과 같은 3가지 핵심 차원 위에 구축되기 때문에 흥미롭다.

1) GDPR을 포함한 EU 법체계를 EU의 이익을 보호할 뿐만 아니라 EU 기업을 육성하는 기회로 이용한다는 것.

2) 공익적인 일부 상업 데이터에 대한 액세스를 증가시키기 위하여 상업부문과의 상호주의의 양방향 관계에서의 공공부문 데이터의 개방을 이루는 것.

3) 개인데이터를 공유하기 위하여 대중과의 새로운 형태의 파트너십을 탐구하고, GDPR이 규정하는 개인데이터 액세스에 대한 통제력 강화를 활용하는 것.

공공부문, 상업부문 및 일반 대중 등 모든 핵심 이해당사자 간에 데이터를 개방하고 공유하는 것은 매우 중요하며 이미 도전해볼만한 과제이다. 데이터를 공유하면서 이에 가치를 더하는 것은 유럽에 이로운 AI 발전을 뒷받침하는 부가적으로 중요한 차원이기도 하다. 이런 점에서, 다음 절에서 개관하는 바와 같이 민간부문으로부터 배울 수 있다.

12.3.2 플랫폼 및 API에 대하여

경제적인 관점에서는 (디지털) 플랫폼이란 두 가지 유형 이상의 이용자(소비자, 공급자, 광고주, 소프트웨어 개발자 등)가 모여 재화, 서비스 및 정보를 교환하는 곳이다. 성공적인 플랫폼은 시장의 여러 측면에서 보다 많은 사용자를 끌어들이기 위해 네트워크 효과를 이용한다. 즉, 보다 많은 소비자들은 보다 많은 공급자를 끌어들이고 그 반대의 경우도 마찬가지다. 이러한 플랫폼은 또한 플랫폼 사용자 행태에 대해 수집하는 데이터를 활용하여 자신의 위상을 강화한다. 데이터 수집 및 분석에서의 범위의 경제는 이들 플랫폼에게 개별 공급자 및 소비자들에 비해 정보상의 이점을 가져다준다(Martens, 2016 참조).

컴퓨터 사용의 관점에서 (웹) 플랫폼은 정보를 게시하기 위한 매체로부터 애플리케이션을 구축하기 위한 인프라로의 웹의 진화를 말한다. 웹 디지털 플랫폼의 주요 구성요소 중 하나는 웹 애플리케이션 프로그래밍 인터페이스(application programming interfaces; APIs)의 사용이다. APIs는 제3자 개발자가 플랫폼에서 이용할 수 있는 선택된 데이터 및 성능에 액세스할 수 있게 하고 새로운 애플리케이션을 구축할 수 있게 해준다. APIs는 데이터 제공자가 데이터 사용방법에 대한 보다 나은 제어를 유지할 수 있게 하고, 제3자 개발자가 전체 데이터 집합을 다운로드할 필요 없이 애플리케이션을 구축하게 한다.

API를 통해 개발자들이 액세스할 수 있는 구글맵이 좋은 예이다. 예를 들어 호텔 웹사이트의 개발자는 이러한 방법으로 호텔이 어디에 위치해 있는지 또는 어떻게 그곳에 도착하는지를 보여주는 지도 데이터를 다운로드할 필요가 없다. 호텔 웹사이트는 그 기능을 호출하기 위해 애플리케이션에 GoogleMaps API를 내장하고, 세계 어디에서나 그곳에 도착할 수 있도록 다양한 규모나 방향으로 위치를 보여준다. 이는 개발자에게 명백한 이점을 제공하지만, 또한 구글 플랫폼에도 이점을 제공한다. 왜냐하면, 구글 플랫폼은 애플리케이션상의 모든 호출을 읽고 호텔의 인기도, 고객의 위치, 다른 시설과의 연관성 등을 알 수 있기 때문이다. 다시 말하자면, 플랫폼은 API의 사용을 모니터링함으로써 지능(intelligence)을 얻는다. 이는 위에서 본 경제적 관점과 연결된다. 즉, API의 사용자가 많을수록 플랫폼은 보다 많은 지능을 확보하고, 그 위상을 강화하며, 새로운 개발자와 고객들을 보다 많이 끌어들인다.

유럽 전역의 공공행정은 기계 판독이 가능한 형태로 자신의 데이터에 대한 액세스를 제공하기 위하여 API를 사용하기 시작하고 있다. 이 경우 다운로드 가능한 데이터 집합으로 데이터를 게시하는 것에 비해 데이터 사용이 크게 증가하는 경우가 많다(Box 10 참조).

Box 10. 지방정부에서의 API의 예

덴마크의 주소 웹 API(DAWA) : DAWA는 공공기관, 기업 및 시민이 자신의 IT 시스템에서 공적 권위 있는 주소를 사용할 수 있게 하는 서비스이다. 2017년에는 15억 건의 신청과 주당 약 35만 명의 고유 사용자를 접수했다. API 신청 건수는 초당 100건의 신청으로 제한된다. DAWA를 통해 덴마크 주소에 관한 데이터를 작성하는 IT 시스템은 약 5천 개이다.

마드리드 모빌리티랩스(Madrid MobilityLabs) : 이는 제3자가 도시 모빌리티 분야에서 애플리케이션을 개발할 수 있도록 하는 시의회의 개방적이고 상호운용 가능한 플랫폼이다. 연간 4억8000만 건의 신청을 접수한다. 이 시스템에는 2,500명의 개발자가 등록되어 있으며, 약 100개의 앱이 이미 개발됐다.

출처: ELISE 프로젝트, 공동연구센터(Joint Research Centre).

12.3.3 데이터 공개에서 스마트 공유로

API를 사용하여 데이터를 제3자가 이용할 수 있게 하는 것은 데이터 경제 발전을 위한 필수적인 단계이지만, AI 전략을 뒷받침하기에는 충분하지 않다. **필요한 것은 특히 유럽 공공부문이 데이터를 푸시(push)하는 것 – 방송모델 – 에서 제3자 개발자와 일반 대중 모두에게로 사용자를 끌어들이는 것으로 이동하고, 상호작용을 발전시키는 것 – 상호작용모델 – 이다.**

사용자들이 여러 가지 방식으로 상호작용하는 상용 플랫폼의 예는 다음과 같다.

- 새로운 콘텐츠 제공.
- 플랫폼에서 이미 이용할 수 있는 컨텐츠 주석 붙이기/태그하기/분류하기.
- 제공되는 서비스 이용.
- 플랫폼 API를 기반으로 한 새로운 앱 및 기능 구축/사용.

사용자의 행태(상호작용)와 생성(또는 교환)된 콘텐츠는 AI에 매우 중요한 강화된 데이터 형성에 기여한다. 이와 같은 원시 데이터는 가치가 거의 없는 경우가 많으나, 이는 원시 데이터가 문맥화되고 상호 참조될 때 중요한 데이터가 된다. 페이스북은 세계에서 가장 큰 콘텐츠 관리자이지만 어떤 콘텐츠도 생산하지 않는다. 이용자들이 한다.

> **"우리는 성공적인 인터넷 회사의 사례를 통해** 공공부문, 상업부문, 학계 및 제3부문과 일반 대중을 하나로 묶는 유럽 데이터 생태계를 개발해야 한다."

만약 우리가 엄청나게 다양하고 풍부한 유럽 데이터를 이용하기를 원한다면, 성공적인 인터넷 회사의 사례로부터 배워야 하고 공공부문, 상업부문, 학계 및 제3부문과 일반 대중을 하나로 묶는 유럽 데이터 생태계를 개발하여야 한다. 이러한 생태계를 개발하기 위해서는 예를 들어 모든 주요 이해관계자 간에 사회계약의 형태로 새로운 파트너십이 요구되므로, 각자가 명확한 목적과 명확한 이익을 위해 데이터의 공유와 이용에 합의해야 한다.

제4장의 회원국 AI 전략의 검토에서는, 여러 나라가 예를 들어 데이터 트러스트(영국), 사회계약(프랑스), 마이데이터(핀란드) 등을 통해, 공공부문, 민간부문과 일반 대중 간의 데이터 공유 방법에 대해 이미 성찰하고 있음을 보아왔다. 각국은 자체 모델을 가질 수 있지만 모범사례와 시너지를 공유하고 프레임워크를 합의하여 공익을 위해 이 데이터를 풍부하게 하여야 한다.

유럽의 AI 애플리케이션은 조약에서 규정된 EU의 가치를 기반으로 하고 이를 강화해야 한다는 일반적인 합의가 있다. 이들 가치와 EU 법체계는 AI의 한계가 아니라 AI의 강점과 글로벌 경쟁우위의 원천으로 간주되어야 한다. 이들은 EU의 '데이터화(datafication)' 프로세스, 즉 생성하는 정보를 새로운 형태의 가치나 통찰력으로 바꾸는 프로세스의 모든 과정에 스며들어야 한다. 기존의 과학문헌(예: Tan et al., 2016; Roy et al., 2018; Opher et al., 2017)에서 이러한 프로세스는 3개의 주요 단계(그림 14 참조), 즉, 데이터 수집 및 집계, 데이터 변환·강화, 그리고 통찰력 생성 및 제공으로 정리될 수 있음을 알 수 있다.

데이터 수집 및 집계 단계

첫 번째 데이터화 단계는 효율적이고 장기적인 데이터 수집 및 저장 솔루션을 설정하는 것을 포함한다. 이는 어떠한 분석 프로세스에도 안정된 기반을 제공하기 위해 필수적이다. 데이터 및 처리를 위한 신뢰할 수 있고 유연하며 확장 가능한 공급망 시스템을 구성하기 위해 서로 다른 수준(회원국, EU, 그리고 지역사회 또는 분야별 레벨)에서 협력적 생태계의 형성을 촉진하고 지원하기 위해 인프라가 필요하다. 가치 있는 사례로는 예를 들어 우주 분야, 인더스트리 4.0, 건강 등에서 공공행정데이터 생태계, 산업데이터 생태계가 포함될 수 있다. 후자의 경우, 일반인이 수집하고 제공하는 데이터도 또한 중요할 것이다.

제13장에서 논한 바와 같이, AI가 제공하는 기회를 활용하여 지방 레벨, 특히 주변지역에서 역량, 기술 및 복원력을 구축하려면, 지역데이터를 공유하고 풍부하게 하며 지역수요를 충족시키는 애플리케이션을 구축하기 위하여 공공행정, 지방기업, 학계 및 지역사회를 통합하는 지역수준의 생태계도 또한 고려할 필요가 있다.

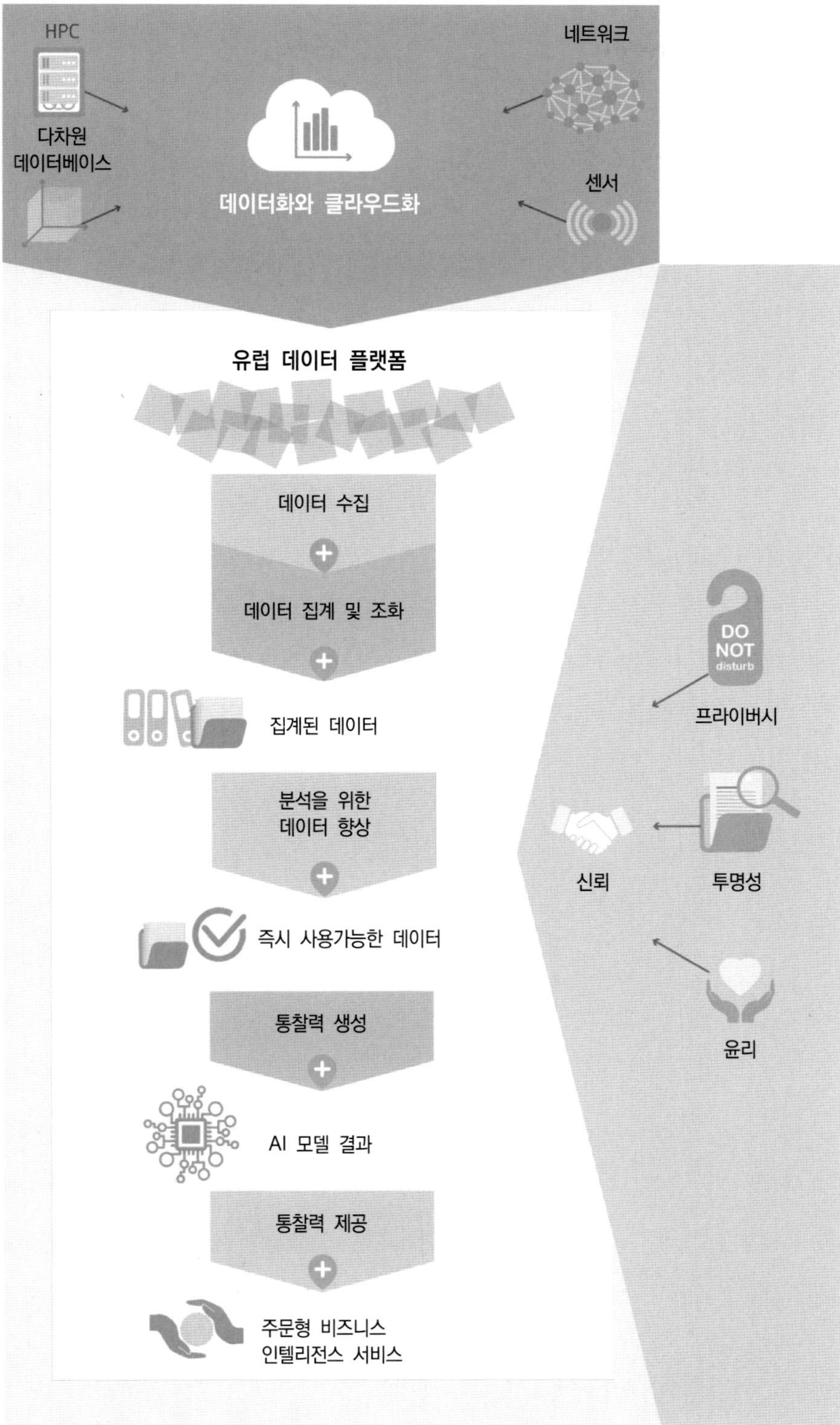

그림 14. AI 혁명을 가능하게 하는 데이터화 프로세스

데이터 변환/강화 단계

이 단계에서는 수집된 데이터의 가치를 높이고 데이터를 AI 애플리케이션에 유용하게 만들기 위해 서로 다른 데이터 스트림과 유형을 변환하고, 조화시키며, 집적할 필요가 있다. 이 변환 단계에서는 도메인 전문지식이 필요하고, 이 전문지식은 같은 방법으로 모든 곳에서 사용될 수 없을 수도 있다. 따라서 투명하고 재사용할 수 있도록 처음부터 변환 알고리즘을 개발하는 것이 중요하다. 이는 2.3에서 제시되고 또한 제6장에서 논의된 투명성, 설명가능성, 책임성 및 공정성에 대한 우려를 해소할 필요가 있는 핵심 레벨이다. 이를 위해서는, 알고리즘을 문서화하고, 공유하며, 재사용하기 위한 프로토콜과 알고리즘에 대해 합의된 평가체계를 EU 수준에서 채택할 것이 필요하다.

플랫폼을 통한 통찰력 생성 및 제공

이 마지막 발전 단계는 수요와 공급을 일치시키고 실질 경제 가치를 창출하는데 필수적이다. 이러한 맥락에서 플랫폼은 고객과 서비스 제공자 간의 상호작용을 가능하게 하는 장소로서, 여기에서는 후자가 공공행정이나 제3자 개발자가 될 수 있다. 이 단계에서, ML 알고리즘은 사용자 요구나 지역 요구에 대응하기 위해 사용할 수 있는 데이터 풀로 개발되고 트레이닝되며, 테스트를 거쳐 서비스를 제공하기 위해 배치된다. EU 레벨의 데이터 서비스 전략을 달성하고 EU AI 경제를 활성화하기 위한 중요한 측면에는 AI/ML 트레이닝 데이터 집합 및 알고리즘의 공유 및 재사용, 최소 서비스 품질 정의, 플랫폼 상호운용성 및 데이터 이동성 보장을 위한 프레임워크 개발이 포함된다.

12.4 요약 및 결론

이 장에서는 규모의 경제, 범위의 경제와 비경합성을 포함한 디지털 데이터의 주요 경제적 특성에 대해 검토한다. 처음 두 가지는 인터넷 경제에서 데이터, 따라서 정보와 힘이 소수의 주체에게 집중되는 것이 증가한다는 것을 지적하는 반면, 비경합성은 사회가 가장 많이 이익을 얻도록 데이터 접근을 개방하는 것과 데이터 보유자가 가장 이익을 많이 내도록 접근을 제한하는 것 사이에 잠재적 긴장관계를 야기한다. 이러한 긴장관계는 제7장에서 논의한 바와 같이 법체계에 반영되어 있고, 개방적이며 글로벌화된 환경에서 데이터 전략의 개발을 특별한 과제로 삼고 있다.

이러한 과제를 해결하기 위해, **유럽사회와 데이터의 방대한 풍부함을 최대한 활용**하기 위한 가능한 전략의 몇 가지 핵심요소들이 제시됐다. 12.1에서 개관한 개방과 제약 사이의 긴장관계 및 딜레마가 인터넷에서 가장 성공한 회사들로부터 배움으로써 길을 찾을 수 있다고 제안한다. 방송모델에서 사용자가 데이터를 사용하는 동안 데이터를 풍요롭게 하는데 기여하고 제공자들이 그들이 받는 피드백으로부터 정보를 얻는 대화형 모델로 이동함으로써 우리가 가지고 있는 특히 공공부문에서의 데이터에 가치를 더할 필요가 있다. 이는 **데이터 수집 및 집계, 변환 및 향상, 통찰력 생성 및 제공에 대해 명확한 데이터화 전략으로 EU 데이터 플랫폼을 개발하는 것**을 의미한다. 이러한 단계를 통해 제2장과 제6장에서 제시한 투명성, 책임성 및 공정성에 대한 우려를 또한 해소할 수 있고, 우리의 가치와 일치하는 EU의 AI 개발방법을 찾을 수 있다.

제13장 사회적 복원력 관점

요약

이 장에서는 예방, 기대, 준비, 그리고 충격의 영향으로부터 다시 회복되기 위한 적응과 변화 등 다양한 국면을 처리하는 AI에 대한 EU 접근방식을 체계화하는 데 유용한 복원력 개념을 소개한다. 복원력을 측정하고 모니터링하는 것은 중요하며, 해결해야 할 방법론적, 데이터 관련 제한이 다수 있다고 하더라도 어떻게 복원력이 이루어질 수 있는지에 대한 몇 가지 사례를 소개한다.

제9장에서 본 바와 같이, AI가 업무와 사회에 어떤 영향을 미칠지는 알 수 없지만, 특히 이미 보다 취약한 유럽 지역에서 AI에 대한 복원력을 증가시킬 필요가 있음을 안다. 디지털 혁신 허브의 네트워크를 중심으로 한 가능한 접근방식의 몇 가지 요소를 제시했다. 현재 유럽 각 지역마다 1개씩을 목표로 급팽창하고 있는 허브는 이미 수백 개나 있는데, 이들 중 상당수는 AI에 집중하고 있다. 이들 목적은 계획된 AI 온 디맨드 플랫폼(AI-on-demand-platform)과 결합하여 공공행정과 기업, 특히 중소기업에 대한 기술 및 노하우 액세스를 용이하게 하는 것이다. 우리는 이들 허브를 지역적 공유데이터 풀을 생성할 수 있는 지역생태계의 중심에 배치하여 지역 데이터로 트레이닝된 AI 알고리즘 및 솔루션을 개발하는데 지역적으로 개발/업그레이드된 AI 기술을 활용하여 지역적 요구사항을 해결할 것을 제안한다.

13.1 복원력의 필요성

본서의 앞 장에서 논했듯이, AI는 우리의 삶을 향상시킬 수 있는 많은 잠재적인 기회를 제공하지만 또한 사회에 많은 과제들도 남긴다. 우리는 설명책임이 있고(accountable), 책임감 있고(responsible), 투명한 AI 시스템의 개발을 위한 윤리지침을 준비하고 있지만 미래의 변화는 예측할 수 없고 갑작스러울 수도 있다는 것을 알아야 한다. 따라서 기술발전이 우리 사회에 이익이 되도록 노력하고 구체화하려 할 뿐만 아니라 제도, 정책, 사람들 및 사회 전반을 준비시켜 유연하고 적응력이 있으며 변혁할 준비가 돼 있어야 한다. 기본적으로, 우리는 복원력을 가져야 한다.

개인, 지역, 국가 및 기관으로서의 우리의 대처능력을 시험하는 기후변화, 글로벌화, 이민 및 디지털 전환과 같이 증가하는 과제들에 대한 대응으로서 복원력에 대한 관심이 지난 20년 동안 급격히 증가하고 있다.

> 유럽 및 지역의 요구에 부응하는 복원력을 구축하고 AI 애플리케이션을 개발하려면 유럽 지역 및 데이터의 풍부함과 다양성을 활용하는 것이 중요하다.

복원력은 EU의 정책 담론[57]에서 핵심 개념이며, JRC는 예방, 기대 및 준비뿐만 아니라 적응 및 변혁, 즉 개혁하고 잠재적으로 충격 후에 되돌아올 필요가 있는 사회 복원력을 위한 체계(Manca et al., 2017)를 개발해왔다. 이 체계에 따르면, 지속가능한 방법으로 사회적 복지를 전달할 수 있는(즉, 미래세대의 사회적 복지를 손상시키지 않고 사회적 복지를 전달할 수 있는) 능력을 잃지 않고, 충격과 지속적인 구조적 변화에 직면할 수 있다면 이러한 시스템(또는 사회)은 복원력이 있다.

이 체계는 AI의 여러 가지 도전과 기회를 다루는데 매우 유용할 것이다. 예를 들어, 많은 노동자들은 보호(흡수능력)와 잠재적 재교육에 대한 지원(적응능력)이 필요할 것이다. 이는 또한 개별적인 복원력의 중요성을 강조한다. 또한 준비는 중요한 요소로서, 올바른 정책체계(Baldwin and Vihriala, 2017의 연구가 글로벌화의 맥락에서, 또는 Giles, 2018의 연구가 독점금지정책을 위하여 옹호한 바와 같이)와 사회로서 전진하는 방법에 대한 필요한 공적 논쟁(특히 Guillén and Reddy, 2018; University of Melbourne, 2018의 연구에서 제기된 바와 같이)을 포함한다.

57) 2017년 로마선언(Rome Declaration of 2017), 세계화 해빙에 관한 반성서(Reflection paper on Harnessing Globalisation), 'EU 대외 행동에서의 회복에 대한 전략적 접근'에 관한 공동 커뮤니케이션(Joint Communication on 'A Strategic Approach to Resilience in the EU's External Action') 등이 그 예이다.

우리는 또한 AI의 영향이 지리와 분야를 초월할 수 있음을 고려해야 한다. AI가 글로벌화에 새로운 활력을 불어넣을 것으로 기대되지만(Baldwin and Vihriala, 2017) 이전에 임금이 저렴한 회원국들에 흩어져 있던 일자리의 귀환을 초래할 수도 있다. 어쨌든 일자리 감소와 재분배는 지역사회를 재편할 것이다(Alexander, 2018). 예를 들어 자율주행차는 단순히 핸들이 없는 운전을 가능하게 할 뿐만 아니라, 자동차 소유 및 사용을 기반으로 구축된 주요 생태계를 변화시킬 것이다(Finn, 2018). 불평등은 보다 강력한 글로벌 요소를 가질 수 있다(Lee, 2017). 이는 ***전반적이고 복잡한 접근방식(시스템 관점)***이 필요하다.

더구나 AI의 개발 및 활용은 계속 증가하고 장기화할 태세이다. 미래를 내다보고, 이것이 **사람, 지역사회, 국가와 인류에 미치는 영향(사회적 복지)을 평가하고, 그 미래 발전(역동적 반응)에 현명하게 영향을 줄 필요가 있다.** 멜빈 크랜즈버그(Melvin Kranzberg)의 주장처럼 '기술은 좋지도 나쁘지도 않고, 중립적이지도 않다'는 점에서 AI 개발을 '제품의 품질과 생활수준을 향상시키기' 위하여 적극적으로 방향을 잡는 것이 중요하다(Goolsbee, 2017).

마지막으로, 우리는 AI에 직면하여 더욱 복원력을 갖게 될 뿐만 아니라, 예를 들어 공공정책, 인프라 정비, 재해 위험 관리, 농업, 범죄 예방 또는 교통 통제에서 AI에 기반한 예측분석의 활용을 확대함으로써, 복원력을 높이기 위해 AI를 이용할 필요가 있다(Prakash, 2017). AI는 또한 복원력 있는 EU사회를 구축함에 있어서 시민참여를 촉진하기 위한 향상된 기술을 제공할 수 있다.

13.2 AI 복원력 측정

복원력을 측정하고 모니터링하는 것은 중요하다. 알레시 외(Alessi et al., 2018)의 연구는 2008-2012년 금융 및 경제 위기를 중심으로 한 JRC 개념 체계에 맞춘 전체 측정 전략의 첫 번째 사례들 중 하나를 제시한다. 알레시와 동료들이 채택한 2단계 접근방법은 시스템 구성요소의 특성에 기초한 복원력 지표를 만든 다음, 복원력 행태의 통계적으로 유의미하고 강력한 예측변수(복원력 특성)[58]를 찾는다. 보다 광범위한 접근방법은 일반적으로 전문가 평가에

58) 이들은 보통 복원력 지표(resilience indicators)로 표시된다. 앞으로 간행될 복원력에 대한 보고서는 이들을 '전문가 기반 지표(expert based indicators)'라고 지칭하며, 좀 더 심도 있는 논의를 제공한다.

의해 이러한 특성을 직접 확인하는 것이다. 이러한 하나의 사례가 JRC의 리스크 관리를 위한 정보지수(JRC's INFORM Index for Risk Management)이다(De Groeve et al., 2014).

AI의 경우 전문가 기반의 지표가 이미 개발되고 있다. 하나의 사례로는 파우 외(Pau et al., 2017)의 연구가 있는데, 이는 아시아 국가들을 살펴본 후 AI 준비성 및 복원력에 대한 두 개의 복합지표를 작성하였다. 준비성이란 '기업과 인재가 AI에 의해 발생하는 기회를 활용할 수 있는 능력'을 말하는 반면, 복원력이란 'AI에 의해 발생한 구조적 변화에 적응하고 견딜 수 있는 능력'을 말한다.

준비성의 주요 요소로서는 스타트업 활동, AI 자금조달(벤처캐피털), 톱클래스 대학의 과학·기술·공학·수학(STEM)과목에 등록한 학생, 그리고 AI 출판량이 있다. 복원력은 관련 정부정책과 일자리 구조를 이용하여 평가된다. 전문용어로는 준비성은 AI 침투에 잘 대응할 수 있는 능력을 나타내는 것이기 때문에 복원력의 한 부분으로 간주될 수 있다. 아래에서 EU에 대한 유사한 지표의 세 가지 사례를 제시한다.

유럽의 AI의 침투 및 동태적 대응을 평가하기 위한 시도로써, 미국과 EU(아시아의 사례와 달리, 일자리 형태가 아닌 분야별로 그 구조를 살펴본다)를 비교하면서, 그림 15는 고용에서의 제조업 대 헬스케어의 점유율을 나타내고 있다. 제조업에서의 큰 감소와 헬스케어에서의

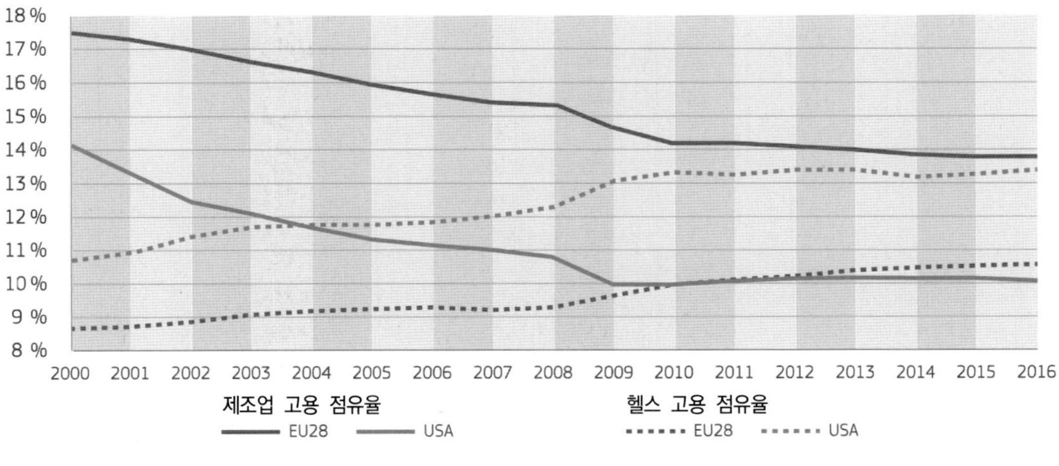

그림 15. 제조 및 헬스케어 분야의 고용 : EU 및 미국

출처 : EU의 경우 Eurostat, 미국의 경우 OECD

증가를 두 업종 모두에서 볼 수 있다. EU는 여전히 제조업에서 더 큰 비중을, 헬스케어에서는 더 작은 비중을 차지하고 있다. 이는 제조업에서는 더 떨어질 가능성이 있지만, 헬스케어의 흡수능력 역시 더 떨어질 가능성을 나타낸다. 상대적인 변동의 정도는 미국에서 더 컸다(5.6 퍼센트에 대해 6.8퍼센트). 이는 미국에서 비관론(그리고 또한 불평등의 변화)이 보다 높은 점을 설명할 수 있다. 기초적인 메커니즘은 추가 분석을 필요로 하지만, 제조업의 감소는 자동화의 침투에 대한 정보를 제공하는 반면, 헬스케어 및 그 흡수능력의 증가는 복원력에 연결될 수 있다.

그림 16은 두 번째 측정 시도를 나타내는데, 이번에는 주로 회원국의 준비성을 살펴본다. AI 지향 정부의 노력(2016년판 오픈 데이터 바로미터 기준)과 고등교육 관련 분야 점유율

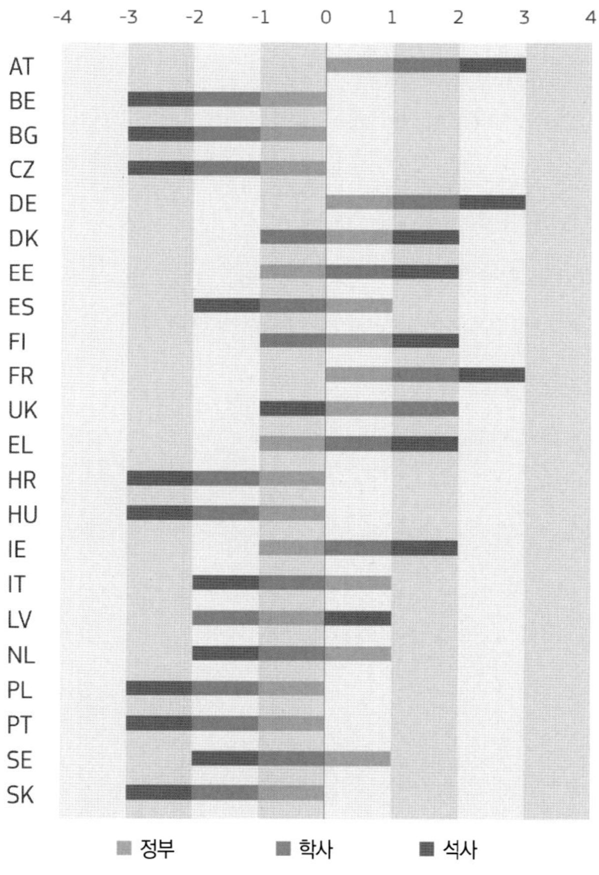

그림 16. EU 회원국들의 AI 준비성

출처 : 오픈 데이터 바로미터(Open Data Barometer) 및 Eurostat

데이터의 다양한 측면을 조합한 것이다[59]. 그림 16은 약 절반의 회원국들에서 모든 변수가 같은 방향[60]을 가리키고 있어서 정부의 노력과 교육 패턴이 일관성 있는 준비성의 그림을 그리고 있음을 보여준다.

마지막으로, 그림 17은 EU 지역 레벨에서의 준비성을 조사하여, 과학기술[61]에 취업한 사람의 비율을 경제활동인구의 백분율로 나타낸다. EU의 남부 및 동부의 일부 지역은 특히 준비가 되어 있지 않은 것으로 보인다. **이는 숙련도 향상을 요구하지만, 또한 남부 및 동부에서 북부로 가는 두뇌유출을 줄이기 위한 조치도 필요하다.** 현재 수 백 개에서 잠재적으로는 1,000개 이상으로 확대되고 있는 디지털 혁신 허브의 네트워크는 학계 및 기술센터의 트레이닝 공급을 민간 및 공공 부문에서의 잠재적 고용주와 공유 데이터의 지역은행과 결합할 수 있는 기회를 제공할 수 있다. 이런 방식으로 **지역 AI 기술과 애플리케이션을 함께 개발하여 지역의 요구를 해결하고 동시에 복원력을 강화할 수 있다.** 현재 불가리아나 루마니아와 같이 과학기술 취업률이 낮은 일부 회원국들은 여전히 이러한 허브가 부족하여 가능한 향후 조치에 대한 방향을 제시하고 있다는 점에 유의할 필요가 있다. 그림 18에서는 제8장에서 검증된 바와 같이, 디지털 혁신 허브와 AI에 관한 연구주제의 현재 학문적 공급을 함께 취합한다. 이런 방식으로, 우리는 이러한 지역 생태계를 발전시키기 위한 잠재적인 시너지, 격차 및 우선순위에 대한 반성을 시작할 수 있다.

AI 복원력 측정방법에 대한 이해는 어느 정도 진전을 이루고 있지만, 알레시 외(Alessi et al., 2018) 연구는 금융위기에 대한 대응을 측정하기 위해 사용했던 인과관계, 2단계 접근방법을 AI에 적용하는 데는 어려움이 있다. 현상의 강점을 평가하는 것을 수반하는 첫 단계의 접근방법으로서, 여러 회원국들에서의 장기간의 AI 채택이 부족하다. **AI 지수와 JRC에 의한 EU의 확장계획은 이러한 한계를 해결하기 위한 출발점을 제공할 수 있다.** 기업 및 시민 차원의 조사를 활용할 가능성도 있다. 일본에 대해서는 모리카와(Morikawa, 2017) 연구가 이러한

59) 정부 정책은 3개의 주요 차원의 10개 하위 측면(준비성, 이행 및 영향, 자세한 내용은 *https://opendatabarometer.org/leadersedition/methodology/* 참조)에 걸쳐 평균 순위를 사용하여 평가되었다. 교육 분야는 자연과학, 수학 및 통계, 정보통신기술, 데이터베이스 및 네트워크 설계 및 관리, 소프트웨어 및 애플리케이션 개발 및 분석을 고려하여 STEM의 개념을 대체한다. 이 점유율은 2013-2016년에 걸쳐 평균으로 계산되었다.

60) 각 변수에 대해 1의 값은 기본 측정값이 국가 간 평균보다 높은 반면, 마이너스 측정값은 낮음을 나타낸다. 그리고 일련의 측정값은 서로 다음 값과 축적된다. 따라서 -3의 측정값은 세 변수 모두에서 평균보다 낮음을 의미한다.

61) 고등교육을 성공적으로 수료했거나 정식으로 자격이 없지만 고등교육 자격이 일반적으로 필요한 S&T 직업에 고용된 것으로 정의된다.

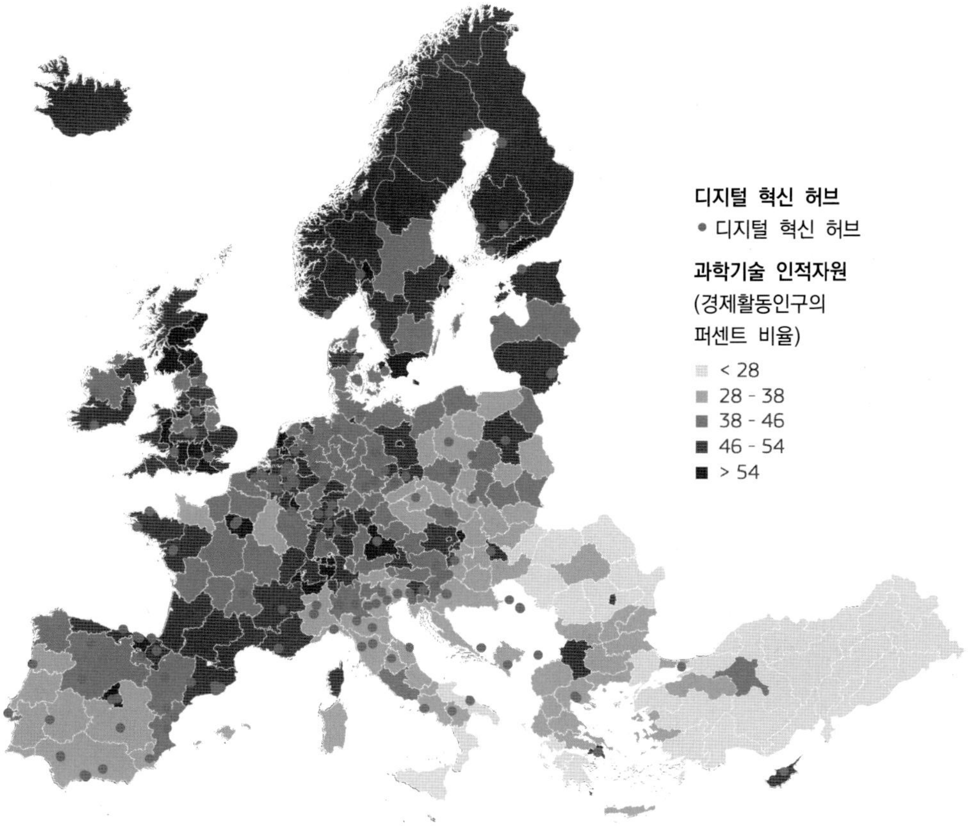

그림 17. 과학기술 인적자원 및 디지털 혁신 허브
출처 : Eurostat 지역연감 2018 및 JRC.

사례를 제시하고 있는 반면, 유로바로미터(Eurobarometer) 조사(예컨대, 2012년 SP382, 2014년 SP427, 2017년 SP460)의 각종 특별 이슈가 여러 EU 회원국들에서의 여론을 나타내고 있다. 예를 들어, 위의 세 가지 조사에 따르면 EU 시민의 적은 비율(약 22%, 시간이 상당히 안정적)만이 로봇에 의한 의료 운영을 하는 것이 편할 것이며, 다소 더 큰 비율(2012년과 2014년에 47%, 하지만 2017년에 35%로 감소)은 직장에서 로봇을 사용하는 것이 편할 것으로 나타났다. 좀 더 긍정적인 관점에서 디지털 변환에 대한 더 폭넓은 대중의 인식을 살펴보면, 2017년 유로바로미터 조사(SP460)는 응답자 중 4분의 3은 디지털 변환이 경제에 긍정적인 영향을 미친다고 생각하는 것으로 나타났다. 3분의 2(67%)는 그 영향이 또한 삶의 질에도 긍정적으로 작용한다고 생각하는 반면, 64%는 또한 사회에 긍정적인 영향을 미친다고 본다. 이러한 결과를 종합하면 AI 채택에 관한 시계열을 구축하는 동시에 첫 번째 복원력 분석을 수행하는 것을 시작할 수 있다.

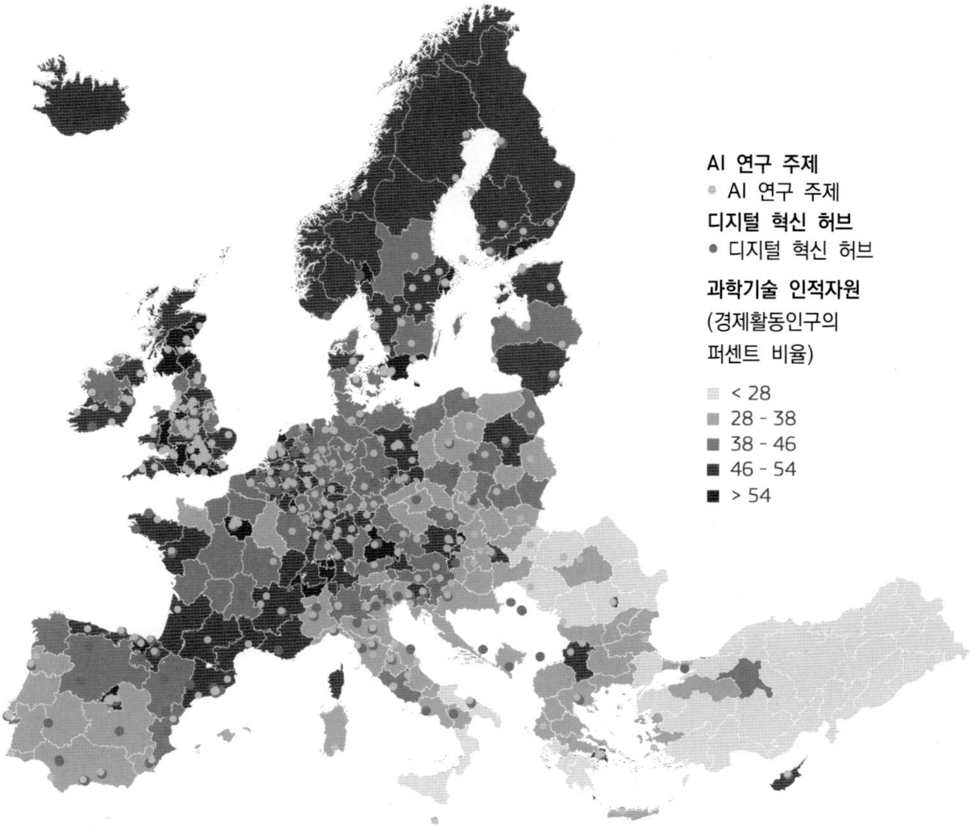

그림 18. 과학기술 인재, 디지털 혁신 허브, AI 관련 연구주제의 학술적 공급
출처 : Eurostat 지역연감 2018 및 JRC.

또 다른 일련의 도전은 복원력적 행동의 강력한 통계적 예측변수가 포함된 알레시 외(Alessi et al.) 연구 모델의 두 번째 단계와 관련이 있다. 여기서는 AI가 이미 경제 및 사회의 많은 부문에 널리 퍼져 있기 때문에 대응에서 과정을 분리하고 인과관계를 귀속시키는 것이 매우 어렵다는 점이 주요 문제이다. AI의 영향에 대응하는 방식은 영향 자체의 범위와 심각성을 좌우할 수 있다. 이 조종 과정은 복원력의 핵심적인 측면이다. 조종의 효과성을 측정할 수 있는 한 가지 가능성은 예측을 추적한 다음 이러한 예측을 나중에 실현된 결과와 비교하는 것이다. 예를 들어, 기술발전에 대한 현재의 예상을 바탕으로 한, 일자리 이동과 교체에 대한 예측을 기록할 수 있다. 실현된 숫자와 예측된 숫자 간의 체계적 차이는 자동화 프로세스의 변화를 나타낼 수 있다. 복원력 체계를 AI와 실무의 진전에 적용함에 따라 다른 가능성이 나타날 수 있다.

13.3 복원력 이해를 위한 AI 분석의 교훈

복원력 관점에서 AI를 바라보는 것은 AI에 대한 이해와 준비성을 풍부하게 할뿐만 아니라 복원력 분석을 향상시킨다. AI의 사안은 JRC가 지속적인 구조적 변화를 고려한 최초의 사례들 중의 하나로, 조정된 개념 및 측정 접근방식을 필요로 한다. 그것은 다른 시간적 관점에서 다른 능력과 개입에 대해 생각할 필요가 있는 흥미로운 예를 제공한다. 그것은 권력관계의 역할과 '사회계약'의 잠재적 업데이트의 문제를 강조한다. 마지막으로, 그것은 AI의 미래 경로를 인류의 이익에 부합하게 조종함으로써, 보다 강하게 AI의 채택으로 나올 것을 요구한다.

제14장 요약 및 결론

현재는 많은 디지털 기술의 융합으로 인해 경제 및 사회의 급속한 변혁기의 시작에 불과하다. 인공지능(AI)은 이러한 변화의 중심에 있으며 우리의 삶을 개선할 수 있는 중요한 기회를 제공한다.

최근의 AI의 발전은 처리능력의 증강, 알고리즘의 향상과 디지털 데이터의 양 및 다양성의 기하급수적인 성장의 결과물이다. 많은 AI 애플리케이션은 기계번역에서부터 이미지 인식, 음악 생성에 이르기까지 우리의 일상생활에 나타나기 시작했고, 산업, 정부 및 상거래에서 점점 더 많이 배치되고 있다. 연결 및 자율형 차량, AI 지원 의료진단은 곧 보편화될 애플리케이션 분야다.

미국, 중국 및 유럽 사이에 AI에 대한 글로벌 경쟁이 치열하다. 현재는 미국이 선두에 있지만 중국이 빠르게 따라잡고 있으며 2030년까지 선두에 서는 것을 목표로 하고 있다. EU로서는 경쟁에서의 승패의 문제가 아니라 인간 중심적이고 윤리적이며 안전하고 우리의 핵심가치에 충실한 방식으로 AI가 제공하는 기회를 포착하는 방법을 찾는 것이 문제이다. EU 회원국과 유럽위원회는 우리가 함께해야만 성공할 수 있다는 것을 인식하며, 회원국 및 EU 통합 전략을 개발하고 있다. 우리는 뛰어난 연구, 자동차 및 로봇공학 같은 일부 산업 분야에서의 리더십, 확고한 법규제 체계, 그리고 지역 및 하위지역 차원에서도 매우 풍부한 문화적 다양성을 포함하여 우리의 강점분야를 구축할 수 있다.

AI는 강력한 컴퓨팅 인프라와 양질의 데이터로 뒷받침되어야만 활성화될 수 있다고 일반적으로 인식되어 있다.

- 컴퓨팅과 관련하여, 우리는 유럽이 중앙집중식 시설 외에도 **네트워크의 에지로 분산된 새로운 컴퓨팅 패러다임에 투자할 수 있는 기회의 창을 확인했다.** 이는 또한 향후 5G 및 IoT의 배치도 지원할 것이다.

- 데이터와 관련하여 우리는 성공적인 인터넷 회사로부터 배우고 데이터 액세스를 개방하며 데이터를 방송하는 것이 아니라 사용자와의 상호작용을 개발하는 것을 선호한다. 이런 식으로 우리는 **공공행정, 기업 및 시민사회의 생태계를 발전시켜, 데이터를 풍부하게 하여 EU 요구에 대응하는 AI 애플리케이션에 적합하게 할 수 있다.**

우리는 AI가 제공하는 기회를 수용하여야 하지만 무비판적으로 하여서는 안 된다. 가장 앞선 AI 기술의 블랙박스 특성은 전문가들조차도 이해하기 어렵게 만든다. AI 시스템은 현재 좁고 명확한 과제에 한정되어 있으며, 그 기술은 데이터에 존재하는 잘 알려진 편향효과와 같이 인간 제작자의 불완전성을 계승하고 있다. 우리는 AI의 단점에 도전해 강력한 평가전략, 투명하고 신뢰할 수 있는 시스템, 그리고 좋은 인간-AI 상호작용을 지향하여 노력하여야 한다.

이 파괴적인 기술에 대한 신뢰를 쌓기 위해서는 윤리적이고 설계에 의한 안전(secure-by-design) 알고리즘이 중요하지만, 또한 AI에 내재된 가치와 미래의 발전 방향에 대한 시민사회의 폭넓은 참여가 필요하다.

> **“우리는 함께 행동하고** 그리고 빠르게 행동해야 한다.”

이러한 사회적 참여는 지역, 회원국 및 EU의 모든 레벨에서 기관, 산업 및 시민 사회에 걸쳐 우리의 복원력을 강화하기 위한 노력의 일부가 되어야 한다. 기술, 컴퓨팅, 데이터 및 애플리케이션의 지역 생태계를 개발하면 지역사회의 참여를 촉진하고, 그 요구에 대응하며, 지역의 창의성 및 지식을 활용하고, 인간 중심적이고, 다양하며, 사회적으로 주도되는 AI를 구축할 수 있다.

우리는 아직도 AI가 우리의 사고방식, 의사결정, 상호 연관성, 그리고 우리의 일자리에 어떠한 영향을 미칠지에 대해 아는 것이 거의 없다. 이러한 불확실성은 우려의 대상이 될 수 있지만 또한 기회의 표시이기도 하다. **미래는 아직 기술되지 않았다. 우리는 어떤 미래를 갖고 싶은지에 대한 우리의 집단적 비전을 바탕으로 그것을 형성할 수 있다.** 하지만 우리는 함께 행동하고 그리고 빠르게 행동해야 한다.

참고문헌
REFERENCES

Acemoglu, D. and Autor, D., 2011. 'Skills, Tasks and Technologies: Implications for Employment and Earnings'. In *Handbook of Labor Economics,* 4:1043-1171. NBER Working Paper Series, Elsevier.

Acemoglu, D. and Restrepo, R., 2016. *The Race Between Machine and Man: Implications of Technology for Growth, Factor Shares and Employment.* Working Paper 22252. National Bureau of Economic Research. *https://doi.org/10.3386/w22252*

Acemoglu, D. and Restrepo, R., 2017. *Automation and Local Labor Markets. https://doi.org/10.3386/w23285*

Acemoglu, D. and Restrepo, R., 2018b. 'The Race between Man and Machine: Implications of Technology for Growth, Factor Shares, and Employment.' *American Economic Review;* 108.6, pp.1488-1542. *https://www.aeaweb.org/articles?id=10.1257/aer.20160696*

Acemoglu, D. and Restrepo, R., 2018c. *Automation and new tasks: the implications of the task content of technology for labour demand,* mimeo, NBER, August 2018.

Acemoglu, D. and Restrepo, P., 2018a. 'Artificial Intelligence, Automation and Work'. *SSRN Electronic Journal. https://doi.org/10.2139/ssrn.3098384*

Aghion, P., Jones, B. J. and Jones, C., 2017. 'Artificial Intelligence and Economic Growth'. *National Bureau of Economic Research,* no. w23928.

AI Now 2017 Report. *https://ainowinstitute.org/AI_Now_2017_Report.pdf*

AI Now 2018. Algorithmic Impact Assessments: A Practical Framework for Public Agency Accountability. *https://ainowinstitute.org/aiareport2018.pdf*

Aldewereld, H. M., Dignum, V. and Tan, Y. 2015. 'Design for values in software development'. In van den Hoven J., Vermaas P. E. and van de Poel, I. (Eds.) *Handbook of Ethics, Values, and Technological Design, sources, theory, values and application domains,* pp.831-846. Berlin: Springer.

Alessi, L., Benczur, P., Campolongo, F. et al. 2018. *The resilience of EU Member States to the financial and economic crisis What are the characteristics of resilient behaviour?* JRC Science for Policy Report *http://publications.jrc.ec.europa.eu/repository/bitstream/JRC111606/jrc111606_resilience_crisis_pilot_withidentifiers.pdf*

Alexander, B., 2018. 'Why robots helped Donald Trump win'. *MIT Technology Review* *https://www.technologyreview.com/s/611422/why-robots-helped-donald-trump-win/*

Amodei, D., Olah, C., Steinhardt, J. et al. 2016. *Concrete Problems in AI Safety.* *https://arxiv.org/abs/1606.06565*

Arntz, M., Gregory, T., and Zierahn, U. 2016. 'The Risk of Automation for Jobs in OECD Countries: A Comparative Analysis'. *OECD Social, Employment and Migration Working Papers 2* (189): 47-54. *https://doi.org/10.1787/5jlz9h56dvq7-en*

Athey, S. (2017). 'The impact of machine learning on economics', *Economics of Artificial Intelligence. University of Chicago Press.*

Autor, D. H., Levy, F. and Murnane, R. J. 2003. 'The Skill Content of Recent Technological Change: An Empirical Exploration'. *The Quarterly Journal of Economics.* *https://doi.org/10.1162/003355303322552801*

Autor, D., and Salomons, A. 2017. 'Robocalypse Now–Does Productivity Growth Threaten Employment?' *ECB Forum on Central Banking* 2142 (June 2017): 1-74. *https://conference.nber.org/confer/2017/AIf17/Autor.pdf*

Baccala, M., Curran, C., Garett, D., Likens, S., Rao, A., Ruggles, A., and Shehab, M. 2018. *2018 AI predictions: 8 insights to shape business strategy.* PwC. *https://www.pwc.com/us/en/advisory-services/assets/ai-predictions-2018-report.pdf*

Bakardjieva, M. and Gehl, R. 2017. 'Critical Approaches to Communication Technology: The Past Five Years'. *Annals of the International Communication Association* 41 (3-4), Online first. *https://doi.org/10.1080/23808985.2017.1374201*

Baldwin, R. and Vihriala, V. 2017. 'Globalisation may soon accelerate again – time to get domestic policies right' *https://voxeu.org/article/globalisation-may-soon-accelerate-again-time-get-domestic-policies-right*

Barton, D., Woetzel, J., Seong, J., and Tian, Q. 2017. *Artificial Intelligence: Implications for China.* McKinsey Global Institute (Vol. Discussion). Retrieved from *www.mckinsey.com/mgi.*

Baslandze, S. 2016. 'The Role of the IT Revolution in Knowledge Diffusion, Innovation and Reallocation'. In 2016 *Meeting Papers* (No. 1509). Society for Economic Dynamics.

Belpaeme, T., Kennedy, J., Ramachandran, A., Scassellati, B., and Tanaka, F. 2018. 'Social robots for education: A review'. *Science Robotics,* 3(21), eaat5954.

Bergmann, D. and Morris, S. 2017. *Information Design: a Unified Perspective.* Cowles Foundation Discussion Paper. *https://cowles.yale.edu/sites/default/files/files/pub/d20/d2075.pdf*

Biggio, B., Nelson, B., and Laskov, P. 2012. *Poisoning Attacks against Support Vector Machines.* *https://arxiv.org/abs/1206.6389*

Bijker, W. et al. 1987 (Eds.) *The Social Construction of Technological Systems: New Directions in the Sociology and History of Technology. Cambridge:* MIT Press.

Borgmann, A. 1987. *Technology and the Character of Contemporary Life: A Philosophical Inquiry.* Chicago: University of Chicago Press.

Botsman, R. 2017. 'Big data meets Big Brother as China moves to rate its citizens'. Wired October 31. Retrieved from *https://www.wired.co.uk/article/chinese-government-social-credit-score-privacy-invasion*

Boucher, P., Nascimento, S., Vesnic-Alujevic, L. and Guimaraes Pereira, A. 2014. *Ethics Dialogues: Experiencing Ethics Through 'Things' – Open IoT, Civil Drones and Wearable Sensors.* Luxembourg: Publications Office of the European Union.

Brundage, M., Clark, J., Allen, G. C., Flynn, C., Farquhar, S., Crootof, R., and Bryson, J. 2018. 'The Malicious Use of Artificial Intelligence: Forecasting, Prevention, and Mitigation'. Information Society Project. Future of Human Institute. Retrieved from *https://www.repository.cam.ac.uk/bitstream/handle/1810/275332/1802.07228.pdf?sequence=1*

Brynjolfsson, E., Mitchell, T., and Rock, D. 2018. 'What Can Machines Learn, and What Does It Mean for Occupations and the Economy?'. *AEA Papers and Proceedings.* Vol. 108. *https://www.aeaweb.org/articles?id=10.1257/pandp.20181019*

Brynjolfsson, E, Rock, D. and Syverson, C. (2018) *The productivity J-curve: how intangibles complement general purpose technologies,* NBER working paper no. 25148, October 2018.

Brynjolfsson, E., Rock, D., Syverson, C., et al. 2017. *Artificial Intelligence and the Modern Productivity Paradox: A Clash of Expectations and Statistics.* *http://www.nber.org/papers/w24001*

Cath, C., Wachter, S., Mittelstadt, B. et al. 2018. 'Artificial Intelligence and the 'Good Society': the US, EU, and UK approach'. *Science and Engineering Ethics,* 24 (2): 505-528.

Charisi, V., Liem, C., Gómez, E. 2018. 'Novelty-based cognitive processes in unstructured music-making play settings in early childhood'. *Proceedings 8th Joint IEEE International Conference of Development and Learning and Epigenetic Robotics* ICDL-EpiRob2018, pp.218-223.

Chiacchio, F., Petropoulos G., and Pichler D.. 2018. *The Impact of Industrial Robots on EU Employment and Wages: A Local Labour Market Approach..* Bruegel Working Papers. Bruegel.

Chollet, F. 2017. *Deep Learning with Python. Manning*

Chouldechova, A. 2017. 'Fair prediction with disparate impact: A study of bias in recidivism prediction instruments'. *Big Data,* 5 (2): 153-163.

Cockburn, I. M., Henderson, R., and Stern, S.. 2018. *The Impact of Artificial Intelligence on Innovation.* 24449. NBER Working Paper Series.

Coeckelbergh, M. 2018. 'Technology and the good society: A polemical essay on social ontology, political principles, and responsibility for technology'. *Technology in Society* (52), 4-9.

Colombo, F., Murru, M. F., Tosoni, S. 2017. 'The post-intermediation of truth. Newsmaking from Media Companies to Platform'. *Comunicazioni sociali,* 3: 448-461.

Commission Nationale Informatique et Liberte (CNIL) 2017. *How can humans keep the upper hand? The ethical matters raised by algorithms and artificial intelligence.* Report on the public debate led by the French data protection authority (CNIL) as part of the ethical discussion assignment set by the digital republic bill. Retrieved from *https://www.cnil.fr/sites/default/files/atoms/files/cnil_rapport_ai_gb_web.pdf*

Council of Europe (CoE) 2017. *Algorithms and Human Rights.* Study on the human rights dimensions of automated data processing techniques and possible regulatory implications. Retrieved from *https://rm.coe.int/study-hr-dimension-of-automated-data-processing-incl-algorithms/168075b94a*

Council of Europe (CoE) 2017. *Technological convergence, artificial intelligence and human rights.*Retrieved from *http://www.assembly.coe.int/nw/xml/XRef/Xref-DocDetails-EN.asp?FileID=24236&lang=EN*

Craglia, M., Hradec, J. and Troussard, X. 2019. 'Big Data, AI, and Public Policy' in Sucha, V., Mair, D., Sienkiewitz, M. et al. (Eds.) 2019 *Science and Evidence in the Policy Ecosystem Handbook,* Elsevier (forthcoming).

Crawford, M., Khoshgoftaar, T. M., Prusa, D. J. et al. 2015. 'Survey of review spam detection using machine learning techniques'. *Journal of Big Data* (Springer Nature) 2. doi:10.1186/s40537-015-0029-9.

Danaher, J. 2017. *Algocracy as Hypernudging: A New Way to Understand the Threat of Algocracy.* Retrieved from *https://ieet.org/index.php/IEET2/more/Danaher20170117*

Darvas, Z., and Wolff, G. B. 2016. *An Anatomy of Inclusive Growth in Europe.* Bruegel Blueprint 26, October 2016.

Dauth, W., Findeisen, S., Suedekum, J., and Woessner, N. 2018. *Adjusting to Robots: Worker-Level Evidence.* Federal Reserve Bank of Minneapolis, Working Paper no. 13. *https://www.minneapolisfed.org/institute/institute-working-papers/adjusting-to-robots-worker-level-evidence*

De Groeve, T., Karmen, P., and Vernaccini, L.. 2014. *Index for Risk Management - InfoRM: Concept and Methodology,* Version 2014. European Commission, Joint Research Centre.

De Prato, G., Lopez Cobo, M. et al. 2018. *The AI Techno-Economic Segment Analysis. Selected Indicators.* :European Commission, Joint Research Centre, Seville, Spain.

Dearn, J. Patterson, D. and Young, C. 2018. 'A New Golden Age in Computer Architecture: Empowering the Machine-Learning Revolution'. *IEEE Micro* 38(2): 21-29.

Delage, F. (2017). 'China: diplomacia económica, consecuencias geopolíticas'. *Cuadernos de Estrategia,* (187), 55-92.

Delforge, A., Gerard, L., 'Notre vie privée est-elle réellement mise en danger par les robots ?: Étude des risques et analyse des solutions apportées par le GDPR', in *L'intelligence artificielle et le droit,* Larcier, Brussels: 2017. 143-188.

Deloitte 2018. *Study on emerging issues of data ownership, interoperability, re-usability and access to data, and liability,* prepared for the European Commission, available at: *http://ec.europa.eu/newsroom/dae/document.cfm?doc_id=51486*

Deming, D. J. 2017. 'The Growing Importance of Social Skills in the Labor Market.' *Quarterly Journal of Economics,* no. January: 1593-1640. *https://doi.org/10.1093/qje/qjx022*

Dix-Carneiro, R. 2014. 'Trade Liberalization and Labor Market Dynamics'. *Econometrica,* 82(3), 825-885.

Drexl, J., 2017a. 'Designing Competitive Markets for Industrial Data'– *Between Propertisation and Access,* 8, JIPITEC, £ 2017, 257.

Drexl, J., 'On the Future EU Legal Framework for the Digital Economy: A competition-based Response to the Ownership- Access Debate', in Lohsse, S., Schulze, R. and Staudenmayer, D., (eds.), *Trading Data in the Digital Economy: Legal Concepts and Tools*, Noms, Baden-Baden, 2017, p.221-244.

Drigas, A. and Ioannidou, R. E. 2013. 'Special Education and ICTs'. *International Journal of Emerging Technologies in Learning (IJET)* 8 (2): 41–47.

Duch-Brown, N., Martens, B., Muller-Langer, F., 2017. *The economics of ownership, access and trade in digital data,* JRC Technical report, JRC Digital Economy Working Paper 2017-01, European Commission, Joint Research Centre, Seville, Spain.

Dutton, T. 2018. AI strategies.
https://medium.com/politics-ai/an-overview-of-national-ai-strategies-2a70ec6edfd

Economist, 1995. 'The Death of Distance, survey of Telecommunications', *Economist*, September, vol. 336 no. 7934.

Edwards, L. and Veale, M. 2017. 'Slave to the Algorithm? Why a 'Right to an Explanation' is Probably not the Remedy You are Looking For'. *Duke Law & Technology Review,* 16 (1): 18–84.

European Commission (EC), 1996. Directive 96/9/EC of the European Parliament and of the Council of 11 March 1996 on the legal protection of databases.
https://eur-lex.europa.eu/lexUriServ/LexUriServ.do?uri=CELEX:31996L0009:EN:HTML

European Commission (EC), 2003. Directive 2003/98/EC of the European Parliament and of the Council on the re-use of public sector information of 31/12/2003, revised by Directive 2013/37/EC of 17/7/2013. *https://ec.europa.eu/digital-single-market/en/european-legislation-reuse-public-sector-information*

European Commission (EC), 2016a Regulation (EU) 2016/679 of the European Parliament and of the Council of 27 April 2016 on the protection of natural persons with regard to the processing of personal data and on the free movement of such data, and repealing Directive 95/46/EC (General Data Protection Regulation), OJ L 119.

European Commission (EC), 2016b, Proposal for a Directive of the European Parliament and of the Council on copyright in the Digital Single Market, COM(2016)593 final, Brussels.

European Commission (EC), 2016c. Directive (EU) 2016/943 of the European Parliament and of the Council of 8 June 2016 on the protection of undisclosed know-how and business information (trade secrets) against their unlawful acquisition, use and disclosure, OJ L 157.

European Commission (EC), 2017a, Communication from the Commission to the European Parliament, the Council, the European Economic and Social Committee and the Committee of the Regions 'Building A European Data Economy' COM(2017) 9 final Brussels.

European Commission (EC), 2017b. Joint Communication to the European Parliament and the Council: Resilience, Deterrence and Defence: Building strong cybersecurity for the EU. Tech. rep., EU. *https://eur-lex.europa.eu/legal-content/EN/TXT/PDF/?uri=CELEX:52017JC0450&from=ES*

https://ec.europa.eu/digital-single-market/en/news/staff-working-document-and-executive-summary-evaluation-directive-969ec-legal-protection

European Commission (EC), 2018a. Communication from the Commission to the European Parliament, the Council, the European Economic and Social Committee and the Committee of the Regions, Artificial Intelligence for Europe COM(2018) 237 final Brussels.

European Commission (EC), 2018b. AI Factsheet
https://ec.europa.eu/digital-single-market/en/news/factsheet-artificial-intelligence-europe

European Commission (EC), 2018c. Communication from the Commission to the European Parliament, the Council, the European Economic and Social Committee and the Committee of the Regions, 'Towards a common European data space' COM(2018) 232 final Brussels.

European Commission (EC), 2018d. Proposal for a Directive of the European Parliament and of the Council on the re-use of public sector information (recast) COM/2018/234 final, Brussels.

European Commission (EC), 2018f. Commission Staff Working Document Guidance on sharing private sector data in the European data economy Accompanying the document Communication from the Commission to the European Parliament, the Council, the European economic and social Committee and the Committee of the Regions 'Towards a common European data space', SWD(2018)125 final, Brussels.

European Commission (EC), 2018g Commission Staff Working Document Evaluation of Directive 96/9/EC on the legal protection of databases, SWD(2018) 146 final, Brussels.

European Commission (EC) 2018f: Council recommendation of 22 May 2018 on key competences for lifelong learning, OJ C 189, 4.6.2018, p.1-13
https://eur-lex.europa.eu/legal-content/EN/TXT/?uri=CELEX%3A32018H0604%2801%29

European Commission (EC), 2018i. Commission Recommendation (EU) 2018/790 of 25 April 2018 on access to and preservation of scientific information, Official Journal of the European Union, L 134/1.

European Data Protection Supervisor (EDPS). 2018. *Towards a digital ethics, Report from EDPS Ethics Advisory Group. Retrieved from*
https://edps.europa.eu/sites/edp/files/publication/18-01-25_eag_report_en.pdf

European Economic and Social Committee (EESC) 2016. EESC Opinion on Artificial Intelligence.
https://www.eesc.europa.eu/en/our-work/opinions-information-reports/opinions/artificial-intelligence

European Group on Ethics (EGE). 2018. 'Statement on Artificial Intelligence, Robotics and 'Autonomous' Systems. European Group on Ethics in Science and New Technologies.' Brussels: European Commission. *https://ec.europa.eu/research/ege/pdf/ege_ai_statement_2018.pdf*

European Parliament (EP) 2016. European Civil Law Rules in Robotics. *http://www.europarl.europa.eu/RegData/etudes/STUD/2016/571379/IPOL_STU(2016)571379_EN.pdf*

European Parliament (EP) 2017. Resolution of 16 February 2017 with recommendations to the Commission on Civil Law Rules on Robotics (2015/2103(INL)).

Faliagka, E., et al. 2012. 'Application of machine learning algorithms to an online recruitment system'. In P*roceedings. International Conference on Internet and Web Applications and Services.*

Fearon, J. 1999. What is identity (as we now use the word)? Retrieved from *https://web.stanford.edu/group/fearon-research/cgi-bin/wordpress/wp-content/uploads/2013/10/What-is-Identity-as-we-now-use-the-word-.pdf*

Feenberg, A. 1991. *Critical Theory of Technology.* New York: Oxford University Press.

Feenberg, A. 1999. *Questioning Technology.* New York: Routledge.

Feijoo, C. et al. 2019. *The Industrial Innovation Ecosystem of Artificial Intelligence in China: Current status and prospects,* European Commission, Joint Research Centre, Seville, Spain (forthcoming).

Fernández-Macías, E. 2012. 'Job polarization in Europe? Changes in the employment structure and job quality', 1995-2007. *Work and Occupations,* 39(2), 157-182.

Fernández-Macías, E., and Hurley, J. 2016. Routine-biased technical change and job polarization in Europe. *Socio-Economic Review,* 15(3), 563-585.

Fernández-Macías, E., and Bisello, M. 2017. *Measuring The Content and Methods of Work: A Comprehensive Task Framework.* *http://ibs.org.pl/app/uploads/2017/10/D1.-Martina-Bisello.pdf*

Fernández-Macías, E., Gómez, E., Hernández-Orallo, J., Loe, B. S., Martens, B., Martínez-Plumed, F., and Tolan, S. 2018. 'A multidisciplinary task-based perspective for evaluating the impact of AI autonomy and generality on the future of work'. *arXiv preprint arXiv:1807.02416.*

Finnish Government (2017), Publications of the Ministry of Economic Affairs and Employment Ministry, 47/2017, *Finland's Age of Artificial Intelligence Turning Finland into a leading country in the application of artificial intelligence Objective and recommendations for measures.* *http://julkaisut.valtioneuvosto.fi/bitstream/handle/10024/160391/TEMrap_47_2017_verkkojulkaisu.pdf?sequence=1&isAllowed=y*

Floridi, L. (ed.) (2015). *The Onlife Manifesto: Being Human in a Hyperconnected Era.* London: Springer Open.

Floridi, L. (2018). *Soft ethics and the governance of the digital.* Philosophy and Technology, 31: 1. *https://doi.org/10.1007/s13347-018-0303-9*

France Intelligence Artificielle (FIA) 2017. Rapport de synthèse. *https://www.economie.gouv.fr/files/files/PDF/2017/Rapport_synthese_France_IA_.pdf*

France Intelligence Artificielle (FIA) 2017. Rapport de synthèse. Groupe de travail. *https://www.economie.gouv.fr/files/files/PDF/2017/Conclusions_Groupes_Travail_France_IA.pdf*

Frey, C. B., and Osborne, M. A. 2013. *The Future of Employment. Working Paper. Oxford: Oxford Martin Programme on Technology and Employment.* *https://www.oxfordmartin.ox.ac.uk/downloads/academic/future-of-employment.pdf*

Frey, C. B., and Osborne, M. A. 2017. 'The Future of Employment: How Susceptible Are Jobs to Computerisation?' *Technological Forecasting and Social Change 114: 254-80.* *https://doi.org/10.1016/j.techfore.2016.08.019*

Furman, J, and Seamans, R. 2018. *AI and the Economy.* NBER Working Paper no. 24689.

Garfinkel, S., Matthews, J., Shapiro, S. S., and Smith, J. M. 2017. 'Toward algorithmic transparency and accountability'. *Communications of the ACM,* 60(9), 5-5. *https://doi.org/10.1145/3125780*

Geiger, C., Frosio, G. and Bulayenko, O., 2018. 'Crafting a text and data mining exception for machine learning and big data in the Digital Single Market' in Seuba, X., Geiger, C. and Penin, J., (Eds.) 2018. *Intellectual Property and Digital Trade in the Age of Artificial Intelligence and Big Data,* p.95-112, available at: *https://www.ictsd.org/themes/innovation-and-ip/research/intellectual-property-and-digital-trade-in-the-age-of-artificial*

Giles, M., 2018. 'It's time to rein in the data barons'. *MIT Technology Review.* *https://www.technologyreview.com/s/611425/its-time-to-rein-in-the-data-barons/*

Goldfarb, A., Trefler, D., 2018a 'How artificial intelligence impacts international trade?'. *World Trade report 2018, The future of world trade: how digital technologies are transforming global commerce,* p.140.

Goldfarb, A., and Trefler, D. 2018b. 'AI and International Trade' in Agrawal, A., Gans, J. S., and Goldfarb, A. (Eds.) 2018. The economics of artificial intelligence. University of Chicago Press.

Gómez, E. (ed.) 2018. 'Assessing the impact of machine intelligence on human behaviour: an interdisciplinary endeavour', 1st HUMAINT workshop, Barcelona. *https://ec.europa.eu/jrc/communities/file/3071/download?token=_RDTpI0f*

Gómez, E., Blaauw, M., Bonada, J. et al. 2018. *Deep Learning for Singing Processing:*

Achievements, Challenges and Impact on Singers and Listeners. *https://arxiv.org/abs/1807.03046*

Goolsbee, A. 2018. *Public Policy in an AI Economy* (No. w24653). National Bureau of Economic Research.

Goos, M., Manning, A. and Salomons, A. 2014. 'Explaining job polarization: routine-biased technological change and offshoring'. *American Economic Review*, 104(8): 2509-2526.

Graesser, A. C., P. Chipman, B. Haynes C., and Olney, A. 2005. 'AutoTutor: An Intelligent Tutoring System with Mixed- Initiative Dialogue'. *IEEE Transactions on Education 48(4): 612-18.* *https://doi.org/10.1109/TE.2005.856149*

Greenpeace 2012. *How Clean is Your Cloud? https://www.greenpeace.org/archive-international/Global/international/publications/climate/2012/iCoal/HowCleanisYourCloud.pdf*

Gregory, T, Salomons, A. and Zierahn, U. (2018) *Racing with or against the machine, evidence from Europe*, CESifo working paper no. 7247, September 2018.

Guadamuz, A. 2017. 'Do androids dream of electric copyright? Comparative analysis of originality in artificial intelligence generated works', *Intellectual Property Quarterly, 2.* *https://ssrn.com/abstract=2981304*

Guillén, M. and Reddy, S. 2018. 'We know ethics should inform AI. But which ethics?' *World Economic Forum note https://www.weforum.org/agenda/2018/07/we-know-ethics-should-inform-ai-but-which-ethics-robotics/*

Hall, W., and Pesenti, J. 2017. *Growing the Artificial Intelligence Industry in the UK.* *https://www.gov.uk/government/uploads/system/uploads/attachment_data/file/652097/Growing_the_artificial_intelligence_industry_in_the_UK.pdf*

Harari, Y. N., 2015. *Homo Deus.* Harvil Secker.

Higgs, E., Light, A. and Strong, D. (Eds.) 2000. *Technology and the Good Life?* Chicago: The University of Chicago Press.

Hoekstra, H. A., and Van Slujis, E. 2003. *Managing Competences: Implementing Human Resource Management.* Assen: Koninklijke Van Gorcum.

Hornok, C., and Koren, M. 2017. 'Winners and losers of globalisation: Sixteen challenges for measurement and theory'. *Economics without borders: economic research for European policy challenges.* Cambridge University Press, Cambridge, UK, 230-273. *https://www.cambridge.org/core/books/economics-without-borders/winners-and-losers-of-globalization-sixteen-challenges-for-measurement-and-theory/E5BFE7843A887EB875AB8AC8CC179C5A*

Huang, L., Joseph, A., Nelson, B. et al. 2011. 'Adversarial Machine Learning'. *In Proceedings of 4th ACM Workshop on Artificial Intelligence and Security,* October 2011, pp.43-58. *https://people.eecs.berkeley.edu/~tygar/papers/SML2/Adversarial_AISEC.pdf*

Huang, S., Papernot, N., Goodfellow, I. et al. 2017. *Adversarial Attacks on Neural Network Policies. https://arxiv.org/abs/1702.02284*

Hugenholtz, B. 2018. 'Against Data Property' in Hanns, U., Drahos, P. and Ghidini, G. (Eds.) 2018. *Kritika, Essays on Intellectual Property,* Vol. III, Elgar. *https://www.e-elgar.com/shop/kritika-essays-on-intellectual-property-15154* Earlier version at: *https://www.ivir.nl/publicaties/download/Data_property_Muenster.pdf*

IEEE 2018. *Ethically Aligned Design.* Retrieved from *http://standards.ieee.org/develop/indconn/ec/autonomoussystems.html*

IEEE. 2017. *Special Issue: Hacking without Humans.* IEEE Security & Privacy. *https://publications.computer.org/security-and-privacy/tag/hacking-without-humans/*

Institute for Energy Efficiency (IEE) 2012. *Scalable, Energy-Efficient Data Centers and Clouds. https://iee.ucsb.edu/sites/iee.ucsb.edu/files/data_center_report.pdf*

Jakobsson, J. 2017. 'Nya miljoner ska ta deras dyslexi-startup till USA.' Di Digital, March 29, 2017. *https://digital.di.se/artikel/nya-miljoner-ska-ta-deras-dyslexi-startup-till-usa.* For English version, see *http://www.lexplore.com/*

Jasanoff, S. 2013. Technologies of humility: Citizen participation in governing science. *Minerva,* 41(3): 223-244.

JIIP, TNO & Technopolis 2018. *Study in support of the evaluation of Directive 96/9/EC on the legal protection of data bases,* European Commission. *https://publications.europa.eu/en/publication-detail/-/publication/f10f8ee0-597e-11e8-ab41-01aa75ed71a1/language-en*

Kahn, J. 2018. 'Just How Shallow Is the Artificial Intelligence Talent Pool?' *Bloomberg.Com,* February 7, 2018. *https://www.bloomberg.com/news/articles/2018-02-07/just-how-shallow-is-the-artificial-intelligence-talent-pool*

Kambatla, K, Kollias, G, Kumar, V., Grama, A. 2014. 'Trends in big data analytics', *Journal of Parallel and Distributed Computing,* 74. (7) 2561-2573.

Kania, E. 2017. 'China Is On a Whole-of-Nation Push for AI. The US Must Match It.' *Cyber Warfare,* 10-12. *https://doi.org/10.1016/B978-0-12-803843-7.00083-1*

Karabarbounis, L. and Neiman, B. 2013. *The Global Decline of the Labor Share,* NBER Working Papers 19136, National Bureau of Economic Research, Inc.

https://ideas.repec.org/p/nbr/nberwo/19136.html

Karlgaard, R. and Malone, M. 1995. 'City vs. country: Tom Peters & George Gilder debate the impact of technology on location'. *Forbes ASAP Technology Issue*, February, 27, pp.56-61.

Kerber, W. 2016. *A new intellectual property right for data: an economic analysis.* GRUR 989.

Kerber, W. 2016. 'Governance of Data: Exclusive Property vs. Access'. in *International Review of Intellectual Property and Competition Law*, 47: 7, 759-762, available at: *https://link.springer.com/article/10.1007/s40319-016-0517-2*

Kerber, W. and Frank, J.S. 2017. *Data Governance regimes in the Digital Economy: the Example of Connected Cars. https://www.tilburguniversity.edu/upload/5c3e205b-fc0e-42ef-a1e8-8d72c0e16025_Kerber_Frank_01102017_Data%20Governance%20and%20Connected%20Cars.pdf*

Kilbertus, N., Carulla, M. R., Parascandolo, et al. 2017. *Avoiding Discrimination through Causal Reasoning*, NIPS *https://papers.nips.cc/paper/6668-avoiding-discrimination-through-causal-reasoning.pdf*

Knight, W. 2017. 'Progress in AI isn't as Impressive as You Might Think', *MIT Technology Review https://www.technologyreview.com/s/609611/progress-in-ai-isnt-as-impressive-as-you-might-think/?utm_source=MIT+Technology+Review&utm_campaign=ab120fee85-weekly_roundup_2017-12-07_edit&utm_medium=mail&utm_term=0_997ed6f472-ab120fee85-156491921&goal=0_997ed6f472-ab120fee85-156491921&mc_cid=ab120fee85&mc_eid=dafbd41dd1*

Knight, W. 2018. 'Inside the Chinese lab that plans to rewire the world with AI'. *MIT Technology Review https://www.technologyreview.com/s/610219/inside-the-chinese-lab-that-plans-to-rewire-the-world-with-ai/*

Korff, D. Wagner, B. and Powles, J. et al. 2017. *Boundaries of Law: Exploring Transparency, Accountability, and Oversight of Government Surveillance Regimes.* University of Cambridge Faculty of Law Research Paper no. 16/2017. Retrieved from *https://ssrn.com/abstract=2894490*

Korinek, A., and Stiglitz, J. 2017. *Artificial Intelligence and Its Implications for Income Distribution and Unemployment. https://doi.org/10.3386/w24174.*

Lee, K. F. 2017. 'The real threat of AI'. *NY Times https://www.nytimes.com/2017/06/24/opinion/sunday/artificial-intelligence-economic-inequality.html*

Manca, A. R., Benczur, P. and Giovannini, E. 2017. *Building a Scientific Narrative Towards a More Resilient EU society.* JRC Science for Policy Report *http://publications.jrc.ec.europa.eu/repository/bitstream/JRC106265/jrc106265_100417_resilience_scienceforpolicyreport.pdf*

Markham, A., Tiidenberg, K. and Herman, A. 2018. 'Ethics as Methods: Doing Ethics in the Era of Big Data Research – Introduction'. *Social Media and Society*, July-September 2018: 1-9.

Marquart, S. 2016. *South Korean Government Announces Nearly $1 Billion in AI funding.* *https://futurism.com/south-korean-government-announces-nearly-1-billion-ai-funding/*

Martens, B. 2016. *An economic policy perspective on online platforms.* JRC Digital Economy working paper 2016-05. Seville: JRC.

Martens, B. and Muller-Langer, F. 2018. *Access to car data and competition in aftersales services markets*, JRC digital economy working paper, European Commission, Joint Research Centre, Seville, Spain (forthcoming)

Mayer, M. 2009. *Innovation at Google: The physics of data*, available at *https://huffduffer.com/marshallkirkpatrick/10340*

McKinsey Global Institute (MGI). 2018. *Notes from the AI frontier: Modeling the impact of AI in the world economy* *https://www.mckinsey.com/featured-insights/artificial-intelligence/notes-from-the-ai-frontier-modeling-the-impact-of-ai-on-the-world-economy*

Meidan, Y., Bohadana, M., Mathov, Y. et al. 2018. 'N-BaIoT: Network-based Detection of IoT Botnet Attacks Using Deep Autoencoders'. *IEEE Pervasive Computing, July/Sep 2018.*

Mezzanotte, F. 2017. 'Access to Data: the Role of Consent and the Licensing Scheme', in Lohsse, S., Schulze, R. and Staudenmayer, D. (Eds.) 2017. *Trading Data in the Digital Economy: Legal Concepts and Tools,* NOMOS: p.159-188.

Michaux, B. 2018. 'Singularité technologique, singularité humaine et droit d'auteur', in De Terwangne, C., Degrave, E. and Dusollier, S. (Eds.) 2018. *Laws, Norms and Freedoms in Cyberspace / Droits, norms et libertés dans le cybermonde,* Liber Amicorum Yves Poullet, Larcier, p.401-416.

Miller, C., Ohrvik-Stott, J., Coldicutt R., 2018. *Regulating for Responsible Technology: Capacity, Evidence and Redress: a new system for a fairer future.* London: Doteveryone. *https://doteveryone.org.uk/project/regulating-for-responsible-technology*

Mission Villani sur l'intelligence artificielle. 2018. *For a meaningful artificial intelligence. Towards a French and European Strategy.* *https://www.aiforhumanity.fr/pdfs/MissionVillani_Report_ENG-VF.pdf*

Mitcham, C. 1980. 'Philosophy of Technology'. In Durbin, P.T. (ed.) 1980. *A Guide to the Culture of Science, Technology and Medicine.* The Free Press.

Montreal Declaration 2017. *For a Responsible Development of Artificial Intelligence.* Retrieved from *https://www.montrealdeclaration-responsibleai.com/the-declaration*

Morikawa, M. 2017. *Assessing the impact of AI and robotics on job expectations using Japanese survey data* *https://voxeu.org/article/who-fears-losing-their-job-ai-and-robots-japanese-survey-data*

Mubayi, P., Cheng, E., Terry, H. P., Tilton, A., and Hou, T. 2017. *China's Rise in Artificial Intelligence.* Goldman Sachs. Retrieved from *https://www.cnbc.com/2017/09/01/goldman-says-china-has-talent-data-and-infrastructure-to-embrace-ai.html*

Nascimento, S., Pólvora, A., Paio, A., Oliveira, S. et al. 2016. 'Sustainable Technologies and Transdisciplinary Futures: From Collaborative Design to Digital Fabrication', *Science as Culture,* Vol. 25 No 4, pp.520-537.

National Science and Technology Council (NSTC) 2016c. *National Artificial intelligence research and development strategic plan.* *https://obamawhitehouse.archives.gov/sites/default/files/whitehouse_files/microsites/ostp/NSTC/national_ai_rd_strategic_plan.pdf*

National Science and Technology Council (NSTC). 2016b. *Artificial intelligence, automation and the economy.* *https://www.whitehouse.gov/sites/whitehouse.gov/files/images/EMBARGOED%20AI%20Economy%20Report.pdf*

National Science and Technology Council, (NSTC). 2016a. *Preparing for the future of artificial intelligence,* Executive Office of the President, (2016a). *https://info.publicintelligence.net/WhiteHouse-ArtificialIntelligencePreparations.pdf*

Nedelkoska, L. and Quintini, G. 2018. *Automation, Skills Use and Training.* OECD Social, Employment and Migration Working Papers. Paris: OECD.

Nkambou, R., Azevedo, R. and Vassileva, J. (Eds.) 2018. *Intelligent Tutoring Systems: 14th International Conference, ITS 2018, Montreal, QC, Canada, June 11–15, 2018, Proceedings.* Programming and Software Engineering. Springer International Publishing.

O'Neil, C. 2016. *Weapons of math destruction: How big data increases inequality and threatens democracy.* New York: Crown Publishers.

OECD 2018. *Job Creation and Local Economic Development: Preparing for the Future of Work.* OECD Publishing, Paris, *https://doi.org/10.1787/9789264305342-en*

Office parlementaire d'évaluation des choix scientifiques et technologiques (OPECST) 2017. *Toward a Controlled, Useful and Demystified Artificial Intelligence.* *http://www.senat.fr/rap/r16-464-1/r16-464-1-syn-en.pdf*

Opher, A. , Chou, A., Onda, A. et al. 2016. *The Rise of the Data Economy: Driving Value through Internet of Things Data* Monetization. IBM Corporation.

https://www-01.ibm.com/common/ssi/cgi-bin/ssialias?htmlfid=WWW12367USEN

Osaba, O. and Welser, W. 2017. *The Risks of Artificial Intelligence to Security and the Future of Work.* Rand Corporation *https://www.rand.org/pubs/perspectives/PE237.html*

Osborne Clarke LLP 2016. *Legal study on Ownership and Access to Data,* European Commission. *https://publications.europa.eu/en/publication-detail/-/publication/d0bec895-b603-11e6-9e3c-01aa75ed71a1/language-en*

Papernot, N., McDaniel, P., Jha, S. et al. 2016. The Limitations of Deep Learning in Adversarial Settings. *Proc. IEEE European Symp. Security and Privacy (EuroS P).* 372-387. doi:10.1109/EuroSP.2016.36.

Pau, J., Bajer, J. and Houston, N. 2017. *Artificial intelligence in Asia: Preparedness and Resilience,* Asia Business Council *http://www.asiabusinesscouncil.org/Research17_AI.html*

Paxon, V. 1998. 'Bro: A System for Detecting Network Intruders in Real-Time'. *Computer Networks. https://www.usenix.org/legacy/publications/library/proceedings/sec98/full_papers/paxson/paxson.pdf*

Porayska-Pomsta, K. 2015. 'AI in Education as a Methodology for Enabling Educational Evidence-Based Practice'. In *Seventeenth International Conference on Artificial Intelligence in Education (AIED 2015),* 52–61. Madrid.

Poullet, Y., 2018a. 'Is the general data protection regulation the solution?', *Computer Law & Security Review: The International Journal of Technology Law and Practice* (forthcoming).

Poullet, Y., 2018b.'Sharing Data: Some critical reflections about a Policy asserted by the EU Commission'. Presentation delivered at the Conference Data sharing and re-use, organised by Crids and Cullen International and hosted in Brussels, on 3rd October 2018 (to be published).

Powles, J. and Hodson, H. 2017. 'Google DeepMind and healthcare in an age of algorithms'. *Health and Technology,* 7 (4): 351–367.

Prakash, S., 2017. *The Time Has Come to Use Artificial Intelligence In Governance* *https://towardsdatascience.com/the-time-has-come-to-use-artificial-intelligence-in-governance-9782257e265b*

Radford, B. J., Apolonio, L., Trias, A. J. and Simpson, J. A. 2018. *Network Traffic Anomaly Detection Using Recurrent Neural Networks.* *https://arxiv.org/abs/1803.10769*

Ramalho, A., 2017a. 'Data Producer's Right: Power, Perils & Pitfalls', *Better Regulation for Copyright* presentation at the European Parliament, (Brussels: September 6, 2017), p.51-58, available at: *https://juliareda.eu/wp-content/uploads/2017/09/2017-09-06_Better-Regulation-*

for-Copyright-Academics-meet-Policy-Makers_Proceedings.pdf

Ramalho, A. 2017b. *Will Robots Rule the (Artistic) World? A Proposed Model for the Legal Status of Creations by Artificial Intelligence Systems*, available at SSRN: *http://dx.doi.org/10.2139/ssrn.2987757*

Ramalho, A. 2018. *Patentability of AI-generated inventions: is a reform of the patent system needed?* Institute of Intellectual Property, Foundation for Intellectual Property of Japan, p.1-32, available at: *https://ssrn.com/abstract=3168703*

Rathenau Institute 2017. *Human rights in the robot age.* Council of Europe Report. *https://www.rathenau.nl/sites/default/files/2018-02/Human%20Rights%20in%20the%20Robot%20Age-Rathenau%20Instituut-2017.pdf*

Ritter, S., Anderson, J. R., Koedinger, K. R. and Corbett, A. 2007. 'Cognitive Tutor: Applied Research in Mathematics Education'. *Psychonomic Bulletin & Review* 14 (2): 249-55. *https://doi.org/10.3758/BF03194060*

Rodrik, D. 2018. 'Populism and the economics of globalization'. *Journal of International Business Policy. https://drodrik.scholar.harvard.edu/files/dani-rodrik/files/populism_and_the_economics_of_globalization.pdf*

Rosé, C. P., Martínez-Maldonado, R., Hoppe U. et al. (Eds.) 2018. *Artificial Intelligence in Education: 19th International Conference, AIED 2018, London, UK, June 27-30, 2018, Proceedings, Part I.* Lecture Notes in Artificial Intelligence. Springer International Publishing.

Roy, S. S., Samui, P., Deo, R. et al. (Eds.) 2018. 'Big Data in Engineering Applications', *Studies in Big Data.* Vol. 44. Springer: Singapore.

Sachs, J. D. 2017. R&D, 'Structural Transformation, and the Distribution of Income'. In Agrawal, A., Gans, J. S., and Goldfarb, A. (Eds.) 2017. *The economics of artificial intelligence.* McKinsey Quarterly, April. *http://conference.nber.org/conferences/2017/AIf17/summary.html*

Samuelson, P. 2018. 'The EU's Controversial Digital Single Market Directive – Part II: Why the Proposed Mandatory Text- and Data-Mining Exception Is Too Restrictive', *Kluwer Copyright Blog. http://copyrightblog.kluweriplawcom/2018/07/12/eus-controversial-digital-single-market-directive-part-ii-proposed-mandatory-text-data-mining-exception-restrictive/*

Sanok, D. 2005. 'An analysis of how antivirus methodologies are utilised in protecting computers from malicious code'. *Proceedings of the 2nd annual conference on Information Security curriculum development.*

Scassellati, B., Boccanfuso, L., Huang, C. M. et al. 2018. 'Improving social skills in children with ASD using a long-term, in-home social robot'. *Science Robotics,* 3(21), eaat7544.

Schönberger, D. 2018. 'Deep Copyright: Up - And Downstream Questions Related to Artificial Intelligence (AI) and Machine Learning (ML)' in De Werra, J. (ed.) 2018. *Droit d'auteur 4.0 / Copyright 4.0,* Schulthess Editions Romandes, p.145-173. *https://ssrn.com/abstract=3098315*

Selbst, A. D. and Powles, J. 2017. 'Meaningful information and the right to explanation'. *International Data Privacy Law,* 7 (4): 233–242.

Semiconductor Industry Association (SIA), 2015. *International technology roadmap for semiconductors. https://www.semiconductors.org/resources/2015-international-technology-roadmap-for-semiconductors-itrs/*

Schafer, B., Komuves, D., Zatarain, J. M. N. and Diver, L. 2015.'A fourth law of robotics? Copyright and the law and ethics of machine co-production', Artificial Intelligence and Law, 23:3, 217-240.

Short, J. E., Bohn, R. E., Baru C. 2011. *How much information? 2010–report on enterprise server information.* UCSD Global Information Industry Center.

Sleeman, D., and Brown., J. S. 1982. *Intelligent Tutoring Systems.* New York: Academic Press.

Stevenson, B. 2017. 'AI, Income, Employment, and Meaning' in Agrawal, A., Gans, J. S., and Goldfarb, A. (Eds.) 2017. *The economics of artificial intelligence.* University of Chicago Press. *http://www.nber.org/chapters/c14026*

Stilgoe, J. 2017. 'Machine learning, social learning and the governance of self-driving cars'. *Social Studies of Science*, 48 (1): 25-56.

Szegedy, C., Zaremba, W., Sutskever, I. et al. 2013. *Intriguing properties of neural networks. https://arxiv.orgabs/1312.6199*

Tan, W., Fan, Y., Ghoneim, A. et al. 2016. 'From the Service-Oriented Architecture to the Web API Economy', *IEEE Internet Computing.* Jul-Aug: 64-68.

The Future Society. 2017. *Making the AI revolution work for everyone.* Retrieved from *https://www.tuftsgloballeadership.org/sites/default/files/images/resources/Miailhe%20Reading.pdf*

Tollenaar, N., and Van der Heijden, P. G. M. 2013. 'Which method predicts recidivism best? A comparison of statistical, machine learning and data mining predictive models'. *Journal of the Royal Statistical Society: Series A (Statistics in Society)* 176.2: 565-584

Tuomi, I. 2018. *The Impact of AI on learning, teaching, and education: Policies for the future.* Cabrera, M, Vuorikari, R. and Punie, Y. (Eds.) Joint Research Centre Science for Policy Report, European Commission, Joint Research Centre, Seville, Spain *http://publications.jrc.ec.europa.eu/repository/handle/JRC113226*

UK Government Office for Science, 2016a. *Robotics, automation and artificial intelligence.* *https://assets.publishing.service.gov.uk/government/uploads/system/uploads/attachment_data/file/592423/Robotics_automation_and_artificial_intelligence_-_cst_letter.pdf*

UK Government Office for Science, 2016b. *Artificial intelligence: opportunities and implications for the future of decision making.* *https://www.gov.uk/government/uploads/system/uploads/attachment_data/file/566075/gs-16-19-artificial-intelligence-ai-report.pdf*

UK Government, 2018, *Industrial Strategy: Artificial Intelligence Sector Deal, Policy Paper, (April 26, 2018)*: *https://www.gov.uk/government/uploads/system/uploads/attachment_data/file/702810/180425_BEIS_AI_Sector_Deal_4_.pdf*

UK House of Commons Science and Technology Committee, 2016. *Robotics and Artificial Intelligence* *https://www.publications.parliament.uk/pa/cm201617/cmselect/cmsctech/145/145.pdf*

UK House of Lords, 2017. *AI in the UK: ready, willing and able?* Select Committee on Artificial Intelligence Report of Session 2017-19, HL Paper 100.

University of Melbourne, 2018. *Biometric Mirror highlights flaws in artificial intelligence* *https://www.eurekalert.org/pub_releases/2018-07/uom-bmh072318.php*

Van Asbroeck, B., Debussche, J. and Cesar, J., 2017. *Data ownership in the context of the European data economy: proposal for a new right,* White Paper, Bird & Bird.

Van den Hoven, J. 2017. 'Introduction'. In Van den Hoven, J., Miller, S. and Pogge, T. (Eds.) 2017. *Designing in Ethics, pp.1-10.* Cambridge University Press.

Van Dijck, J. 2014. 'Datafication, dataism and dataveillance: Big data between scientific paradigm and ideology'. *Surveillance & Society,* 12 (2): 197-208.

Verbeek, P. P. 2011. *Moralizing Technology: Understanding and Designing the Morality of Things.* Chicago and London: University of Chicago Press.

Vesnic-Alujevic, L., Breitegger, M. and Guimaraes Pereira, A. 2015. 'Do-It-Yourself' Healthcare? Quality of Health and Healthcare Through Wearable Sensors'. *Science and Engineering Ethics,* 24 (3): 887-904.

Vidal, J. 2017. 'Tsunami of data' could consume one fifth of global electricity by 2025'. Climate home news. *http://www.climatechangenews.com/2017/12/11/tsunami-data-consume-one-fifth-global-electricity-2025*

Wachter, S., Mittelstadt, B., Floridi, L. 2017. 'Why a Right to Explanation of Automated Decision-Making Does Not Exist in the General Data Protection Regulation?', *International*

Data Privacy Law.

Weber, R., 2017. 'Improvement of Data Economy through Compulsory Licences?' in Lohsse, S., Schulze, R. and Staudenmayer, D. (Eds.) 2017. *Trading Data in the Digital Economy: Legal Concepts and Tools, Nomos,* pp.137-158.

Woetzel, J., Seong, J., Wang, K. et al. 2017. *Digital China: Powering the Economy to Global Competitiveness.* Retrieved from *https://www.mckinsey.com/featured-insights/china/digital-china-powering-the-economy-to-global-competitiveness*

Woolf, B. P. 2009. *Building Intelligent Interactive Tutors: Student-Centered Strategies for Revolutionizing e-Learning.* San Francisco, CA: Morgan Kaufmann.

Xi, J. 2014. *The governance of China (1st ed.).* Beijing: Foreign Languages Press.

Yeung, K. 2016. 'The Forms and Limits of Choice Architecture as a Tool of Government'. *Law & Policy,* 38 (3): 186-210.

Zech, H. 2016. 'A legal framework for a data economy in the European Digital Single Market: rights to use data' *Journal of Intellectual Property Law & Practice,* 11(6) 460-470.

BOX 목록

그림 목록

EU
인공지능(AI)

2019년 10월 21일 인쇄
2019년 10월 28일 발행

편저자 | Max Craglia(Ed.)
역자 | 함인선
발행인 | 정병석
발행처 | 전남대학교출판문화원

등록 | 1981. 5. 21. 제53호
주소 | 61186 광주광역시 북구 용봉로 77
전화 | (062) 530-0571~3
팩스 | (062) 530-0579
홈페이지 | http://www.cnup.co.kr
이메일 | cnup0571@hanmail.net

값 20,000원

ISBN 978-89-6849-660-8 (93360)

이 도서의 국립중앙도서관 출판예정도서목록(CIP)은
서지정보유통지원시스템 홈페이지(http://seoji.nl.go.kr)와
국가자료공동목록시스템(http://www.nl.go.kr/kolisnet)에서 이용하실 수 있습니다.
(CIP제어번호 : CIP2019042724)